教育部人文社会科学重点研究基地湖南师范大学道德文化研究中心暨中国特色社会主义道德文化省部共建协同创新中心资助研究成果

失信行为论

鲁良 著

人民出版社

目　　录

序

　　鲁良博士的专著《失信行为论》出版在即,受邀作序,欣然接受,借机叙说师生缘分,谈谈我的读后感。

　　我和鲁良的师生关系发轫于西安交大的实证社会科学方法暑期班。我是该班的主持人和授课教师,他是学员。暑期班始于 2010 年夏,当年举办了第一期和第二期,每期 4 周;以后每年一期,每期 3 周,连续 11 期,截止于 2019 年,结业学员累积超过千人。该班面向全国招生,学员主体是社会科学和管理科学领域的青年教师及在读硕、博研究生,聘请国内外知名学者担任授课教师,除了举办前沿理论、方法、研究的专题讲座之外,同时设立中级和高级方法课程,聚焦数量分析模型和社会网络分析,系统传授专业知识,课程配备学生助教,提供课业辅导。每期暑期班,入选学员从周一到周五每天上、下午听课,晚上参加课业辅导和统计实验室学习。许多学员周末也不休息,处于高强度的培训状态。鲁良是 2011 年、2012 年连续两年的暑期班学员,他就是在这样的状态下完成预定培训任务,顺利结业的。

　　2017 年暑期班结业后,我和南开大学校友、武汉大学罗教讲教授结伴访问长沙,与当地几家大学的社会学师生开展学术交流,其间受到鲁良和他所在湖南师范大学领导及同事的热情接待。当时,他的国家社科基金课题《失信行为道德的社会学理论与实证研究》刚刚获批立项,我现在还依稀记得在湘江之滨与他交流课题内容的情景。几天的频繁互动令我发现,鲁良虽然身兼学校行政管理职务,但他确是一名学有专长、勤于思考、勇于创新、踏实有为的青年学者。

离开长沙不久,我认真读了他的课题立项报告,并就如何深入系统地研究失信行为问题,给他写了一封长信,提出我的看法和建议。5 年过去了,他仍然保留着这封信,而他的课题已经顺利结项,硕果累累。《失信行为论》即将出版,这是国内第一本研究失信行为的学术专著。我为鲁良的持续努力和学术产出感到高兴,随即拜读了原稿,对于失信行为问题的理论本质和外在表象,建立了鲜明的印象。

《失信行为论》是在实现国家治理体系和治理能力现代化的大背景下成书和出版的。现代化是在不断化解风险和战胜危机过程中向前推进的,而现代风险社会充斥着失信问题。它的存在和蔓延对个人、组织、国家都将造成不良影响,需要及时和深入研究。如何考察失信行为?鲁良在其专著中,从理论逻辑、社会事实、治理实践 3 个研究维度出发,聚焦网络空间的失信行为,开展概念解析、理论梳理、实证分析和对策研究。他的这本专著以问题追踪为导向,以实践反思为手段,直面社会发展过程中不可回避的问题,对失信行为的本质和内在变动逻辑,对干预、控制失信行为的对策,获得了具有创新价值的研究成果,可以概括为以下 5 个方面。

第一,解析失信行为的理论本质。迄今为止,学界对失信行为的概念诠释并不充分。鲁良的这本专著从信任理论出发,在梳理中外研究文献的基础上,对失信的基本概念、生成机理、作用方式、行为结果开展文献研究和理论分析;同时,在厘清失信与道德的理论关系基础上,关注当下失信行为及其道德语境,将失信行为置于传统礼俗道德与现代公民道德、人治的封闭社会与法治的开放社会中来理解。

第二,聚焦网络空间的失信行为。不同于一般化抽象性论述,鲁良的这本专著将失信行为置于网络时代的现实背景下来理解,推进了 4 个方面的认识:一是互联网和社交媒介的发展使得社会互动不断挣脱地域情境制约,"脱域"后的失信行为无论在概念内容还是在外在表现上都发生了相应变化;二是随着电商购物和自媒体等网络空间的拓展,失信行为频繁发生在陌生人关系之中和公共舆论领域,并出现了许多新的失信行为;三是新的失信现象不是杂乱无章的,失信行为主要类型的基本特征可以通过深度描述给予甄别和比较分析;四是新型失信行为与传统失信行为的比较分析,拓展了对相关道德议题的讨论,从话语道德到行为道德等均有所涉及。

第三,诠释网络空间失信行为的生成与传播机理。鲁良这本专著的观点是:与线下社会空间的失信行为相比,线上网络空间的失信行为产生于互动者对于道德约定的违背。但是,借助网络空间的广泛传播与评论,失信行为涉及的特定道德议题,不但可能被淡化或者合理化,而且这种淡化与合理化可以引发公共讨论,干扰公共道德认知,影响道德标准的公正性,对于信任行为道德具有极大的危害性。

第四,探索区块链条件下的失信风险。鲁良这本专著认为,如果缺乏必要手段,区块链技术的设计和使用将带来认知风险、监管风险、伦理风险,影响行为道德建设。为此,鲁良这本专著提出 3 项举措:增强风险理念,消除模糊、片面的认知冲突;加大技术研发,消除与现有信任机制的监管冲突;强化法治建设,消除与主流道德相悖的伦理冲突。

第五,提出防范失信行为的对策建议。鲁良这本专著指出,有效监督、惩治与矫正失信行为,一方面依赖合理的制度设计,加大失信行为的社会成本和法律成本;另一方面,通过多种方式增强社会成员的信任理念,强化自我约束意识和道德感,提高发生失信行为的心理与道德门槛。

以这些研究成果为标志,鲁良博士为我国失信行为研究打开了一个富有启发的新局面,由此成为未来研究者的出发点,从这里走向失信行为研究的新阶段、新高度。这就是《失信行为论》的出版意义。

是为序。

边燕杰

2022 年 3 月

于美国明尼苏达大学

导　　论

第一节　研究意义

　　信任是人际互动良善运行的重要纽带,是主要的社会支持机制。信任的重要性不言而喻,经典理论家都非常重视信任研究。亚里士多德认为:"信任是城邦出现的条件之一。"①马克思在其恢宏巨著中对于信任投之浓墨重彩,并非常关注信任在资本主义发展过程中发挥的机与危的作用。② 齐美尔认为:"没有人们之间相互间享有的普遍的信任,社会本身将瓦解。就客观现实而言,几乎没有一种关系能够完全建立在对他人的确切了解之上。如果信任不能像理性证据或亲自观察一样,或更为强有力,几乎一切关系都不能持久。"③按照福山的观点,文化是信任的基础。④ "西方文明之子"马克斯·韦伯最早将信任区分为特殊信任与一般信任,前者以血缘关系为基础,后者以信仰共同体为基础;自马克斯·韦伯以来,众多学者围绕信任的二分法进行大量

---

　　①　[古希腊]亚里士多德:《政治学》,吴寿彭译,商务印书馆 2009 年版,第 191 页。
　　②　罗玮、谢熠、罗教讲:《论资本主义发展与危机中的信任与信用——基于马克思经典著作的分析》,《甘肃行政学院学报》2014 年第 6 期。
　　③　[德]齐美尔:《货币哲学》,陈戎女等译,华夏出版社 2002 年版,第 178 页。
　　④　[美]福山:《信任:社会美德与创造经济繁荣》,彭志华译,海南出版社 2001 年版,第 29 页。

的实证研究。① 信任让人们之间有了合作的可能,为国家建设、社会管理、组织运作和人际交往提供了强有力的支持与帮助。无论是一个理性的个人,还是一个有序的国度,信任的建构是其生存发展和繁荣进步的理性选择,市场经济的发展需要高度的社会信任作为内在支撑。若没有信任的存在,则不可能形成有序的交往、公平的竞争和有效的合作。

从传统社会转向现代社会,传统社会信任存在的社会基础在现代社会发生重大变化,如人口流动的增加、社会诚信机制的缺失等,尤其是市场化对信任的根本性影响,导致失信现象成为一个广泛而突出的社会问题。失信问题作为社会关系的一种表现样态,在社会发展进程中成为全社会关注和亟待破解的难题。尽管失信问题是人类社会的恒久命题,但在现代社会的制度和文化环境下,失信问题及其治理更显突出和明显。在由农业社会向工业社会、由计划经济体制向社会主义市场经济体制、由传统社会向信息化社会迅速转型的社会发展时期,社会的政治环境、经济环境和制度与法律环境都在发生急剧变化,社会个体的生活方式、价值取向和交际形态也在发生颠覆性改变。由此,使维系原有社会的价值体系和行为规范受到冲击,导致社会运作机制失范,使得信任式微成为一个普遍的社会问题,对经济社会的运行、社会个体间的人际交往以及组织间的有效互动造成了不良影响。

对个人和组织来说,失信在单次利益博弈中可能会带来好处,然而,现实社会交往往往是多次利益博弈的过程。无论是在传统的熟人社会中,还是在逐渐凸显的生人社会中,失信者会被排除出社会交往体系。从国家层面来说,失信会增加整个社会的运行成本,提高整个社会的治理难度。失信问题已经成为导致社会公德下降、危及社会公平正义的重要原因,甚至成为影响整个社会和谐稳定及健康秩序的重大障碍。长期来看,失信的成本要远大于收益,而

---

① 李伟民:《特殊信任与普遍信任:中国人信任的结构与特征》,《社会学研究》2002年第3期。

建构信任关系的收益远大于成本。

进入网络时代,失信行为更易产生信息集聚的规模效应,进而解构、重构乃至再生产关于信任这一道德行为的社会认知,对人们正常的生产生活与社会交往产生极大的负面影响。因此,如何从理论与现实双重视角考察失信的行为道德议题,成为网络时代实现社会治理现代化需要重点思考与解析的问题。研究网络时代的失信行为与道德问题,具有重要的理论与现实意义。

第一,拓展信任研究的本土化理论空间和研究视域。理论为人们认识客观世界提供了原则、方法和恰当的视角,并同时为人们解释社会问题的发生、发展和变迁提供了思路与解决路径。基于不同理论视角的问题分析,针对同一问题可能有着不一致的生成逻辑,进而提供解决问题的差异性思路。国内外关于失信问题的研究虽不是很多,但对网络时代失信问题的讨论仍不乏有见地者。然而,无论是从网络社会本身的特征出发,还是从不同学科视角进行的学理阐释,都忽视了网络时代到来引发的个体道德变迁及其对失信行为的影响。行为道德是中国优秀传统文化的核心内涵之一。人们的行为与实践都受仁、义、礼、智、信等道德的引领。网络时代的到来,给传统文化带来了严峻的冲击与挑战,在文化领域形成了一定的文化失范和道德价值重构,在一定时期造成了人们道德领域的规范真空,引发了严重的失信行为问题。应该说,网络时代失信行为的产生,既与网络信息技术快速发展有关,更与中国特定的国情与传统文化内涵有关。因而,从道德视角阐释网络时代失信行为的产生及治理,既是中国国情使然,亦是对失信问题进行本土化研究的一种必然要求和尝试。本书从道德视角研究网络时代的失信行为问题,以社会学著名的结构—功能分析论为理论分析工具,从整体上对失信与人际关系、失信与制度、失信与互联网、失信与传统文化等命题进行综合探讨,构建符合中国本土化实际的信任解释的理论框架;探讨失信行为的基本特征、发生机制,在此基础上讨论应对之策;在解释理论方面提供本土化的新视角,拓展信任研究的理论空间。

第二,凸显网络时代道德文化的重要性,启发人们对道德失范引发失信问题的思考。尽管中国有着悠久的历史和博大精深的优秀传统文化底蕴,但在信息化、市场化快速深入发展的今天,传统文化中的优秀内容受到严重冲击和挑战。其中,最突出的问题就是个体行为道德领域的变化。以往,人们将网络时代失信问题的产生更多地归咎于网络社会的匿名性与超地域性,甚或是将失信行为的产生归因于法治的不健全,但它们都是外部原因。进一步探索可以发现,网络时代个体道德领域失衡,始终是造成人们实施失信行为的内在原因。道德的弱化与失衡,使得网络时代的社会大众责任感缺失,人际关系更加淡漠。人们更多地追逐个人私利而非维护集体利益,由此导向更加严重的社会失信后果。诚然,我们已经通过培育践行社会主义核心价值观尝试解决道德领域的失衡问题,却还必须在道德失衡与失信问题产生之间建立直接、可靠的逻辑关系。唯有如此,人们方能对道德失衡导致的网络时代失信行为问题进行深刻思考,也才能在社会主义核心价值观引领下重塑诚信道德,为建立诚信的社会氛围提供理论与现实支撑。

第三,为提升网络时代诚信治理能力与水平提供新的思路。法治建设与制度规范是硬约束,道德引领与文化制约是软约束。一直以来,对失信问题的治理都将重心放在强化诚信规范建设和健全法治保障方面。对失信行为问题的治理固然需要法律的支撑,但对失信行为的法律惩戒仍然属于"事后治理",治标不治本。"道德是一系列与正确行为相关的信念或价值系统,个体根据此信念价值系统明辨是非并作出适应性行为。由此而言,道德规定了个体应该做什么(指定性道德范畴)和不该做什么(禁止性道德范畴)。"[1]加强道德建设,是从源头治理失信行为的一种有效思路。道德作为一种信念或价值系统,引导着个体的实践行为。明确道德与失信行为的逻辑关系和解释路

---

[1]　Janoff-Bulman, Ronnie, Sana Sheikh, and Sebastian Hepp, "Proscriptive versus prescriptive morality: two faces of moral regulation", *Journal of personality and social psychology*, 2009, p.521.

径,为我们从道德领域加强网络时代的诚信治理提供了"源头"思维。这提醒社会治理者必须重视道德建设和道德引领在诚信治理中的重要作用,要从失信行为产生的各个环节寻找道德弱化和道德失衡的根源,采取有针对性的举措加强各环节道德建设,使道德真正发挥引领诚信行为的作用,从而提升网络时代失信行为治理的能力、水平与有效性,通过构建诚信道德环境,更好满足人民群众的幸福感与获得感。

第四,为加强市场经济发展与社会治理研究提供新的理论依据。网络时代的失信问题不仅关乎个人得失,也是市场经济顽疾和社会治理难题。市场秩序兼具自发性和盲目性,市场尤其具有自我调节功能。在亚当·斯密那里,市场被称为"看不见的手"。所谓"看不见的手",即市场的自发调节作用。但是,即便市场的自发调节功能再强,也常常面临调节失效乃至市场失控问题。社会学著名学者波兰尼早已指出,放任和强调"市场的自发调节性"只是一厢情愿的乌托邦想象。要解决市场失序和市场主体面临的风险问题,就必须重拾失落的市场伦理精神,即市场主体间基于道德的互信关系。道德是市场信任的内在纽带,是市场经济有序发展的重要基础。基于道德视域的失信行为问题研究,为治理市场失信行为、健全市场交易秩序提供了道德路径。无论是市场秩序治理还是网络社会秩序规范,都是社会治理的重要范畴。除此之外,其他各领域社会治理都存在显而易见的失信问题。社会治理完全可以借由道德视角审视失信问题及社会失序的内在逻辑,并在加强道德建设、重视道德引领方面为社会治理提供新的思路和"治理术"。

第二节　失信问题及其治理的文献综述

信任构成了经济社会生活和人际交往互动的重要内容。大量失信行为的发生势必给正常的社会秩序造成严重破坏,这引发了学术界关于信任和网络失信等问题的集中讨论。

一、信任研究

信任伴随人类社会发展的始终。对信任问题的关注在人类文明发展史上由来已久,可以追溯至古希腊哲学家和古代中国圣贤的经典著作,但在理论自觉层面对信任问题进行较为系统且深入的研究则开始得较晚。直至 20 世纪中叶之后,信任问题才成为西方社会科学研究的热门课题。

长期以来,关于信任问题的相关研究可谓汗牛充栋。一是信任在现代社会变得更为复杂,信任的复杂性决定了任何单一视角与方法都不足以全面阐释,需要引入更多的视角与讨论;二是不同学科的学术争鸣引发信任问题研究的百花齐放。而信任定义之宽泛、测量之多维,在一定程度上折射出信任的多重性。信任问题研究是一个涉及多学科的问题,不同学科间的理论视角有着较大差异,导致关于信任的理解与认识难以达成统一,"从而提出了众多不同甚至相互矛盾的观点"。[①] 社会心理学、社会学、经济学、政治学等不同学科都对信任问题进行了集中讨论。

第一,社会心理学将信任作为一个心理过程。在社会心理学视域中,学者们依照心理学的研究范式,强调在人际和团体层面生成或破坏信任的人际互动行为。从这一视角看,信任被定义为交往中其他参与者的期望,当面临与期望相伴随的风险时,去考虑增进或停止发展和维持信任。这些学者通常倾向于从微观视角的个体互动与组织互动出发,围绕个体的、心理的范畴,探讨发生在人际中的信任问题。美国心理学家多伊奇是在心理学领域最早开始进行信任问题研究的学者。他在学理层面首先对信任问题开展了专门的研究,开创了心理学研究信任问题的先河。他于 20 世纪 50 年代著名的囚徒困境实验中,考察人际信任。多伊奇认为,信任是"如果一个人预期到某一事件将发生,并且他认识到当这一预期落空时其承担的消极结果要超过预期得到证实

---

① Jones, Andrew JI., "On the concept of trust", *Decision Support Systems*, 2002, pp.225-232.

时的积极结果,那么可以认为这个人对某一事件的发生是信任的"。① 多伊奇
将信任当作一个由外界刺激决定的因变量,强调信任是人对特定情境作出反
应的个体心理与行为的显现,信任与否由特定情境的具体相关解释变量决定。
在后续的研究中,多伊奇着重对信任的情境进行了描述和界定。他认为,未来
的行动有一个模糊不清的过程、发生的结果依赖于他人的行动,以及伤害性事
件的强度大于受益性事件的强度,是作出信任决定需要具备的 3 个情境条件。

　　心理学家们遵循人际信任的研究理路,一般通过实验的方法,探讨发生在
人际中的信任问题。其中,埃里克森从发展心理学的角度出发,把信任关系纳
入人格结构的体系中,研究个体在婴儿期与母亲建立初始信任感的情况,得出
了"个体初始信任感的产生都是建立在熟悉与血缘的基础上"的结论,为后人
研究人际信任的起源提供了启示。罗特尔首次对人际信任进行了界定,而在
之前都只是对信任进行定义。他认为:"信任是个体认同另一个人的言辞、承
诺以及口头或书面的陈述为可靠的一种概括化的期望,即信任是对他人言行
方面可靠性的体认。"②罗特尔的人际信任研究已经从心理学领域转轨至社会
心理学领域,拓展了信任问题研究的理论视野。巴特勒和康垂尔认为,伙伴间
的信任包括 5 项特质:能力、正直、一致、忠诚与开放。霍斯莫尔认为:"信任
是当个体面临预期损失大于预期收益不可预料的事件时,所作的一个非理性
的选择行为。"③赖兹曼认为,信任是个体特有的对他人的诚意、善良及可信性
的一种普遍而可靠的信念。④ 迈耶、戴维斯及斯格尔曼将信任定义为:"信任
主体基于信任客体会依照信任主体的期望行事的预期,使其自身处于易受信

　　① Deutsch,Morton,"Trust and suspicion",*Journal of conflict resolution*,1958,p.266.

　　② Rotter,Julian B.,"A new scale for the measurement of interpersonal trust 1",*Journal of personality*,1967,p.651.

　　③ Hosmer,Larue Tone,"Trust:The connecting link between organizational theory and philosophical ethics",*Academy of management Review*,1995,p.379.

　　④ Wrightsman,Lawrence S.,"Interpersonal trust and attitudes toward human nature",*San Diego:Academic Press*,1974,pp.373-412.

任客体伤害的处境,这样的意愿即是信任。"米雪尔提出了人际信任产生的 4
个维度:能力、诚实、互惠与一致性。

国内学者何明钦、刘向东认为,居民公共治理信任与消费总量、消费级别
的提高均有积极正向关系。① 张文宏、于宜民发现,居民的社会信任水平对心
理健康有正向影响。② 李昕容等学者认为,高中生的身体意象特征影响人际
信任水平,自尊在两者之间具有中介作用。③ 龙雪娜、张灏的研究则指出,宜
人性人格对特定信任有直接的正向预测作用。④

这些论断对后续的信任问题研究有着深刻影响。从中也可以看到,社会
心理学的信任问题研究主要从微观层面探讨人际信任,将个体的心理特质与
信任相结合,认为信任是个体人格特质和行为方式综合作用的结果,把信任理
解为一个心理过程。

第二,社会学将信任作为一种社会关系。社会学对信任问题的研究文献
众多。社会学家是信任问题研究的直接推动者,以宽阔的眼界和深刻的洞见,
为信任问题研究奠定了基石、开拓了新的研究疆域。在社会学研究者的眼中,
信任与作为行动者存在的社会个体紧密相关,且作为一种社会关系的存在状
态,具有复杂的社会性。因此,社会学家侧重从宏观角度探讨信任问题,倾向
于用人际、社群、制度、规范、文化等来解释社会层面的信任问题。德国学者齐
美尔是学界最早对信任问题予以关注和研究的社会学大家。他认为:"离开
了人们之间的一般性信任,社会自身将变成一盘散沙,因为几乎很少有什么关
系能够建立在对他人确切的认知之上。如果信任不能像理性证据或个人经验

---

① 何明钦、刘向东:《社会信任心理与消费行为——基于总量和层次的机制研究》,《消费
经济》2020 年第 1 期。

② 张文宏、于宜民:《社会网络、社会地位、社会信任对居民心理健康的影响》,《福建师范
大学学报(哲学社会科学版)》2020 年第 2 期。

③ 李昕容、冯瑶、常洪铭、严万森:《高中生的身体意象与自尊、人际信任的关系》,《中国健
康心理学杂志》2022 年第 1 期。

④ 龙雪娜、张灏:《宜人性人格对大学生人际信任的影响研究》,《大连理工大学学报(社会
科学版)》2022 年第 1 期。

那样强或更强,则很少有什么关系能够持续下来。"①之后,不少在社会学领域
具有奠基作用的西方经典社会学家也对信任问题进行了关注和阐释。比如,
马克斯·韦伯将信任分为特殊信任和一般信任。塔尔科特·帕森斯则将信任
视为"一种约定的结果"。彼得·布劳把信任作为实现社会关系稳定的基本
因素。尼古拉斯·卢曼认为,信任和力量在功能上是等价的,得出了"信任本
质上是简化社会复杂性的机制之一"的重要论断。② 伯纳德·巴伯在卢曼的
研究基础上进一步深化了对信任的认识,他认为:"信任是一种社会关系或一
种社会体制中为所有成员增进利益的缔造者。"③他还强调,信任具有维护社
会秩序的功能,还提出了"合理的不信任",并且将信任分为一般性信任、能力
信任和托付信任3个类别。④ 以色列社会学家艾森斯塔德提出了"信任结构"
的概念。詹姆斯·S.科尔曼提出:"信任是社会资本的一种形式。"⑤该观点正
式将信任引入社会资本范畴,并作为社会资本的重要操作化指标沿用至今。
现代社会学代表人物吉登斯认为,信任是"对其他人的连续性的相信和对客
观世界的相信,它产生于儿童的早期经验"。⑥

　　20世纪90年代以来,以郑也夫、彭泗清等人为代表的一批中国社会学者
在信任问题研究中取得了引人注目的成果。本土学者结合中国国情,围绕当
代中国信任资源式微、社会信任危机显现等问题展开研究,出版了《信任论》
《中国人的人际关系、情感与信任——一个人际交往的观点》《中国社会中的

　　① 　[德]齐美尔:《货币哲学》,陈戎女等译,华夏出版社2002年版,第178页。
　　② 　Niklas Luhmann, "Trust and power:two works", *Landmark Papers on Trust Volume*（*II*）,Edited by Reinhard Bachmann,Published by Edward Elgar Publishing Limited,2008,p.651.
　　③ 　[美]伯纳德·巴伯:《信任:信任的逻辑与局限》,牟斌等译,福建人民出版社1989年版,第22页。
　　④ 　[美]伯纳德·巴伯:《信任:信任的逻辑与局限》,牟斌等译,福建人民出版社1989年版,第22页。
　　⑤ 　[美]科尔曼:《社会理论的基础》,邓方译,社会科学文献出版社1999年版,第360页。
　　⑥ 　[英]吉登斯:《现代性与自我认同》,赵旭东译,生活·读书·新知三联书店1998年版,第34页。

信任》《信息、信任与法律》《关系与信任：中国乡村民间组织实证研究》等多部
优秀著作，发表了《信任的建立机制：关系运作与法律手段》《中国人人际信任
的概念化：一个人际关系的观点》《信任的中、日、美比较研究》《特殊信任与普
遍信任：中国人信任的结构与特征》《信任的基础：一种理性的解释》《西方人
际信任研究的路径与困境》《居民信任水平的城乡差异分析》《试论元信任问
题》《信任的本质及其文化》《中国人的政治效能感、政治参与和警察信任》
《后信任社会的形成与应对》《建构科技伦理治理共同体的信任关系》《人际信
任的自我削弱与熟人社会变迁》等一大批优秀论文。

从总体上来说，社会学家往往将信任作为社会制度、社会规范、文化习俗
等方面的产物，将它与社会结构、文化特征相关联。在他们看来，信任是一种
社会关系的存在，根植于整个社会的政治、经济、文化背景网络中，强调制度、
结构、文化、道德等社会性因素对个体的作用。也就是说，社会学既研究社会
个体间的信任关系，也注重社群、组织间的信任问题研究；既注重信任的社会
功能与作用，也注重研究对社会情境下生成信任的影响。

第三，经济学将信任作为经济人的理性计算。在经济学领域首先对信任
问题予以研究的，是古典经济学家亚当·斯密。他在《道德情操论》中分析了
信任与人类经济行为的关系，认为人与人之间的信任是经济活动的道德基础。
但自亚当·斯密以后，信任问题研究被排斥在正统的经济学研究范围之外，在
经济学领域长期处于停滞状态，直至20世纪70年代，才被重新纳入主流经济
学的研究范畴。与社会学的研究视域和理路不同，经济学家往往是从理性选
择的视角出发，将信任作为以经济人存在的人的理性计算的结果。经济学家
阿罗认为："信任就是经济交换的润滑剂，是控制契约的最有效机制，是含蓄
的契约，是不容易买到的独特的商品。"①经济学家加里·贝克尔出版了影响
深远的《人类行为的经济分析》一书。该书把经济学理论运用到过去同市场

---

① Arrow, Kenneth J., *The limits of organization*l, WW Norton & Company, 1974, p.23.

力量没有联系的人类行为等领域的研究中,开辟了一个以前只有社会学家、人类学家和心理学家关心的研究领域。

在经济学领域,通过在信任问题研究中引入博弈论,研究者们将信任与合作问题进行了卓越的综合尝试。克瑞普斯和张维迎等研究者发现,在异质性社会环境和约束条件下,针对同一目标,不同个体会选择相异的行为策略。相较于短期博弈,在长期利益博弈过程中,人们为寻求利益的最大化,会更加倾向于相互间信任关系的建构。[1] 万尼克和史朗宁认为,经验、态度、制度等因素对重复信任博弈中的策略选择具有重要影响。[2] 杜温伯格和尼日则探讨了信任过程中的利他主义,认为利他主义对信任的建立具有重要作用。[3] 波奈特和济科豪瑟认为,信任是一种风险行为,因此,信任决定应该由额外的风险溢价来弥补信任背叛带来的损失。[4] 王永贵、刘菲认为,在 B2B 背景下,信任对创新绩效的影响为倒"U"形。[5] 周明生、于国栋认为,社会信任水平可以促进产业协同集聚。[6] 陈富永、周兵发现,地区信任能显著抑制企业的避税行为。[7] 康旺霖等学者认为,企业所在地区的社会信任水平越高,其代理成本就越高。[8]

---

[1] Barney, Jay B., and Mark H. Hansen., "Trustworthiness as a source of competitive advantage", *Strategic management journal*, 1994, p.175.

[2] Engle-Warnick, Jim, and Robert L. Slonim, "The evolution of strategies in a repeated trust game" *Journal of Economic Behavior & Organization*, 2004, p.553.

[3] Dufwenberg, Martin, and Uri Gneezy, "Measuring beliefs in an experimental lost wallet game." *Games and economic Behavior*, 2000, p.163.

[4] Bohnet, Iris & Zeckhauser, Richard, "Trust, and betrayal", *Journal of Economic Behavior & Organization*, 2004, p.467.

[5] 王永贵、刘菲:《信任有助于提升创新绩效吗——基于 B2B 背景的理论探讨与实证分析》,《中国工业经济》2019 年第 12 期。

[6] 周明生、于国栋:《社会信任对产业协同集聚的影响研究》,《经济理论与经济管理》2020 年第 3 期。

[7] 陈富永、周兵:《基于区域经济一体化的地区信任、约束机制与避税效应研究》,《中国软科学》2021 年第 9 期。

[8] 康旺霖、高鹏、王垒:《社会信任与企业代理成本:"紧箍咒"还是"庇护伞"?》,《金融发展研究》2021 年第 12 期。

李辉等学者认为,司法信任显著促进经济增长。①

　　基于以上研究,我们大致可以梳理出经济学界关于信任问题研究的两个主要向度:一是微观层次上结合博弈论理论和实验的方法,验证信任如何在作为经济人的经济活动中计算生成;二是宏观层次上把信任纳入社会协调机制,探讨信任在促进组织发展、企业效率和制度平衡方面的作用。这些卓有成效的研究通过把信任纳入经济行为分析中、把社会变量引入信任生成的经济学模型中,使得社会学和经济学在一定程度上实现了交叉学科的融合。

　　第四,政治学将信任作为政治稳定的来源。古希腊哲学家狄摩西尼曾有论述:"有智慧的人通常都知道有一种保障措施,它对一切都有好处、都安全,尤其有助于民主而反对专制。它是什么? 不信任。"②英国思想家约翰·洛克对信任的政治学解析,是学界自觉关注政治信任的开始,其思想核心是:公民和政府之间的关系是一种信任关系,不是一种契约关系。③ 洛克"把政府定义为一种信托(trust)"。④ 他在欧洲启蒙运动中,提出了著名的三权分立学说。该学说经过法国启蒙思想家的发展,成为现代西方政治制度的一块基石。但自此之后,政治学领域鲜有对信任问题的关注和论述。直至 1965 年伊斯顿的《政治生活的系统分析》和 1968 年甘姆森的《权力与不满》公开出版,以及西方各国政府面临严重的政府信任危机,民众对西方各国政府的民主与政治诉求发生极大变化,政治学对信任问题的研究旨趣才被重新唤醒。此后,政治学领域的信任问题研究成果不断涌现,最有代表性的成果有:维维安·哈特的《不信任与民主:英国和美国的政治不信任》、尼可拉斯·卢曼的《信任与权

---

　　① 李辉、李一璇、赵家正:《经济增长与司法信任关系的实证研究》,《西安科技大学学报》2021 年第 6 期。

　　② Hart, Vivien, *Distrust and democracy: Political distrust in Britain and America*. Cambridge University Press, 1978.

　　③ 转引自 Russell Hardin. Trust in Government, 9。

　　④ [加]查尔斯·泰勒:《市民社会的模式》,冯青虎译,载邓正来、亚历山大:《国家与市民社会——一种社会理论的研究理论》,中央编译出版社 2005 年版,第 14 页。

力》、伯纳德·巴伯的《信任的逻辑与局限》、罗伯特·帕特南的《使民主转起来》，以及20世纪90年代罗素·塞奇基金会出版的"信任"系列丛书。同一时期，巴勃、杜恩、科尔曼、福山、苏特普卡、沃伦及什托姆普卡等人，也在政治学领域对信任问题开展了程度不一的研究。

国内最早研究政治信任问题的学者是闵琦。他在1989年的研究中提出："政治信任是人们对其他政治活动者的一整套认识、信念、感情和判断。"①近几年，国内学界有关政治信任问题的研究成果越来越多。2003年以来，上官酒瑞对政治信任问题进行了系统而深入的研究，发表了《政治信任研究兴起的学理基础与社会背景》等数十篇相关论文，并在其博士论文基础上出版了《现代社会的政治信任逻辑》。他提出公共生活的政治信任"悖论"，认为"良善公共生活的构建既需要政治信任的润滑，也需要民众不信任的促进和推动"。②胡荣在《社会学研究》上发表的《农民上访与政治信任的流失》一文中提出："政治信任具有不同层次的内容，在最高层次上，它指的是公民对待整个政治共同体——即公民所属国家的态度。"③马德勇通过跨地区的政治信任问题实证分析发现，制度要素和文化要素对政治信任的生成和解释均具有显著意义。④遵照同一思路进行研究，还包括孙昕等人在《社会学研究》上发表了《政治信任、社会资本和村民选举参与——基于全国代表性样本调查的实证分析》。

另外，盛智明在《社会》上发表的《社会流动与政治信任——基于CGSS2006数据的实证研究》一文指出："人们所经历的向上代际流动和代内

---

① 闵琦：《中国政治文化——民主政治难产的社会心理因素》，云南人民出版社1989年版，第110页。
② 上官酒瑞：《现代社会的政治信任逻辑》，上海人民出版社2012年版，第12页。
③ 胡荣：《农民上访与政治信任的流失》，《社会学研究》2007年第3期。
④ 马德勇：《政治信任及其起源——对亚洲8个国家和地区的比较研究》，《经济社会体制比较》2007年第5期。

流动,以及对向上流动的感知与预期都显著增强了他们的政治信任。"① 鲁良、黄清迎认为:"政治信任是公民对政治体系所持的一种态度、评价和信念。"② 苏振华、黄外斌认为,互联网使用频率与政治信任感成反比。③ 胡荣、庄思薇运用 2010 年的中国综合社会调查数据分析发现,居民的媒介使用行为会对政府信任具有影响,其中,使用传统媒体会极大促进对政府的信任,而使用新兴媒体则会大幅降低居民对政府的信任。④ 罗家德等学者通过对汶川地震后 30 个村庄进行研究发现,个体社会资本与社区社会资本对高层和基层政府的信任落差有显著影响。⑤ 王亚茹认为,民生保障获得感以及社会公平感对于政府信任都具有积极影响。⑥ 杨江华、王辰宵认为,网民的官方媒体使用偏好促进其政治信任,但海外媒体使用偏好减弱其政治信任。⑦ 公众的村社认同对其政府信任有正向影响,其中,公众的村社秩序感知对其村社认同与政府信任的关系具有调节作用。⑧ 杨三等学者认为,基本公共服务供给质量与主观绩效、公众参与以及获得感的提升都能增强。⑨ 季程远、孟天广⑩、曾扬、何增科

---

① 盛智明:《社会流动与政治信任——基于 CGSS2006 数据的实证研究》,《社会》2013 年第 4 期。

② 鲁良、黄清迎:《论网络时代大学生政治信仰生成:现状、维度与路径》,《湖南师范大学教育科学学报》2014 年第 5 期。

③ 苏振华、黄外斌《互联网使用对政治信任与价值观的影响:基于 CGSS 数据的实证研究》,《经济社会体制比较》2015 年第 5 期。

④ 胡荣、庄思薇:《媒介使用对中国城乡居民政府信任的影响》,《东南学术》2017 年第 1 期。

⑤ 罗家德、帅满、杨鲲昊:《"央强地弱"政府信任格局的社会学分析——基于汶川震后三期追踪数据》,《中国社会科学》2017 年第 2 期。

⑥ 王亚茹:《民生保障获得感、社会公平感对政府信任的影响研究》,《湖北社会科学》2020 年第 4 期。

⑦ 杨江华、王辰宵:《青年网民的媒体使用偏好与政治信任》,《青年研究》2021 年第 4 期。

⑧ 郑建君、刘静:《公众村社认同、秩序感知对政府信任的跨层次影响》,《哈尔滨工业大学学报(社会科学版)》2021 年第 5 期。

⑨ 杨三、康健、祝小宁:《基本公共服务主观绩效对地方政府信任的影响机理——公众参与的中介作用与获得感的调节效应》,《软科学》2022 年第 1 期。

⑩ 季程远、孟天广:《反腐败与政治信任:结构偏好与规模偏好的影响差异》,《上海交通大学学报(哲学社会科学版)》2020 年第 2 期。

都认为,反腐败可以提升公众的政治信任。①

　　总体而言,在政治学科中开展信任问题研究的理论渊源,一是制度的解释,认为政治信任源于政治领域,是人们基于理性对政治制度和政府绩效、政治制度信任度的一种评估;二是社会文化的解释,认为政治信任是外生的,是植根于文化规范、风俗习惯和通过人们成长环境的早期社会化形成的信念。

二、失信行为研究

　　有信任就有失信,但相较于信任问题研究引发的热潮,目前学术界关于失信问题的着墨显然不多。关于失信行为的研究,主要集中在政治学、经济学和法学 3 个领域。在政治学领域,Glaese 和 Shleifer 分析了英法两国不同程度的失信水平。他们从论述英法两国在几个世纪前法律体系的差异性出发,认为"没有理由不相信这两个国家的殖民发端于不同程度的失信"。Philippe Aghion 和 Yann Algan 等人在 *Regulation and Distrust* 一文中,也认为法国殖民越是加重制度的约束,就越加剧其失信水平,而这种失信的产生对政府法律制度而言是一种持续性需要。Kramer,Roderick M.和 Karen S 在 *Trust and Distrust In Organizations* 中认为:"一个民主的社会,包括社会、商业和政治的相互作用的有效运作很大程度上取决于信任",同时还阐述了在层级不平等的组织中信任和失信发生的可能。② Cook,Karen S.,Russell Hardin 和 Margaret Levi 在 *Cooperation Without Trust* 一书中,对"信任是一个民主社会顺利运作的必需品"这一观点进行了反驳。他们认为,社会在信任缺失情况下也可以建构一个互利互惠的合作关系,而且即使在一个没有信任的社会,也并不意味着社会功能弱化。③

---

　　① 曾扬、何增科:《反腐败提升公众政治信任的过程与机制》,《新视野》2022 年第 1 期。

　　② Kramer,Roderick M.,and Karen S. Cook,eds.,*Trust and distrust in organizations:Dilemmas and approaches*,Russell Sage Foundation,2004,p.10.

　　③ Cook,Karen S.,Russell Hardin,and Margaret Levi,*Cooperation without trust?*,Russell Sage Foundation,2005,p.15.

Patti Tamara Lenard 在 *Trust，Democracy，Multicultural Challenges* 一书中认为：
"信任、民主和多元文化的挑战,导致民族多样性的出现,如果管理不当,则会
容易诱发失信行为。"[1] Cook，Karen S.，Margaret Levi 和 Russell Hardin 在
Whom Can We Trust? 一书中,通过实证研究显示信任的实现需要多种条件。
他们讨论了在不同的文化、经济和社会环境中,个人、组织失信的可能及其因
果关系。[2] Vivianne E.Baur 和 Arnold H.G.Van Elteren 等人在 *Dealing with Dis-*
trust and Power Dynamics 一文中,分析了法律起源与失信之间的关系。吕方园
在《中美贸易摩擦"政治失信行为"国家责任研究》一文里,讨论了构建中美贸
易摩擦中"政治失信行为"国家责任的路径。[3]

在经济学领域,Jack Fiorito 和 Daniel Gallagher（2010）发表的 *Distrust of*
Employers and Collectivism，and Union Efficacy 一文,分析了脑力工作、工作态
度、团结机制与失信的关系。Jeff Zeleny 和 Megan Thee Brenee 在 *New Poll*
Finds a Deep Distrust of the Governmen 一文中,就《纽约时报》和 BBC 民意大调
查的资料进行分析后发现,随着经济焦虑和对未来担忧程度的加深,民众对美
国政府的不信任度和质疑率达到史上最高水平。Rachel Talton，Jagdip Singh
Nicholas Berente 在 *Trust Payoffs in Distrust Dominated Environments* 一文中发
现,消费者不管是在金融投资领域还是在医疗健康领域,即使是在失信情形频
发的环境中,他（她）们对社会生活中的产品忠实度和坚定度还是有 50%的提
升。这就说明,在信任度变化较大的社会环境中,人们总体来说还是以信赖的
心态看待社会,社会生活中人们的价值取向是以信任为主导的。也有学者就
欧美政治失信和社会资本之间的关系进行了分析。比如,Peggy Schyns 和
Christel Koop 通过研究西北欧、美国、东南欧、西欧现实社会的差异发现:社会信

[1] Lenard，Patti Tamara，*Trust，democracy，and multicultural challenges*，Penn State University Press，2021.

[2] Cook，Karen S.，Margaret Levi，and Russell Hardin，eds.，*Whom can we trust*?：*How groups，networks，and institutions make trust possible*，Russell Sage Foundation，2009.

[3] 吕方园:《中美贸易摩擦"政治失信行为"国家责任研究》,《政法论丛》2020 年第 2 期。

任度和政治失信率是一种双边否定关系,即社会信任度越高,政治失信率就越低;反之,政治失信度越高将导致社会中人与人之间信任度的降低,并且,此规律从这两方面来说适用于所有国家。这也进一步证实了个人诚信度与社会、政治失信率及社会经济资本的密切关系。苏小方等学者认为,企业出现普遍的失信行为,本质上是由于企业和消费者之间存在"强势产权主体—弱势产权主体"结构。① 常乐等学者构建了食品企业、消费者、监管机构三方演化博弈模型,并且通过验证模型得出结论:处罚和赔偿会减弱食品企业失信经营的动机。②

在法学领域,学者们主要从法律层面对失信行为进行界定,并在对失信者进行制裁等方面展开相关论述。比如,杨成等学者认为合法性是失信惩戒的基础,因此,应健全立法体系。③ 杨丹认为,应通过对失信行为进行界定④并对失信惩戒对象的程序权利进行设定⑤,来推动联合惩戒机制走向法制化。王锡锌、黄智杰同样认为,失信行为信息界定是失信联合惩戒机制运作的先决条件;同时也认为,可以综合运用不同法律控制技术,来建构失信约束制度的法治约束框架。⑥ 王伟认为,需要对失信惩戒进行法律界定、类型化规制以及法律规制。⑦ 陈小君、肖楚钢认为,应该对失信行为进行界定和划分,并厘清失信行为与惩戒措施、惩戒目的之间的逻辑关联。⑧ 梅帅认为,可通过加强失

---

① 苏小方、张方方:《企业失信行为的制度经济学分析及治理思路》,《经济社会体制比较》2020 年第 2 期。

② 常乐、刘长玉、于涛、孙振凯:《社会共治下的食品企业失信经营问题三方演化博弈研究》,《中国管理科学》2020 年第 9 期。

③ 杨成、陈昊:《基于行政处罚的失信惩戒法治化研究》,《昆明理工大学学报(社会科学版)》2020 年第 5 期。

④ 杨丹:《联合惩戒机制下失信行为的认定》,《四川师范大学学报(社会科学版)》2020 年第 3 期。

⑤ 杨丹:《失信惩戒对象的程序权利研究》,《河南社会科学》2020 年第 3 期。

⑥ 王锡锌、黄智杰:《论失信约束制度的法治约束》,《中国法律评论》2021 年第 1 期。

⑦ 王伟:《失信惩戒的类型化规制研究——兼论社会信用法的规则设计》,《中州学刊》2019 年第 5 期。

⑧ 陈小君、肖楚钢:《失信惩戒法律规则的缺失与完善》,《中南民族大学学报(人文社会科学版)》2021 年第 3 期。

信惩戒机制推动现代化社会治理。① 吴秋生等学者认为,是否对失信人进行监管以及监管的力度,与民营企业过度的负债水平密不可分。② 严新龙认为,对网络失信可通过以"惩"促"戒"进行行政监管。③ 徐继敏认为,直接惩罚措施主要针对妨害民事执行的失信行为,而联合惩戒应主要针对不履行义务的失信行为。④ 沈毅龙认为,应在行政法治框架下,对失信行政联合惩戒进行严格的法律控制。⑤ 王瑞雪针对政府规制中的信用工具存在的问题,提出它们应受公法原则约束。⑥ 高山认为,需要在加快法治化进程、完善程序设计、平衡权利义务关系、营造社会氛围等方面进行规范,并优化失信被执行人名单制度。⑦ 柯林霞认为,应通过失信行为的内、外部标准来统御失信行为的标准。⑧ 周海源认为,应回归法教义学框架,以避免道德对失信联合惩戒立法的过度渗透。⑨ 门中敬认为,污名是失信联合惩戒的核心,为防止其泛化应进行法律控制。⑩ 贾茵认为,应从形式合宪性、实质合宪性及功能最适性 3 个维度,对现行失信联合惩戒制度进行合宪性改进。⑪ 田林认为,将失信惩戒措施纳入行政处罚法的规制框架,可以规范这类严厉的失信惩戒措施。⑫ 李声高

---

① 梅帅:《社会治理视域下失信惩戒机制:治理意义、要素构造与完善方向》,《征信》2020年第 12 期。

② 吴秋生、鲍瑞雪:《加强失信人监管与缓解民营企业过度负债》,《审计与经济研究》2019年第 3 期。

③ 严新龙:《论"互联网+"时代失信惩戒行政法治化》,《社科纵横》2020 年第 4 期。

④ 徐继敏:《论失信被执行人联合惩戒的性质、正当性与完善路径》,《河南社会科学》2020年第 3 期。

⑤ 沈毅龙:《论失信的行政联合惩戒及其法律控制》,《法学家》2019 年第 4 期。

⑥ 王瑞雪:《政府规制中的信用工具研究》,《中国法学》2017 年第 4 期。

⑦ 高山:《失信被执行人名单制度:理论透析、问题维度和改进路径》,《法学论坛》2020 年第 2 期。

⑧ 柯林霞:《失信惩戒制度下失信行为的范围及限度》,《河南社会科学》2021 年第 1 期。

⑨ 周海源:《失信联合惩戒的泛道德化倾向及其矫正——以法教义学为视角的分析》,《行政法学研究》2020 年第 3 期。

⑩ 门中敬:《失信联合惩戒之污名及其法律控制》,《法学论坛》2019 年第 6 期。

⑪ 贾茵:《失信联合惩戒制度的法理分析与合宪性建议》,《行政法学研究》2020 年第 3 期。

⑫ 田林:《行政处罚与失信惩戒的立法方案探讨》,《中国法律评论》2020 年第 5 期。

认为,为了推进对于失信行为的追责,需完善连带惩戒适用规则。① 张晓冉认为,应明确个人失信惩罚的类型,再对其进行适用范围内的惩罚和限制。② 张晓莹认为,应将失信惩戒措施中的公布"黑名单"和从业限制措施作为行政处罚行为加以规制。③ 冯文宇认为,防治学术失信的有效策略,是加强信用体系建设,完善评价体系与导向机制,优化学术环境氛围。④

国内缺乏关于失信问题的系统研究,多数研究成果局限于信用和诚信方面。王淑芹对失信的形成条件进行了研究,认为人性的巧利欲求、市场经济行为的策略选择性、社会价值系统故障、制度性障碍、舆论监督出现空场、社会文化的陈积等是失信的条件。⑤ 魏建国、鲜于丹通过动态博弈分析了失信惩戒机制。⑥ 范柏乃、龙海波对地方政府的失信行为进行了研究,他们认为"我国地方政府失信的现象相对比较普遍,主要是通过形象化的政府官员和抽象化的政府表现出来",并分析了市场经济人的自利性、行为主体强势、监督机制不足、公共信息不对称、信用文化缺失等因素,认为这些因素是地方政府失信的成因。⑦ 胡朝阳分析了对失信行为的法律规制,认为"社会失信行为既给失信者带来失信收益和失信成本的影响,也给社会带来因经济、法律和道德秩序的破坏而额外增加社会运行成本的影响,后者使社会失信行为呈负外部性"。⑧ 陈平分析了失信的生成机制和失信治理,认为诚信或失信的影响因素

---

① 李声高:《失信治理连带责任的法理质辩与规则适用》,《法学杂志》2019 年第 2 期。
② 张晓冉:《我国个人失信惩罚的规范研究:类型、适用及其限制》,《电子政务》2019 年第 2 期。
③ 张晓莹:《行政处罚视域下的失信惩戒规制》,《行政法学研究》2019 年第 5 期。
④ 冯文宇:《大学科研"学术失信"及其防治策略探析》,《科学与社会》2018 年第 3 期。
⑤ 王淑芹:《失信何以可能的条件分析》,《首都师范大学学报(社会科学版)》2005 年第 3 期。
⑥ 魏建国、鲜于丹:《建立失信惩戒机制的博弈分析》,《武汉理工大学学报》2007 年第 3 期。
⑦ 范柏乃、龙海波:《我国地方政府失信形成机理与惩罚机制研究》,《浙江大学学报(人文社会科学版)》2010 年第 3 期。
⑧ 胡朝阳:《社会失信行为的法律规制——基于外部性内在化的法经济学分析》,《法商研究》2012 年第 6 期。

是多元的,"将诚信选择仅置于个人的内在信念之基上又是不可靠的","社会管理者对失信的态度和惩治效果""制度是否公平正义""谁为人先"及"是否被胁迫"成为是否选择失信的四大核心要素。① 俞可平在中国诚信法制保障论坛发表题为《政务失信的根源及破解之道》的主题演讲。他认为,政务诚信在治国理政中具有基础作用。如果国家和政府失信于民,后果极为严重,会导致公民对政权失去基本信任、社会普遍出现道德和信任危机。鲁良以突发公共安全事件中的公众风险感知为视角,从5个维度和5个阶段分析失信行为影响下的公众风险感知生成与演变规律。②

还有一些研究生以失信为主题撰写了学位论文,包括刘荣的《寿险个人代理人失信行为的经济学分析》、汪静的《企业失信行为研究——基于工商行政监管视角》、李玲娟的《失信惩戒制度研究》、徐兴梅的《失信行为研究》、王玉玲的《西湖龙井茶市场失信的经济学研究》、黄建春的《政府失信与信赖利益保护——以浙江洞头县浅海滩涂围填引发"民告官"案件为例》、林英杰的《我国征信体系中失信惩戒机制研究》、刘强的《大学生学术失信及对策研究——以石河子大学为个案》、毕鹏的《"经济人"视角下的政府失信行为研究》、孔晓的《预付式消费卡失信问题的经济学分析》、占济舟的《失信因子对软件可信性的影响及其控制》、党玮的《当前中国官员失信行为研究》。在上述12篇学位论文中,仅有管理科学与工程专业的占济舟将失信与信任相关联,其他的学位论文均是将失信局限在诚信或信用领域。

纵观国内外研究者对失信论题的研究谱系,尽管研究成果数量有限,但仍可以梳理出大致的脉络:宏观层面的研究普遍认为,个人失信与否,同组织团体乃至整个社会的信任状况和经济关系是相互影响、相互制约的;微观层面的

---

① 陈平:《论诚信或失信的生成机制及失信治理的路径选择》,《广州大学学报(社会科学版)》2012年第10期。
② 鲁良:《论失信行为影响下公众风险感知的演变》,《湖南师范大学社会科学学报》2021年第6期。

研究观点则主要集中在:个人失信与否反映出个体的身心发展规律和思维特点,更能折射出一个人内在的道德素养和精神水平。

三、网络失信行为及其治理研究

网络失信行为是网络时代出现的特殊失信问题,不仅对互联网正常秩序与网络环境产生尖锐的冲击,同时也对现实社会的伦理道德、人际关系和制度体系造成相当程度的不良影响。因此,对网络失信行为的惩戒与治理刻不容缓。

法学界关于网络失信行为惩戒及其法制治理的讨论,已经取得比较丰富的研究成果。例如,李柏萱认为,完善互联网失信行为惩罚制度与法律,是治理互联网失信行为的重要基础;与此同时,还要融入现代科技手段,建立起全社会共建共享的网络信用评价平台与系统。唯有如此,才能构建起全方位、立体化的对网络失信行为的威慑与惩戒机制。[1] 在严新龙看来,"互联网+"时代的失信行为,主要原因在于政府监管手段缺乏,具体来说即行政法治不健全。因而,要实现对网络失信行为的惩戒,必须健全互联网行政法治体系。对互联网失信行为的行政法治惩戒,目标在于"维护网络公共利益"。[2] 在行政法治建设方面,严新龙也指出,网络失信行为行政法治惩戒的度的衡量,包括秩序处罚和行为处罚,要视网络失信行为的危害程度进行不同的行政法治惩戒。在法律与制度建设之外,也有学者从网络大众主体和全球网络社会角度,提出了梳理虚拟信任理念和普遍认同的网络社会价值的设想。冯志宏认为,在当今社会,互联网已经渗透到社会大众生产生活的各个方面。因此,人们必须认识到网络失信行为可能给每一个网民带来的潜在危害,并由此主动梳理虚拟社会的规范意识,充分发挥网络大众的主体性和积极性,主动用相应的网络道德规范约束自己的网络行为。当然,要实现网民个体主动的道德约束,还

---

[1]　李柏萱:《网络诚信治理初探》,《行政与法》2019 年第 4 期。
[2]　严新龙:《论"互联网+"时代失信惩戒行政法治化》,《社科纵横》2020 年第 4 期。

必须建立完善的网络社会价值。所以,网络诚信治理还必须树立全球治理的理念。在坚持平等、互信的基础上,加强合作,追寻适合网络社会的共同认可的价值理念,不断增进共识、提高互信,共同承担网络失信行为治理成本,实现网络社会治理成果共治共享。[①] Marques 与 Berg 论述了建立较为完善的信用制度是提高政府公信力的重要保障[②],认为网民对于诚信制度的认同与遵守以及行业组织和社会舆论的监督,可推动网络诚信制度运行。[③] 陈长胜等学者认为,大学生网络学习中,学生的失信态度、主观规范、感知行为控制与以往的失信经验,对其网络学习失信行为意向具有显著影响。[④] 对于"大数据杀熟"的治理路径,王鑫、李秀芳认为,应以综合调控的方式规范其制度监管空间和商业伦理。[⑤] 建设公共信用信息平台,完善信用法律法规制度,加强行业自律惩戒以及对政府相关部门的绩效考核,并加强技术支持以进一步完善失信联合惩戒机制。[⑥]

从结果溯因角度来讲,网络失信行为频发虽然与制度体系不健全有关,但更与广大网民的个体认知和道德水平有关。为此,有学者从个体积极心理学的角度,通过网民个体认知能力与水平、需求错位等方面对网络失信行为的产生机制进行了讨论,并在此基础上提出了基于健康心理学的网络诚信积极心理建构举措。张婧指出,网民个体的自我效能感,能够有效促进网民遵守网络规范。也就是说,"我认为我能"的积极态度,以及对网络失信行为造成危害正确而全面的感知,对于网民网络失信的心理调适和自我效能感的发挥能够

① 冯志宏:《当代中国虚拟社会治理中的信任建构》,《甘肃社会科学》2015 年第 5 期。

② Marques, Rui Cunha, and Sanford Berg, "Risks, contracts, and private-sector participation in infrastructure", *Journal of construction engineering and management*, 2011, pp.925-932.

③ 周静:《网络诚信的制度逻辑》,《伦理学研究》2018 年第 4 期。

④ 陈长胜、孟祥增、徐振国、刘智、刘俊晓:《大学生网络学习中失信行为意向的影响因素研究》,《现代远距离教育》2018 年第 6 期。

⑤ 王鑫、李秀芳:《大数据杀熟的生成逻辑与治理路径——兼论"新熟人社会"的人际失信》,《燕山大学学报(哲学社会科学版)》2020 年第 2 期。

⑥ 刘洪波、卢盛羽:《健全和完善我国失信联合惩戒机制》,《宏观经济管理》2018 年第 12 期。

起到积极作用。为此,她认为有必要建立基于个体积极心理和自我效能感的网络诚信共同体,通过自助、互助等途径,完成个体自我效能感向集体自我效能感的转型,形成网民集体对网络失信行为的反制和自觉。①

总的来看,网络社会诚信治理的基础是加强法治建设,即建立健全惩戒互联网失信行为的法律法规;另外,强化政府行政法治的力度、营造良好的互联网环境,也是改善互联网诚信问题的重要方法。②

四、失信问题研究简评

梳理相关内容能够发现,目前国内外学界关于失信行为的系统研究较为有限,已有的细碎化研究成果也主要集中在法学、经济学、政治学等领域,并未得到社会学、心理学、管理学等其他学科的关注。这一方面说明失信行为研究尚未引起足够的重视,有待更深入的研究;另一方面,充分说明失信研究的重要性与复杂性,需要引入更多的研究视角。为此,本部分通过重点梳理对网络失信研究的相关研究,旨在勾勒出网络环境下失信行为研究的全貌与多样化治理策略。

首先,从"失信行为"概念出发,对失信现象与行为下一个科学的定义是开展相关研究的前提。所谓失信行为是相对于诚信行为而言的。相关文献已对网络失信的概念进行了界定。比如,部分研究者在较为宽泛的意义上,将网络欺骗、网络盗版、网络学术不端及网络滥用现象都归属于网络失信行为范畴之中。并且,随着互联网技术对人类社会的持续深耕,网络失信行为及其负面影响已成为网络空间尤为突出的社会问题。③ 全球每年在网络上发生的诈骗金额高达百亿美元。与传统的交易方式相比,以欺诈行为作为代表的网络失

---

① 张婧:《网络空间的道德基石——积极心理学视野下的网络诚信研究》,《北京城市学院学报》2017 年第 3 期。

② 田海军:《虚拟社会信任危机的破解之道》,《人民论坛》2018 年第 15 期。

③ 黄少华、刘赛、袁梦遥:《国外网络道德行为研究述评》,《兰州大学学报(社会科学版)》2011 年第 4 期。

信,在互联网上更容易损害消费者的利益。

其次,以往研究更多地从经济学角度关注失信行为,并着重探讨失信行为的经济后果,例如市场主体违约行为、对市场主体产权的侵犯等。[①] 在网络失信方面,经济学大多从网络经济人的假设出发,强调经济措施是解决网络空间诚信缺失问题最行之有效的手段之一。[②] 诚信是市场经济信用治理的伦理基石。它可以有效整合制度、技术、文化、伦理等资源,发挥协同治理的功效。[③] 诚信激励机制与失信惩罚机制可以将市场经济打造成信用经济。[④] 有的学者认为,企业和消费者之间存在的强势产权主体—弱势产权主体结构,使得企业通过失信行为侵害消费者权利成为"理性"的选择。[⑤]

不同于经济学经常以功利主义的视角看待失信问题,其他学科更多地从法治建设与负功能等角度重点关注失信行为现象。例如,廖志平将失信的成因概括为价值观扭曲、诚信教育不力、失信成本过低等方面[⑥];不少学者认为,体制转轨过程中出现诸多空隙、政府职能缺位和错位、政府行为不规范、缺乏信用管理制度和相关法律法规、对失信行为打击力度小等是造成失信的根源[⑦];另外一部分研究着眼于市场机制的不完善、市场环境的不规范,认为失信行为责任人惩罚机制不到位是失信的重要成因[⑧];法学则将失信惩戒

---

① 刘芬华:《失信的社会成本分析》,《中州学刊》2002 年第 4 期。

② 汤汉英:《基于网络经纪人假设的网络失信与治理研究》,《征信》2014 年第 4 期。

③ 赵建波、余玉花:《诚信:市场经济信用问题治理的伦理基石》,《大连理工大学学报(社会科学版)》2020 年第 2 期。

④ 贾洪文、敖华:《社会信用管理体系建设研究——基于市场机制的视角》,《浙江工商大学学报》2020 年第 1 期。

⑤ 苏小方、张方方:《企业失信行为的制度经济学分析及治理思路》,《经济社会体制比较》2020 年第 2 期。

⑥ 廖志平:《诚信缺失及其治理》,《光明日报》2012 年 8 月 30 日。

⑦ 卫兴华、焦斌龙:《诚信缺失的成因分析及其治理》,《教学与研究》2003 年第 4 期。

⑧ 张慧玲:《失信行为产生的原因、社会危害及治理对策》,《延安大学学报(社会科学版)》2003 年第 3 期。

纳入信用法治建设范畴①,讨论对失信被执行人联合惩戒的性质、正当性与完善路径②;也有部分学者认为,政务诚信缺失现象时有发生,反映了政府的内在道德困境,极大损害了政府的权威性,提高了政府运作成本,并使政府的政治合法性基础受到侵蚀。③④

从失信行为的后果来看,诚信缺失不仅危害经济社会发展、破坏市场和社会秩序,而且危害社会公正、损害群众利益、妨碍民族和社会文明进步⑤,因此,对失信行为的治理意义重大。部分研究者建议加大针对社会诚信缺失的监督和监管力度,形成诚信必受褒扬、失信必受惩戒的氛围。⑥ 从文化的角度来看,传统诚信文化的缺失、现代诚信文化的缺位、传统与现代诚信文化出现的断裂是发生失信行为的重要文化成因。⑦ 在网络时代,失信行为的形式与内涵在发生深刻变化,比如社会成员正在用"隐私"换取便利性和效率,而商家却利用信任关系不当得利。⑧ 有学者从平台监管视角讨论了共享经济中的民宿业信任机制问题,探索了信任机制如何有效约束供求双方的合规行为。⑨

最后,从现实情况来看,网络失信行为带来的危害不断凸显。根据人民网开展的"你遭遇了哪些网络失信"调查结果可知,遭遇过网络失信行为的网民超过九成,充分说明网络失信的普遍性。从网络失信行为的形式来看,个人信

---

① 王伟:《失信惩戒的类型化规制研究——兼论社会信用法的规则设计》,《中州学刊》2019 年第 5 期。
② 徐继敏:《论失信被执行人联合惩戒的性质、正当性与完善路径》,《河南社会科学》2020年第 3 期。
③ 陈洪连:《政务诚信缺失问题及其矫治》,《中州学刊》2016 年第 2 期。
④ 何显明:《转型期地方政府信用资源流失的制度分析》,《学习与探索》2003 年第 2 期。
⑤ 葛晨虹:《诚信缺失背后的社会机制缺位》,《人民论坛》2012 年第 5 期。
⑥ 徐珂、徐桂士:《失信惩戒"动真格",营造诚实守信社会风尚》,《人民论坛》2016 年第34 期。
⑦ 秦安兰:《社会有机体理论视域中的诚信建设》,《江西社会科学》2016 年第 12 期。
⑧ 王鑫、李秀芳:《大数据杀熟的生成逻辑与治理路径——兼论"新熟人社会"的人际失信》,《燕山大学学报(哲学社会科学版)》2020 年第 2 期。
⑨ 景秀丽、刘静晗:《平台监管视角下的共享经济信任机制研究——以民宿业为例》,《东北财经大学学报》2020 年第 2 期。

息泄露、网络谣言泛滥、电商购物欺诈、网上虚假广告、软件强制捆绑、婚恋网站违规等与网民密切相关的问题较为突出。从网络失信行为的发生领域来看,"电商购物""移动通信"和"搜索引擎、互动社交"是网络失信现象发生最多的3个领域,同时,"个人隐私被泄露""发布谣言,传播不实信息"等现象也高居网络失信类别前列。

目前关于失信问题的研究大多聚焦于失信行为的概念与类型,也有部分研究者从制度、文化等方面探讨失信问题出现的成因,相对较少关注到网络时代的失信问题及其表现。在此基础上,本书重点探讨网络时代的失信行为,旨在探究失信行为如何在网络时代被进一步放大,以及失信行为与道德建设的关系。这样做有几个方面的优势:一是不同于传统的失信行为,网络时代的失信行为具有新的特征。网络失信变得更为虚拟化,更具隐蔽性。社会公众遭遇网络失信的风险也在不断增加。因此,关注网络失信具有重要的理论价值与现实意义。二是在网络时代,产生失信行为依赖的环境发生了变化。传统的失信行为在网络时代不仅可能出现,而且增添了新的特征,让网络失信变得更为复杂。因而,关注网络失信是在网络时代应对失信问题的前提条件。

总的来说,当前失信问题已然引起了一些学者的重视,网络时代的失信问题作为新的失信问题成为失信问题研究的热点课题。经济学、政治学、社会学、传播学、心理学等不同学科的相关研究,为我们理解失信行为的发生机制和内在逻辑提供了实证与学理支撑,也为我们的研究提供了启示。与此同时,我们也注意到,当前对网络时代失信行为的研究仍然存在一些局限,这些局限与不足具体表现在以下几个方面。

第一,研究内容相对单一,大多从法制与惩戒角度出发,关注发生在互联网虚拟空间这个单一场域中的失信行为,如网络杀熟、网络欺骗、网民信息非法获取及不当使用等,对互联网时代大背景下其他场域发生的失信行为,以及网络失信行为对公众行为道德认知的深刻影响关注度不高。当前对网络时代诚信问题的讨论,集中于互联网失信行为的具体表现,以及从互联网本身的特征和网络社会的运行机制分析网络失信行为产生的内在逻辑。这些研究虽然在揭示互联网失信行为的表现方面有所建树,但内容局限于互联网失信,对网络时代的其他失信问题避之不谈,研究内容相对片面。网络失信问题固然是互联网时代的突出问题,也是网络信息发展产生的直接问题。然而,进入网络信息时代,失信行为的发生不只表现在互联网领域,经济、社会、生活等领域也因网络信息时代到来出现了一些新的失信行为。它们在更广泛领域给人们的生产生活与实践带来了严峻挑战。这些因网络信息时代发展导致的新的失信行为,包括互联网失信问题,同样值得我们注意。

第二,关于网络时代失信问题的研究需要进一步突出本土化。当前关于网络时代失信行为的研究,更多地引入了西方理论与视角,采用传统的西方经济学、政治学、传播学等理论解释失信问题。这些源自西方的社会科学理论固然在解释失信行为方面有一定解释力,但是,由于中西方文化的巨大差异,失信行为产生的机制和逻辑必然存在不可逾越的理论解释鸿沟。如何弥合理论解释与实践层面的鸿沟和差异,需要更多地从本土视角审视本土社会问题。党的十八大以来,习近平总书记在多个场合特别强调中国优秀传统文化的价值,并指出要在科学研究中不断提升文化自信。在科学研究中提升文化自信的一个重要路径,就是持续推进本土化研究。就失信行为问题研究而言,要更多地从本土经验中推出解释理论,走出从本土经验到本土理论,再到本土经验解释的本土化研究路径,以此提升失信行为研究的本土化。在中国的特殊语境下,传统文化中的道德要素与失信问题有着密切联系。早在先秦时期,诸子百家思想中就有诸多关于信任和道德之间关系的论述。从中国优秀传统文化中寻求道德与网络时代失信问题之间的逻辑关系,讨论道德失衡引发失信行为的机制与逻辑,是从本土理论视角出发探讨本土问题、体现研究本土化和文化自信的一种有益尝试。

第三,研究方法有待进一步拓展,要综合解释主义与实证主义的优势,实现方法上的互补。当前学界关于网络时代失信行为问题的研究,在方法论层面表现出明显的实证主义范式特征,主要是通过问卷调查收集数据,从横断面进行分析。这个方法在揭示网络时代失信行为的具体表现、影响因素等方面,具有一定的方法论优势。可是,正如我们已经指出的那样,在中国特殊的国情背景下,传统文化中的道德因素及其变迁与网络时代失信行为的发生有着密切的逻辑关系,要从道德文化的角度审视网络时代失信行为的发生机制和产生逻辑,就必须将失信行为及其实践放到特定的文化情境中去。而基于文化情境的分析更多地指向以马克斯·韦伯为代表的解释主义范式,或曰人文主义范式。因此,从道德文化角度审视网络时代的失信问题,必须重视解释主义的分析逻辑。当然,在网络时代,随着大数据处理能力和技术的不断发展,大数据研究在某种程度上为我们认识社会问题全貌提供了绝佳的技术工具和数据支持。因而,在分析网络时代的失信问题时,必须重视多种研究方法的综合运用。综合实证主义范式在大数据挖掘和处理方面之所长,以及解释主义范式在揭示网络失信问题时产生的深刻机制与情境逻辑,是搞好网络时代失信问题研究的必然要求。

网络时代失信行为的产生,是个体道德缺失与道德失衡的必然结果。如何理解网络时代失信行为背后的道德机制、如何从重塑道德文化角度思考网络时代失信行为的惩戒与治理,是亟待回应的理论与现实问题。为此,本书将从道德认知、道德行为的角度,阐释网络时代失信行为的发生机制及其治理逻辑,为理解网络时代失信行为和治理提供新的理论思路。

第三节　研究思路与研究内容

信任构成了经济社会生活和人际交往互动的重要内容,大量失信行为的发生势必会给正常的社会秩序造成严重破坏。在网络时代,信任问题已经开始超越有限的人际交往,进入更加宽广的生产生活各个领域之中。网络时代的匿名性特征、权利意识的模糊生长、责任意识与信任控制机制的缺失等要素,都在不断解构并重构着失信行为的表征形式与作用方式。失信行为的表征,开始由实体化(如假货)向非实体化(如谣言)方向发展,其负面后果的影响范围和危害程度也在日益加剧。与可被正式记录的"信用"相比,散布在日常生活与交往中的"信任"很难仅仅通过政策文件——外部强制规范实现有效干预。无论是信任理念的强化还是失信行为的控制,都少不了行为道德因素——内在自我约束的作用。与此同时,网络时代的失信行为也更容易产生信息集聚的规模效应,进而重构与再生产民众关于信任行为道德的社会认知。因此,如何从理论与现实的双重视角考察失信行为议题,应该成为网络时代实现社会治理现代化需要重点思考与解析的问题。为此,本书将从理论思想、社会事实和治理实践3个维度,对网络时代的失信行为展开概念解析、理论梳理、实证分析和对策研究。

首先,在考察失信行为与行为道德的一般关系和理论脉络的同时,明晰网络时代失信行为对一般性行为道德的恶性影响;

其次,立足于行为道德这一核心视角,考察网络时代失信行为的生成机理、主要类型、基本特征、影响因素和作用机制;

再次,借助多种资料收集与分析方法,对当前不同社会群体信任行为与失信行为的道德认知状况展开研究,着重分析网络时代失信行为发生和控制的道德困境与道德瓶颈,并就其传播后果对一般性行为道德的影响展开讨论;

最后,在结合研究结论与以往研究成果的基础上,尝试从行为道德塑造层面,提出互联网时代遏制失信行为、强化信任道德行为的具体应对办法,形成关于民众行为道德建设的对策建议。

综合言之,研究失信行为有助于重构社会的信任关系。一方面,对网络时代失信行为新类型与行为道德新内容的讨论,有助于扩展失信行为研究的视野;对网络时代失信行为与行为道德直接双向互构的分析,有助于加深对信任道德行为的认识。另一方面,对网络时代失信行为控制机制进行探索,力争能够对国家治理体系和治理能力现代化进程中的失信行为治理与失信行为惩戒

失信行为论

提供相应对策建议。

按照上述研究思路,本书分为7章,各章内容概括如下。

(1)失信行为的释义与生成机理。失信行为研究是信任行为研究的另一个立面和向度。要完整定义失信的概念,就有必要对信任的概念进行回顾。笔者将失信定义为:失信是行为主体在社会互动中对他人所作背离对方信任期待、有损他人利益的行为。失信行为的发生,一定有明确的失信主体、失信客体及失信过程,这3个因素共同构成失信的要件。失信有不同的类别,从失信主体、失信缘起和失信内容等方面进行分类,包括:基于失信主体,分为人际失信与组织失信;基于失信缘起,分为道德失信与制度失信;基于失信内容,分为工具失信与价值失信。人与人的互动,有一种属于当事人意识到的、目的明确的情境,另一种是未被当事人意识到的情境。在复杂、多元的社会环境背景下,失信行为通常嵌入社会互动场景中,主体和客体都在多方行业场域下进行互动。政治场景中的失信行为、经济场景中的失信行为、文化场景中的失信行为、学术场景中的失信行为、人际场景中的失信行为等各有特点。

(2)失信行为的发生语境与负面效应。行为道德作为调节人类行为关系的伦理规范和准则,是人类基本价值诉求的体现,也是具体社会对人类行为要求的反映。诚然,我国社会传统的礼俗道德中潜藏着产生失信行为的可能,但现代社会结构的转型,传统与现代价值观的断裂,现代公民道德中对个体的强调、对理性的倡导,在更大程度上诱导失信行为的发生。与此同时,在网络时代失信行为频发且日趋严峻的现实背景下,民众的行为道德认知也呈现出相当程度的变异性,失信行为的产生导致诚信这一道德的发展受到了侵蚀。不同程度的道德秩序错位问题导致了失信行为的产生,具体表现为:当个体对私利的重视高于对他人的承诺时,人际失信产生;当组织对利益的追求高于对声誉的重视时,组织失信产生;当制度制定者及执行者对私欲的追逐高于对公正的坚持时,制度失信产生。失信行为的不断发生,对整个社会的政治、经济、文化产生了严重的负面效应:政治失信导致民众对政府的信任削弱,经济失信导致不同经济主体的交易成本增加,学术失信导致知识的价值被消释。

(3)失信行为的网络空间生成场景。网络碰撞消释着中国民众血脉中的传统道德文化体系,在赋予新时代道德发展有利机遇并推动社会道德进步的同时,也导致形态各异的新型网络失信等失德行为的产生。就本质而言,网络伦理是现实伦理在虚拟空间中的延伸。网络失信行为是指在网络空间中,网络行为主体作出偏离社会规范、违背信任建构的网络越轨行为。这类规范既包括法律、规章等正式制度的规范,也包括道德、习俗、文明准则等非正式制度的规范。网络空间的失信行为是依托于虚拟网络而施展的一种道德失范行为,是有违网络伦理规范的行为表现。在当代,网络空间失信行为的样式包括但不限于:电商服务失信、互动社交失信、网络媒介失信及网络金融失信。当前网络社会中的失信行为可以分为以下4类:宣泄报复型网络失信、偏激盲动型网络失信、迎合满足型网络失信及谋私逐利型网络失信。网络空间失信行为之所以与传统失信行为相比有不同表现,主要在于前者兼具以下特征:失信主体的匿名性、失信对象的弥散性、失信内容的多样性、失信手段的复杂性、失信传播的即时性、失信进程的难控性、失信影响的深远性。

(4)网络失信行为对公众行为道德的冲击。诚信通过影响公众的道德认知,进而塑造个体的道德行为。反过来,失信行为会损害个体的道德认知,使得个体对什么是符合道德的、如何判断道德标准,以及如何进行道德选择产生负面影响。网络改变了人们的交往方式,使交往主体能够自由随性地切换身份,通过设定不同的交往环境来实现与不同交往对象之间的网络人际互动。网络在消弭时间、空间距离带给人们的交往障碍的同时,也弱化了人际交往中的责任感和信任感。因此,伴随网络社会的急剧变迁道德危机也出现许多新特点,其中,即网络失信行为频发,构成网络社会道德危机的重要表征。网络道德与现实社会道德具有一致性。网络失信行为诱导的道德危机,包括影响个体的道德推理、道德判断和道德选择。所谓"一朝被骗,十年疑心",强调的就是个体经历失信行为后产生的直觉情感体验,影响了失信行为客体的道德判断和道德选择。网络失信行为对个体道德情感的影响,直接指向3类主体,即网络失信行为主体、网络失信行为客体、网络环境中的其他旁观者。网络失信行为对伦理的道德情感的影响,可能造成整体社会道德情感的弱化,无疑将对社会大众稳定的道德心理倾向与文明素质产生反向作用,消解社会主义精神文明建设的成效,因而必须引起足够重视。由于网络时代失信行为对道德行为的影响,个体的道德敏感性越强,道德阈限值就越低,社会的道德底线就越有保障;反之,个体的道德敏感性越弱,其道德阈限值就越高,个体感知到非道德行为的可能性就越低,社会的道德底线就越难有保障。因而,有必要形成多部分、多层面、多系统对网络失信行为的打击和对网络失信行为主体的惩戒,营造良好的网络道德行为环境,倒逼网络主体提高道德敏感性,遵守诚信规则,减少失信行为。

(5)网络时代失信行为的传播路径及其道德困境。互联网在提高人们生活便利的同时,也让人们饱受网络失信行为的困扰。特别是网络时代的到来,让失信行为变得更为隐蔽与复杂,这是由网络的扩散性、即时性、开放性等特征决定的。在网络时代,失信行为的生成与传播路径更为复杂,包括信息编造、议题强化、标签化处理、群体极化、沉默的螺旋及异化支配等方面。网络失信行为与现实失信行为的最大不同,在于网络上的互动并非系统信任,而是依赖个人人格的信任。失信行为带来的负面影响之一便是破坏了社会道德,侵蚀了社会公众道德,折射出道德缺失,并表现为由失信行为引发的道德意识扭曲、责任意识淡薄、公德意识虚化、社会治理难题。在网络时代,由于传播主体、传播渠道、传播方式都发生了根本性的变化,容易引发一系列道德问题,包括道德议题转变、道德观念淡化、道德失范再生产等。

(6)区块链技术下的失信风险防范与行为道德养成。区块链的核心优势,包括去中心化、无须信任(分布式信任)、匿名性、透明性、不可篡改性等。作为一种正在发展中的新兴信息技术,区块链技术在应用中仍有许多亟待解决的问题。其中,操作风险主要包括数据遗漏、交易费用过高、管理经验不足、初期技术和标准缺失、操作管理流程改变等。在区块链技术基础上建立起来的金融、科技、政治、文化等各领域应用系统中的信任信用体系与道德体系构建中的诸多问题,成为研究的热点和难点。在信任体系和信任机制的构建中,区块链有鲜明特点和独特优势,但区块链技术的失信风险是我们必须正视的。区块链具有去中心化、匿名化、难以篡改性等特点与优势,但如果缺乏必要的监管手段,这些优势同样会带来巨大的失信风险。比如,一旦出现对区块链系统进行安全攻击的行为,区块链系统难以对攻击行为和非法用户进行追责;一旦安全攻击行为得逞,由于区块链具有不可篡改性,非法交易就难以撤回;目前尚缺乏相关的法律法规,来约束并惩罚针对区块链的安全攻击行为等。当前,区块链应用中的风险主要包括认知风险、监管风险和伦理风险。如果期待区块链技术能与以往给社会带来重大革新的技术一样产生深远影响,就必须重视受它影响的行为道德建设。如何实施区块链技术下的行为道德建设?笔者认为可以采取的举措包括:增强理念认知,消除模糊、片面的认知冲突;加大技术研发,消除与现有信任机制的监管冲突;强化法治建设,消除与主流道德相悖的伦理冲突。

(7)防范网络时代失信行为与道德建设的路径分析。党的十八大以来,以习近平同志为核心的党中央高度重视社会信用体系建设。如何系统地进行社会诚信建设?网络时代的失信行为治理与失信行为矫正是一项复杂的系统工程,需要不同主体、不同目标之间相互协调统筹。治理网络时代的失信行为,可以通过政府组织激励守信行为、社会媒体监督失信行为、信用体系矫正失信行为、法律规制惩戒失信行为、高新科技防范失信行为等举措实现。治理网络空间的失信行为,需要构建网络行为主体的网络契约机制、网络行为监督机制、网络违法追究机制及科学的网络空间治理机制。社会个体养成行为道德,则要注重网络行为规范教育,扩展网络道德教育内容,推动网络虚拟社会法治进程,提升网络道德责任意识,使行为主体在微观而具体的网络时代规范治理过程中,切实认识到个体道德责任的重要性,增强网络道德规范和法律意识,激发道德情感,更好地履行网络道德责任。

第一章　失信行为的释义与生成机理

社会的发展进程不会是一马平川,"现代性的生成也是风险与危机不断凸显的过程"。① 当经济社会发展进程步入现代性阶段后,失信行为问题作为社会关系表现的一种风险样态,成为亟待全社会关注和破解的难题。"失信行为"作为一个开放性强、指向性多样的词汇,具有多种现实语义,在以往研究中鲜有对其进行概念阐释的成果。当前学界关于"失信行为"的认知,主要还是基于日常生活的经验感知并从诚信角度的较浅显理论理解,理论的抽象过程不足,概念的概括力和演绎力难以准确、完整地诠释"失信行为"。

第一节　失信行为的界定

失信行为在社会关系中作为一个信任建构的阻抗因素存在,我们有必要从更普遍的意义推导和提炼"失信行为"的概念。"信用"一词自古就有,在汉语中的意思是指赋予人与人之间、组织之间、经济交换之间互相给予肯定的关系,从社会学意义上解释属于道德范畴。我国古代所说信用有社会交往的道德伦理和契约经济方面的解释,即中华民族传统美德中的"诚信"。诚信是儒

---

① 潘斌:《社会风险论》,中国社会科学出版社 2011 年版,第 7 页。

家道德的基础,在我们日常生活中所说"言必信,行必果""一言既出,驷马难追"和"一言九鼎"等当中得到体现。"信任"的含义是多元的,是存在于个体与个体间、个体与组织间、组织与组织间社会行为的综合力量。马克斯·韦伯指出,中国传统人际关系的信任是一种典型的特殊信任。在中国,人们的信任关系是建立在亲属关系和熟人关系基础之上的。换言之,血缘和亲缘是中国人际关系的重要联结纽带,特殊信任关系具有明显的排他性。现代社会的信任建立在陌生人社会基础之上,并与现代性制度相连,其信任传递取决于个人的道德品质及其对组织、系统的伦理信赖。

失信行为发生在社会生活的方方面面。在现代社会转型大背景下,由于主体均注重自身利益得失,受到经济物质、文化精神等其他因素的影响,社会主体间存在隔阂,导致信任和社会支持度急剧减少,出现了"囚徒困境""集体行动的困境""公用地的悲剧"等状况。近年来,学术界没有对失信行为作出一个普遍的界定,而是致力于探讨信任的含义从而解释失信的内涵。我们认为,失信行为探讨的是信任研究另一个立面和向度的问题。失信行为是行为主体信用缺失、违背道德原则、价值观扭曲、打击信任者期望、对相关主体信用状况造成负面影响的一类失德社会行为。

失信研究是信任研究的另一个立面和向度,要完整定义失信的概念就有必要对信任的概念进行必要回顾。虽然自齐美尔对信任进行专门论述之后若干年,国内外学术界已经广泛地讨论了信任的定义,但不同的学者研究信任问题往往是基于不同的学科特点和研究方法与路径,关于信任的概念解析自然也就莫衷一是,难以形成一个学界普遍接受的定义。祖克尔(Zueker)指出:"因认识到信任的重要性,人们关心对信任概念的定义,但不幸的是提出的定义没有什么共同之处。"[1]

众多研究者对信任的内涵给予了不同的理解和解读,笔者从中能梳理出

---

[1]　Zucker,Lynne G.,"Production of trust:Institutional sources of economic structure,1840 – 1920",*Research in organizational behavior*,1986,p.58.

信任定义与内涵的几个特征:第一,信任具有方向性,即信任由置信者投射向受信方;第二,信任具有目的性,即预期友好动机与预期有益结果;第三,信任具有顺时性,即信任是基于前期累计的判断对未来的预期和把握,是一种心理状态;第四,信任具有交互性,即信任与个体之间、个体与组织之间、组织与组织之间的交往活动密切相关,并受社会制度、文化规范、社会分层与流动等影响。

对信任的定义进行简要梳理后,我们将尝试对失信进行定义。

本书从"信任"包含的定义、内涵和特点,来研究"失信"与"失信行为"(untrustworthiness and untrustworthiness behavior)。失信是客体对主体非预期行为的回应式主观道德判断,失信行为则是失信主体的具体行为表现。作为英译,"untrustworthiness"具有拓展理论研究空间的意义。也正因此,需要进一步厘清"失信"的含义。本书中对失信(untrustworthiness)的解释,与信任(trust)直接关联。《现代汉语词典》第 7 版对"失信"词条的解释是"答应别人的事没做,失去信用"。"untrustworthy"在最新的第 7 版《牛津高阶英汉双解词典》中的词义作为形容词时,其解释均为"不可靠的;不能信任的"。失信在《辞海》中的解释为"背约,不守信用"。古罗马著名法学家西塞罗(Marcus Tullius Cicero)曾言:"行其所言为之信。"①实际上,本书中对"失信"的解释与词典中的中译和英译释义并不完全对应。"失信"作为一个相对独立的信任理论研究概念,既不同于"信任",亦与"不信任"的概念有明显区分,主要体现在:

第一,"失信"与"信任""不信任"的关系主体不同。多伊奇将信任看作是对关系伙伴的意图和能力的信心,而且相信关系个体会按照期望来行动。同样的,多伊奇将怀疑和不信任看作是对关系伙伴的非预期的行为(来源于对个体能力和意图的认识)的信心。② 从认识论的角度看,"不信任""无诚

① [古罗马]西塞罗:《论义务》,王焕生译,中国政法大学出版社 1999 年版,第 22—23 页。
② Deutsch,Morton,"The effect of motivational orientation upon trust and suspicion",*Human relations*,1960,pp.123-139.

信""没信用"是主体在实践基础上,对客体没有实现主体期待之后进行的否定性评价。与此相悖,失信不是主体对客体的关系,而是客体对主体的置信在态度和行为上的实际回应,已经在行动上付诸实施、在效果上得到呈现,不再是预判和估计。

第二,"失信"与"信任""不信任"的时序不同。信任与失信只是存在于它们两个末端的相反共同体之内。① "不信任"与"信任"都是具有顺时性的心理状态,是在经过若干时间的积累认识后,作为置信者的主体对作为受信方的客体在当前和以后若干时间的态度、期望与评价。这是一个顺时发展的过程、一个即将进行的状态,存在于事件发生前。而"失信"则不同,失信是受信方在获得置信者授信之后,对置信者意愿的背离。这是一个业已完成的状态,是人的社会行为状态,存在于事件发生后的行为存在方式。

第三,"失信"与"信任""不信任"的发展过程不同。很多学者已经注意到,破坏信任比建立信任更容易。为了解释信任的脆弱性,Slovic 研究发现,信任建立与信任破坏的对抗过程中,存在许多非对称性认知因素。首先,消极事件(信任破坏)比积极事件(信任建立)更显而易见和更容易引起注意。其次,与信任建立事件相比,信任破坏事件在判断中的作用权重更大。② 信任是在互动与交流中建立起来的,是通过事件的积累缓慢发展起来的。③ 事实上,"不信任"也不是一下子生成的。对其他个体或组织的不信任,从直观的判断到确定的否定,需要一个累积和确信的过程。而"失信"则是一件事情、一个瞬间的不合作、不道德的言语或行为就可以造成,不需要一个积累的过程。

第四,"失信"与"信任""不信任"的道德评价不同。尽管在如何定义信任上众说纷纭,但大多数信任理论家同意这样一种观点,即"信任""不信任"

---

① Rotter, Julian B., "Generalized expectancies for interpersonal trust", *American psychologist*, 1971, pp.1-7.

② Slovic, Paul, "Perceived risk, trust, and democracy", *Risk analysis*, 1993, p.675.

③ Uzzi B., "Social structure and competition in interfirm net-works: the paradox of embeddedness", *Administrative science quarterly*, 1997, p.35.

都属于人的心理状态。行为决定论者将信任和不信任从理性选择视角进行观察,在混合动机策略解决方案中,将信任定义为合作行为,而把不信任定义为不合作行为。在日常生活中,评价一个人的行为、品质、意图是善是恶,往往要看其是否符合一定的道德原则和道德规范。"信任"与"不信任"属于对"预期的合作"①的一种或肯定或否定的心理期待,信任哪个人或哪个团体,只关涉个人的价值评判,无关道德指涉。而"失信"则不同,它不是一种心理状态,而是事实存在的人的行动,意味着行为主体在处理同社会和他人的合作与互动时,为追求一定目的和实现某种意图后自觉背离双方既定的约定或契约,作出了有损其他个体或组织的消极行为。这种违约的行为、品质、意图不符合社会的道德原则和道德规范,自然也就被社会予以否定性评价,情形严重者则有可能触犯法律。

综合以上论述,笔者将失信行为定义为:失信行为是行为主体在社会互动中,违反道德规范、行为准则或法纪法规,背离公平正义原则,对其他个体、群体或组织等行为主体实施的背离其信任期待、有损其正当利益的失范行为。

第二节　失信行为的构成要素

失信探讨的是信任研究的另一个立面和向度,研究失信行为的形成机理、效应发生等问题。在分析了失信行为的内涵与定义后,我们着重要考虑的是一个失信活动要包括哪些构成要件方可认定为失信行为、这些因素在失信活动中有怎样的作用,这是失信行为研究必须解决的问题。失信行为的发生,有明确的失信主体、失信客体及失信过程,这3个因素共同构成失信行为的要件。

① Burt,Ronald S.,and Marc Knez,"Trust and third-party gossip",*Trust in organizations:Frontiers of theory and research*,1996,p.70.

一、失信行为主体要件

在失信行为中,失信者(distrustor)充当着行为主体,是失信行为的主导者。失信行为中,失信者必须具有一定的理性认知和判断能力,能够根据已有信息推断自己遂愿的可能性,即需要明确对方在多大程度上能够实现自己的预期,为满足自己的某种需要、实现自己的某种目的而实施背离双方之前约定的不道德行为,然后采取失信行为。

第一,失信者的价值取向是为了满足本身的某种欲求。正如 Grovier 所言,失信行为是"对他人缺乏信任,担心他人可能采取有害行为,同时他并不关心他人的福利,甚至倾向于采取有害行为,或者是敌对的"。① 因此,行为欲求是失信者实现自身预期的一个必要环节,表达了行为者对行为对象的一种价值判断,是一个价值取向上的问题,反映了行为者对失信行为将实现自己预期的一种价值预估。失信者是否采取失信行为的决定因素有:(1)内在的有利于自身(善意的或是恶意的意图)的愿望;(2)从对方那里得到(或是阻止)某物的愿望,自己的失信行为被看成是达成这个欲求的条件;(3)其他潜在合作者的吸引力促使其阻碍继续合作;(4)在道德品行感知、处世经验积累和风险主观研判上综合权衡后,认定失信会比守信更有收益。

第二,失信者将双方关系置于反向依赖的关系之中。"反向依赖"即失信者和置信者原本处于紧密的双向正关联,但随着失信者价值取向的私欲化,引发两者的目标之间存在负相关关系。所谓失信者和被失信者之间的负向依存程度是指,只有当与他们相关联的合作方个体不能达到他们的目标时,他们的目标才可能实现。谋求私利的心理状态就意味着反向相互依存,个体之间、个体与组织之间、组织与组织之间的资源、权力、声誉或收益的不平衡状态和竞争需求就意味着相互间的反向依存。

---

① Grovier T.,"An epistemology of trust",*Int. J. Moral Soc. Stud*,1994,p.240.

第三,失信者会隐瞒失信行为的意图。失信者企图采取失信行为时,会刻意隐瞒或歪曲相关信息,并避免陈述或者掩盖事实、想法或情感。在萌发失信的意图后,失信者一般会采取掩盖信息、抵触影响、逃避控制等方式维持合作关系,把自己对他人的依赖性降到最低程度,在实现自身目标需要前提下进行必要的协调,并试图通过自身的行为向对方施加控制。通过失信者的刻意掩饰,深层问题可能暂时不为人察觉或得以避免,但随着失信行为的实施,这种无效的合作方式必定终止运作,直至解散。

二、失信行为客体要件

信任谁,就意味着对他的肯定性评价足以使我们考虑对他赋以信任行为。当我们说信任谁或者说谁值得信任时,隐含着这种意思,即他将去做一个有益于我们,至少不会伤害我们的行为。在发生失信行为的情境下,置信者往往扮演这样一个角色:当认为某人(或某组织)值得信任的时候,实际上,它却并不如此,而是一个将让置信者失望的"失信者"。

第一,置信者对失信者有不同程度的信任感,这是整个失信行为的前提条件。将失信者和被信任者连接在一起的行动,只有置信者对失信者具备实质上的信任时,才使失信者有机会为实现自己的目的,损害之前建构的合作关系,这也是失信行为区别于信任的原因所在。在合作关系建构过程中,双方形成的信任关系包含着置信者对失信者的信任感。这种肯定性的期望,就是信任感(trustfulness)。任何一个失信行为都包含着置信者对失信者的信任感,只有具备一定程度的信任状态,才能促成失信者实施相应的失信行为。信任感表达了置信者内心中对失信者在前期(未发觉失信者失信之前)的一种主观肯定性态度,即认为失信者不会让自己失望。但是,这种肯定性态度必须与事实相悖,成为失信者利用的条件。

第二,置信者在失信行为中掌控的信息不对称。置信者不同于一般活动对象的地方,主要在于他无法按照自己的意愿行动。他的行为及其结果具有必然性,不受自身支配控制。如果置信者在选择互动行为之前,能够自主控制他人的行为,这个"失信"便失去了效用,这也是失信行为被认为不道德的原因之一。当然,置信者的不可知是一种有限的、暂时的不可知,一旦失信行为发生,置信者就能够知晓失信者的失信行为及其后果,既可以知晓失信者的道德水平和失信意图,也可以知晓失信行为的前因后果。

第三,置信者往往能够获得道德层面的同情。失信者为达到自身目的而破坏与合作方既定的契约,并损害被失信方的利益和以双边信任为基础的稳定合作渠道。在现实生活中,人们往往期待合作伙伴忠诚、可靠,遵守信任规则,通过一定价值取向和规范构成的合作关系实现伦理制度化。在合作进程中出现失信这样的道德风险问题,失信者往往会受到道德层面的谴责,在信誉和声誉等方面受损。

三、失信行为过程要件

事实存在是失信的前提条件之一,如果只是停留在想法没有付诸行动,就还不能够视之为失信行为。任何一种关系都是在实践活动中建立和呈现出来的,也只能在实践活动中得到理解和解释。马克思、恩格斯曾明确提出:"在任何情况下,个人总是'从自己出发的',但是,他们不是唯一的,意即他们彼此不是不需要发生任何联系的,他们的需要即他们的本性和满足自身需要的方式,把他们彼此联系起来(两性关系、交换、分工),因而他们必然要发生相互关系。"[1]只有通过社会行动,个体才能体现自己在相应关系中的存在方式和价值取向。失信者的欲求以及置信者的利益被损害,只有通过具体的行动方式才能造成失信行为的客观存在。

第一,预备过程。失信行为的发生不是无缘无故的,而是有一个酝酿、筹划阶段。失信者在作出失信行为前,需要一个获取信任的阶段,并在此阶段获

---

① 《德意志意识形态(节选本)》,人民出版社 2018 年版,第 120 页。

得置信者的信赖和认可,以发展和维护两者之间的信任关系,把不同的、动态的和可塑对象的信任关系进行巩固并发展,达到建立合作关系的效果。

第二,发生过程。失信发生过程是整个失信行为的核心阶段。在这个阶段,失信者基于自身的欲求决定放弃双方之前达成的承诺或契约。在多维度的关系框架下,失信者试图通过破坏对方的利益格局,获得自身的利益。失信行为的发生,在低信任度或高信任度情形下均有发生的可能。在高度不信任或低度信任情况下,一个行动者对其他人没有信心,并且有足够的理由保持谨慎和警惕,则失信行为发生的概率较小。高度信任的情形,则为失信行为发生提供了可能。一旦失信者作出失信行为,失信就难以避免,而置信者的利益损害程度有赖于之前建构的风险防范机制。

第三,反馈过程。失信行为发生后,即进入失信行为的后续阶段。失信反馈一方面是置信者对失信行为的信息掌握和采取的补救措施;另一方面,则是失信者在道德层面受到谴责,甚至在法纪方面受到处罚,这是更重要的失信反馈。如果没有适宜的失信惩罚,即对违反契约、承诺造成损失的行为进行惩罚,个人就不会有相应的动力履行契约。惩戒机制的建立是指,综合运用司法、监督、行政、经济和文化、道德等多种手段,使失信者付出与其行为相应的经济和名誉代价,使守信者的利益得到维护,形成一种良善信任秩序的制度安排。

第三节　失信行为的关联

世界是物质的,世间万事万物无不处于彼此关联之中,万物相辅相成。任何事物的发生都有因果联系,社会个体每一个行为都是有动机的,也可以说是相互作用的结果。失信行为的发生往往综合了行为主体谋私利的动机、不良的交往网络等因素,出现社会交往中的失范行为。

一、失信行为与理性、逐利

总的来说,信任是一种有意义的社会资本,但信任的产生不应该是轻率的、盲目的,而应该是有条件的、理性的。[1] 对理性可以从思想和行动两个方面来考虑。思想上的理性简单说就是能结合运用逻辑与客观事实来思考问题,而不是凭自己的主观愿望、情绪。行动的理性指的是目标明确,而且选择明确、合理的操作步骤去达到目的。那么,同样可以定义理性的反面,即非理性,要么没有明确的目标;或有模糊的目标,却不知道如何正确选择或不能选择合理的行动来达到目标;或其行为与目标无关,也无任何具体意义。"趋利避害"是每个具有自主意识水平的生物的本能。文明社会要求每个人在实现自身趋利避害的同时,不得损害或者侵犯他人趋利避害的权利,这需要达成社会共识。新古典自由主义经济学认为,经济人的每次行为都实现了利益最大化,都是理性的;但实际上,基于这种理性的个体互动往往是导致集体非理性的后果,这就是众所周知的囚徒困境。[2] "计利当计天下利,求名当求万事名"。授信方由对机制信任转而对受信方信任,是一种信任迁移。这是一个充满了理性的过程,我们可以把这种信任叫作理性信任。[3]

二、失信行为与道德、文化

传统信任文化是道德范畴下的一种文化。道德是对于人心的修养和约束,是解释和维系人际关系的最高精神理念;在道德意义上理解人际关系,家、国、社会中的父子关系及朋友邻里关系,则是以忠信为基础的和谐、亲睦

---

① 罗玮:《社会信用:从理性信任到良性经济》,武汉大学社会学系 2015 年博士学位论文,第 61 页。

② 朱富强:《逐利行为、市场外部性与社会困局——市场主体的有限理性及其问题》,《当代经济管理》2019 年第 1 期。

③ 刘颖:《制约、理性信任及企业间关系》,《特区经济》2006 年第 2 期。

关系。① 儒家学派创始人孔子思想体系的核心是德治主义,他执着地倡导德化社会与德化人生。德化社会的最高标准是"礼",德化人生的最高价值是"仁"。马克思认为,信任的最高阶段是,只有到了共产主义社会,人们之间才能达到"用信任来交换信任""用爱来交换爱"的境界,这是一种高尚的道德品质和文化积淀。人的社会性的表现方式有两种,对于社会而言是外显于道德,对于个体性而言是内隐于良知。诚如马克思所言,人是一切社会关系的结合体,人是社会的人。人的社会性是第一位的,人要生存,就必须把自己置身于群体之中。于是,个体对群体就有一种依附性,这在个体身上表现出来就是良知与忠诚。所谓良知,就是有益于个人或群体的生存和发展的观念与思想道德。这种观念与思想道德会促使个体作出有助于个体或群体的行为。每个人都是社会网络关系之中的人,绝不仅仅是简简单单的人的聚合,也不是人数的机械叠加,而是社会化发生作用后形成群体社会互动,被社会产生的道德、文化、习俗、规范、法律等塑造,在社会道德和文化下对个体内化,从而保证自身的运行和演化。"大道之行,天下为公",正道之行,防止奸邪之谋、害人利己的事情发生,德行天下才能厚德载物。

文化承载着经济社会发展的道德力量,文明社会需要有文化托举,文化是多民族共同交融的果实。"仁爱孝悌""精忠报国"属于中华民族传统美德,"先能事父兄,然后仁可成",孝悌之道是对身边的人和事物心怀感恩。每个人都希望自己老有所养、老有所依,赡养父母不仅是道德的呼唤,也是对优秀传统文化的传承。

三、失信行为与制度、规则

制度就是人类在社会交往过程中形成的一切社会交往行为模式,包括支

---

① 任新钢、唐帼丽:《回归传统与儒家道德范畴下的信任文化》,《兰州学刊》2013 年第 2 期。

配并约束人们社会交往行为的定型化、非定型化的规则与规范。它是一种规则与规范体系,包括内在制度与外在制度两种基本类型,具体指习俗、惯例、道德规范、法律制度、规定、规章、程序等。① 霍布斯认为,没有公共权威体制的社会必定是人们尔虞我诈、互相残杀的"野性社会"。社会是由人构成的,人与人之间要想和谐共处需要有一定的规矩。俗话说"国有国法,家有家规""没有规矩,不成方圆",现代社会没有一套完善的法律、制度,就不能有效运行。规则是多个个体或群体为获得共赢而达成的共识,核心是利益共存。多数社会学家都将制度看作为社会生活提供道德框架的规则结构,与从外部强加的法律不同。规则是指由群众内化的东西,是参与者共同制定并公认的社会秩序章程和准则。随着社会的发展,不同时代的规则相继废立。社会人作为一种想借助群体和社会生存得更好,又难以克制种种偏离轨道的欲望的社会动物,需要群体相互约定一套有制约性的规则。比如,法律和公序良俗,前者是社会集体契约来避免违约,后者是让人普遍接受群体的价值观。中国古代社会的治理理念是"礼法合治,德主刑辅",提倡以道德自律为主、以制度他律为辅,即制度就是一种约束力,把行动者的行为限制在一定范围之内。约束制度丧失,人类的行为就会陷入混乱,社会结构将会失序。巴伯据此将信任定义为"对维持合乎道德的社会秩序的期望"。② 制度是信任的基础,信任是对于他人能作出符合制度规范或规则的行为的心理期望。在此,制度是给定的、先在的。信任这种心理期望的产生是以相信制度为前提的,也就是说,基于制度的信任是以对制度的相信为前提的。

再如,相对于"元规则""明规则"而言,"潜规则"是一种私下的、以隐蔽形式存在、没有明文规定、被视为走捷径,利用社会主体趋利避害的本性来达

---

① 董才生:《社会信任的基础:一种制度的解释》,吉林大学哲学社会学系 2004 年博士论文,第 30 页。
② [德]马克斯·韦伯:《新教伦理与资本主义精神》,于晓等译,三联书店 1987 年版,第 26 页。

到彼此之间共同获利的非正式规则。

四、失信行为与交往、网络

人是社会中的人,是群体活动中的个体,是不能脱离社会交往而孤立存在的。社会网络是指社会个体成员之间因为互动而形成的相对稳定的关系体系。在社会网络中,人们的互动基于相互之间的信任成为可能。荀子说:"信人者,人未必尽诚,已则独诚矣;疑人者,人未必皆诈,已则先诈矣。"信任是一种能力,是社会交往的重要基石,能够降低社会风险,节约社会互动的交易成本,提高人类社会文明进步的效率。在社会交往中,都存在自己的利益受对方威胁的可能性,信任是对可预见和不可预见的失信风险进行估计后的一种态度表达。正向的态度反馈将决定行动者在进一步交往互动中能给予的投入度的高低,行动者的身份可以是个人、组织甚至国家,他们的行为、态度均受到嵌入其中的社会关系网络的制约。从信任的生成条件和社会网络的特点来看,社会网络对信任发生作用的途径,很可能是通过影响个体行动者可以动用的资源和个体能够获取有关他者的信任品质信息这两种机制来实现的。[1]

当前,中国社会结构变迁不仅体现为大数据网络的变化,也体现在全球信息化趋势的进程中。其中,社会人际关系网络的深刻变化,已经成为居民生活方式变革与社会阶层重塑的重要原因。在传统中国社会,地缘、血缘、业缘和偶遇,是建立人际关系的 4 种主要方式。[2] 这 4 种方式都是联系人际关系的纽带。中国人基于血缘、地缘、业缘和偶遇形成一种"差序格局",以个人为中心,一层层推出去即"推己及人",形成一种关系网,并通过这个关系网获取更广泛的社会资源。随着市场化、城市化和全球网络信息传播进程加快,不同行为体占有的社会资源与拥有的能力处于不对称状态,需要构建起突破熟人圈、

---

① 邹宇春、赵延东:《社会网络如何影响信任?——资源机制与交往机制》,《社会科学战线》2017 年第 5 期。

② 任志安、毕玲:《网络关系与知识共享:社会网络视角分析》,《情报杂志》2007 年第 1 期。

可供陌生人共享的信任关系。高度不确定性是网络时代社会交往的特征之一，人际关系的多元化及不确定性，增加了社会的复杂性。社会流动范围超越传统的圈层，人们面临的不是简化信息筛选，而是如何在复杂的社会网络中有效鉴别和利用信息。

五、失信行为与投机、资本

投机行为是指不充分揭示或者歪曲有关信息，特别是那些精心策划的误导、颠倒、歪曲或其他种种混淆视听的行为，直接或间接导致信息不对称问题，从而使经济组织中的问题极大复杂化。[①] 投机是一种交易行为。投机投的是时机、机会，期望获得差价。投机行为是为了在短时间内获得利益而进行的一种博弈，注重获利，甚至有的投机者为了达到目的不惜一切代价来追求自身欲望。信任是成交的货币，"君子爱财，取之有道"，若失去追求利益的理性思想，就成了贬义的"投机人"。一般来说，投机行为是以有限理性假设及信息不完备与不对称假设为前提的。[②]

资本不是某种货币或者实体财富，实际上，它表示的是生产关系，本质上就是人与人的关系、一种社会关系。随着教育培训机构竞争加剧，校外培训机构资本化潮涨，这是产业化带来资本化的客观结果。一些商业培训机构偏离教育本位原则，勾结资本利益链，制造焦虑并且以为股东谋利作为首要目标，不培养学生的综合素质，使得教育的优质资源向教育产业化、商业化集中，加剧了教育的不公平，违背了教育是百年大计、应坚持教育公益属性的初衷。中央办公厅和国务院办公厅印发的《关于进一步减轻义务教育阶段学生作业负担和校外培训负担的意见》，对不符合资质、管理混乱、借机敛财的教育培训

---

① ［美］奥利弗·E.威廉姆森：《资本主义经济制度——论企业签约与市场签约》，段毅才等译，商务印书馆 2002 年版，第 72 页。

② 高维和：《中国企业渠道投机行为及其治理策略研究》，上海交通大学工商管理系 2007年博士论文，第 75 页。

行业是一次大整顿,也使资本市场受到极大震动。

第四节　失信行为的基本类型

社会学家最关心的信任形式,是"作为社会秩序与社会控制的机制,发生在社会组织之间、个人与群体之间的社会信任"。[①] 同样的道理,失信行为作为一个宽泛的概念,根据不同的分类方法,可以将失信行为进行类别归纳。笔者尝试从失信主体、失信缘起和失信性质等方面进行分类。

一、基于失信主体:人际失信与组织失信

失信是人际交往与互动中的一种价值取向和行为方式。参与和构成失信行为的主体,可以是个体,也可以是组织。笔者试图从主体间关系角度来进行分析,把失信分为人际间的失信、个人与组织间的失信、组织间的失信等。

(一) 人际失信

"人际信任在学术科学研究中是最普遍和最根本的信任类型。"[②]研究失信问题,首先要关注人际失信。人际失信实际上就是个人之间的失信行为,是人与人之间在交往和互动过程中,为谋取自身的利益,违背双方的约定或契约而作出的非道德行为。人际交往是人与人之间最基本的交往活动,是整个社会运行的组成细胞。所以,人际失信就构成了失信行为最基本的形式,自然也就成为失信行为研究最直观、最基本的形态。笔者将人际失信定义为失信者在某件事上因情感背离、价值认同差异或谋取自身利益,对置信者实施的有违

---

① 朱虹:《信任:心理、社会与文化的三重视角》,《社会科学》2009 年第 11 期。

② Liebeskind,Julia Porter,and Amalya Lumerman Oliver, "From handshake to contract:Intellectual property,trust,and the social structure of academic research", *Trust within and between organizations*,1998,pp.118-145.

承诺或契约的行为。根据经济学家加里·S.贝克尔对人类行为的经济分析，社会失信行为也是人的理性选择的结果。① 对于人际失信而言，双方作为理性的人，前期必定会建立不同程度的信任关系，并且在一定时间内以双方各自的利益为基础维系合作关系。失信者在存在信任关系的时期，通过充分评估成本和收益使得自身利益最大化，刻意向置信者隐瞒意图和相关信息，并最终以理性的选择作出有违承诺或契约的行为。从这个意义上讲，失信者前期之所以与置信者建立合作与信任关系，主要是基于能带来收益的预期。出于理性决策的失信者在合作过程中，由于缺乏利益刺激会放弃对信任关系的维系而选择背叛，决定其实施背叛行径的关键是使自己谋取更多利益。

信任是在社会成员的互动交往间产生的。个体生存发展的前提是进行社会交往，"人无信而不立"就像车轮没有轮轴是无法前行的，人际信任是研究信任问题的重要枝干。如果人际信任大范围发生，最终会使社会秩序遭到根本性破坏。随着社会变迁和制度结构转型，人们的交往方式发生了较大改变。中国的人际交往模式属于一个关系本位的社会，基于费孝通先生提出的"差序格局"概念，血缘关系、熟人关系、陌生人关系依旧是主要的人际关系网。依此，人际失信可分为亲缘失信、熟人失信和陌生人失信。

一是亲缘失信。马克斯·韦伯认为，中国人的信任不是建立在信仰共同体基础上，而是建立在血缘共同体基础上，即建立在家族亲戚关系或准亲戚关系之上，是一种难以普遍化的特殊信任。在纵向层面主要体现为长辈与晚辈之间的失信行为，出现了诸如"代孕后又弃养""男子活埋79岁母亲"等引起社会公愤的事件。在横向层面主要体现在夫妻的失信行为上。夫妻双方从过去"家本位"的责任观念转变为"个人本位""自我认同"和"自我中心"的价值观念，强调个人幸福的价值。诸如"重婚""闪婚闪离""婚内出轨""一夜情""家庭暴力"等婚姻关系中的信任危机，违背了配偶双方的忠实义务并打破了

---

① ［美］加里·S.贝克尔：《人类行为的经济分析》，王业宇等译，上海人民出版社1995年版，第99页。

相爱相知的互信心理。

二是熟人失信。中国自古以来就是一个乡土社会,乡土中国是一个人情社会并且也是熟人社会。人们因血缘关系、地缘关系,以及血缘关系和地缘关系的混合构成熟人关系,进而相互信任。熟人关系基于有限的交往环境,交往双方的信息彼此透明。熟人社会的信任是一种基于认识的信任。也就是说,交易一方几乎能够掌握对方的所有信息,包括交往经验、人品、能力、信誉、财富等,这些能够确保产生信任。① 如今,随着我国社会经济迅速发展,社会成员交往方式多元化,人际关系也变得日益复杂,熟人信任逐渐处于失信的边缘。"杀熟""杀亲"指的是进行经济利益交换的时候,出于对私利的权衡,利用熟人和亲人的信任,采取坑蒙拐骗的手段获取熟人的社会资源。道德诚信是人与人交往中信任的纽带,"杀熟"现象的出现导致人际交往关系失调、人伦秩序混乱。

三是陌生人失信。从传统经济转变到市场经济、从农业经济转变到工业经济的快速流动背景下,陌生人关系脱离了血缘、亲缘和地缘关系。由于精力和获取信息的能力有限,人们更多地需要通过间接方式获得相关信息。基于此,理性的契约关系会成为陌生人进行社会互动的重要关系模式。个体作为"经济人",人们之间的交往与信任需要依靠法律制度和道德规范来维系。社会成员追求经济利益最大化的目标,不免会因信息不对称或在虚拟情况下损害他人利益,导致某些社会群体对社会道德的预期处于质疑、不信任状态,将会进一步作出失范行为。

(二)组织失信

组织是指人们为实现预设的目标,按照特定的规则和形式,互相协作组成的集体或团体,如政党、企事业单位、军队、社团等。组织也是一种行为主体,

① 徐尚昆:《信任结构与信任重构论析》,《中国特色社会主义研究》2021年第1期。

有自己的目标,有自己的规程,有自己的运作方式。从社会构成上讲,组织是社会结构的基础单元之一。实质上,组织就是一个不以某个人意志为转移的人格化的社会存在。弗兰西斯·福山认为:"信任是在一个社团之中成员彼此诚实、合作行为的期待,基础是社团成员拥有的规范,以及个体隶属于那个团体的角色。"①组织失信的主体,分为组织对组织的失信、个体对组织的失信、组织对个体的失信 3 种类型。

其一,组织对组织的失信。组织对组织的失信,从微观角度指的是组织自身不遵循彼此共同制定的规则、宗旨,呈报虚假信息,以组织主观意愿为转移去运作,进而给对方利益造成损失的失信行为。组织间的失信,存在组织失信行为被所管辖地保护的状态,容易增加守信成本和管理难度,使得组织的价值观丢失,浪费社会资源,进而导致一系列失信行为等连带效应,不仅对于组织自身的运作和生存具有重要影响,而且对社会生活也同样有着重要影响。各种组织中,政党组织失信和国家失信对社会、国家乃至全世界的负面影响是非常紧要的。如果一个国家的政党之间缺乏互信合作,争权夺利、猜疑倾轧,则会引发政党争斗以及各种内耗和摩擦,使社会的运行成本大大提升,形成制度空转,增加社会生活的风险和代价,激化社会矛盾,导致国家处于不稳定状态,甚至发生内乱。相应的,宏观角度的组织失信指的是国家之间缺乏互信合作,交换利益不平衡。成员国家意图的不确定性及不认同感,都会导致组织行为体在互动时怀疑、产生不安全感、对抗甚至出现冲突的局面。国家间失信是一个影响深广的失信行为。在全球化进程中,守信用是立人之本,更是立国之根,"人无信而不立,国无信则不强"。国际间的经济、贸易、人才流动、文化交往活动频繁。国家间任何的失信问题都有可能引发国际争端、地区动荡,甚至导致战争的发生,对世界的和平稳定以及国家的国计民生造成重大威胁。

其二,个体对组织的失信。这类失信主要是指作为社会组织成员的个体

---

① ［美］弗朗西斯·福山:《信任:社会美德与创造经济繁荣》,李宛容译,远方出版社 1998年版,第 30 页。

没有履行对组织的承诺,没有按照组织的规章履职,甚至出现背叛组织的行为。

其三,组织对个体的失信。组织对个体的失信是指组织从自身利益出发,没有按照规章制度对个体履行承诺和期待。组织的公信力下降、信任意识淡薄,导致个体利益受损,最终使整体利益也受到牵连,而且会导致社会不稳定风险增加。这种情况往往会影响组织的声誉和运作,不利于组织可持续发展,最后将减少社会福祉。

二、基于失信缘起:道德失信与制度失信

失信的缘起,一是道德层面的,即不遵守承诺、为人不诚实、没有责任感等;二是制度层面的,即制度设计不合理,制度的起点、过程和效果都无法起到信任保障作用。因此,从失信的归因来划定,则分为道德失信和制度失信。

(一)道德失信

信任蕴含着社会关系中对交往互动对象的道德要求和道德期待。信任关系的形成包含着多样的道德要求,它要求行动者具有遵守承诺、诚实、平等、有责任感、讲道义等品质。信任他人是基于一个道德预设,即他人和行为主体拥有共同的基本价值观念。道德失信意味着失信者在道德认同、价值认同、关系认同、利益认同、情感认同等方面背离置信者,并在诸如情感、持久的合作、熟悉、强关系、价值认同、友谊、互惠等多个因素中背离双方之前建立的合作与互信关系。达斯哥普塔认为:"只有事先了解他者是怎样的一种人,我们才会和他打交道,而声誉恰巧能够为我们提供这样的信息。如果行为体之间能够建立起信任关系的话,那么他们必须进行重复的互动并且他们必须拥有对先前互动的记忆,声誉是建立信任关系的前提。"[①]在道德失信中,我们一般认定失

---

① Dasgupta,P.,"Trust as a Commodity",In *Trust:Making and Breaking Cooperative Relations*, D.Gambetta,Oxford:Blackwell,1988,pp.49-72.

信源于行动者的道德品质方面存在问题,这也就是我们常常将信任问题归结为道德问题的原因所在,这种道德品质问题是失信行为生成的重要原因。品德是指个体依据一定的道德规范采取行动时,对社会、对他人、对周围事物表现出来的稳定的心理特征或倾向。品德由道德认识、道德情感、道德意志和道德行为有机构成,一般是指人的品质、品格,通常包含处世态度、理想信念、思想修养、道德情操、品行人格等。道德认识与相应的行为密切结合,就会产生推动道德行为发生的内部力量,从而转化为信任动机,促使人们产生互信。而一旦道德动机出现偏离,就自然在双方合作互信中出现利己的想法和行为,影响合作关系的推进和互信关系的保持,最终出现失信行为,直至双方关系破裂。人品信任是价值信任的基础。在合作过程中,个人的声誉、忠诚度、诚信度是判定此人是否值得信任的重要标准,是衡量价值信任程度的核心指标。也就是说,在道德失信中,主要的就是失信者在道德水准等方面已经突破合作与互信的底线,失信者的人格与品德已经不被认同。

在道德信任的框架内,不仅个体有品德的要求,组织也同样有道德的标准。组织的道德作为一种意识形态,是组织发展的基石,是组织正常运作的保障,是人们对组织提出的人格化的道德要求,反映了组织内在的价值观念。如果一个组织能够依理守律、关心社会、忠诚负责,则会赢得社会的信任。组织道德失信,则意味着组织的价值取向、精神文化、行为规范等出现背离社会公众和组织成员期待的行为。组织出现道德失信不利于塑造良好的组织形象,不利于达成组织的发展目标,不利于组织的持续发展,有损良善的经济秩序和社会道德建设。

（二）制度失信

W.理查德·斯科特认为:"制度包括为社会生活提供稳定性和有意义的规制性、规范性和文化认知性要素,以及相关的活动与资源。"[①]罗纳尔德·L.

----

① ［美］W. 理查德·斯科特:《制度与组织——思想观念与物质利益》(第 3 版),姚伟等译,中国人民大学出版社 2010 年版,第 56 页。

杰普森则认为:"制度是社会建构的、习惯性地再生产的(其他条件均相同)程序或规则系统。它们作为一种制约性环境的相对固定的设置而运行,并附带着被人们视为当然而接受的行动说明。"①信任并不是一种纯粹稳定的社会关系,它具有一定的风险和不确定性。其原因在于,信任的基础是对个体信任对象未来行为的期望。正如有研究者指出的那样,信任的最初目的是为了规避风险,但相反地,正是风险导致了人与人之间的不信任。② 社会信任不仅取决于个体的道德品质、人格特征,还取决于信任展开的文化传统、制度环境等背景条件。③ 制度是经过制定而被大家共同遵守、认同的办事准则,通过认可与鼓励符合共同认定准则的行为,以及对不符合共同认定准则的行为进行惩戒,实现对行为的控制,从而减少行为的不确定性风险,满足人们对稳定行为的预期,进而产生制度信任。④ 然而,制度和信任是相辅相成的,再细致、再全面的制度也要依靠信任去履行,制度给信任打下了坚实基础。制度信任的存在可以有效打消人们的行为顾虑,提高实践行动的效率,在社会变迁与社会发展中扮演重要角色,对于构建和谐社会也具有重要意义。

制度失信是引发失信行为的重要原因。制度信任或者说系统信任,指的是"合约嵌入其中的社会和组织情境"。⑤ 制度信任是依靠法律、契约、合同等法律制度建立的信任关系,是建立在制度基础上生成的信任。制度对规范信任关系、维护信任者的权益具有重要作用。柯武刚、史漫飞认为:"制度是由人制定的,并用以约束人的行为的规则,它们抑制着人际交往中可能出现的任

---

① [美]鲍威尔、迪马吉奥:《组织分析的新制度主义》,姚伟译,上海人民出版社 2008 年版,第 64 页。

② Thomas, D. O., "The duty to trust", *Proceedings of the Aristotelian Society*. Vol. 79. Aristotelian Society, Wiley, 1978, 79(1), p.93.

③ 王珏:《现代社会信任问题的伦理回应》,《中国社会科学》2018 年第 3 期。

④ 刘少杰:《国外社会学理论》,高等教育出版社 2006 年版,第 31 页。

⑤ Niklas Luhmann, "Trust and power: two works", *Landmark Papers on Trust Volume (II)*, Edited by Reinhard Bachmann, Published by Edward Elgar Publishing Limited, 2008, p.15.

意行为和机会主义行为。"①制度化的社会机制具有强制性约束。制度的确立是人类信任关系构建和社会秩序形成的基础,在事实上减少了社会风险和秩序失范情形,促进了可预见的、确定性的行为在社会交往与互动中的存在,满足了人们心理上的安全需求,形成了一定的事实上的秩序和确定性,是构建信任关系的重要保障。可以从以下两个方面来评价一项制度是否失效,以及是否形成制度信任:第一,是否能顺利实施,即制度是否具有可操作性。在这里,可操作性主要是指符合信任建构双方的价值规范,能够规范双方的行为,保障双方的权益。如果一项制度制定后难以推行,那它在信任建构中就无法起到保障作用,实际上就是一项失信的制度。第二,是否能实现制度设计的目标,任何一项制度的制定都有其特定目标。有些制度能够顺利实施,但并不能达到预期目标,有时甚至出现偏离设计初衷的情形。当然,任何一项制度都有一个不断完善的过程。也就是说,任何一项制度都不可能在制定之初就是完美的,它需要不断修正和改进。现实环境中信任关系的保持不是单纯靠制度就可以彻底解决的,但制度在事实上具有不可替代的对信任关系的促进和保障作用。制度失信的根源在于制度的设计不符合人类的价值观念,不能体现人们心目中追求的自由、平等的价值观念,甚至违背人们追求和期盼的价值追求,不被人们追求和接受,影响和妨碍了人的发展和社会的进步。

从经济学角度看,失信的本质是一种侵权行为,任何失信行为都是对相应权利的侵害,而任何权利被侵害,都是因为相应的制度存在漏洞。当现存的制度使得自利的经济人选择机会主义的失信行为有利可图时,失信行为就发生了。② 从社会学角度看,制度对行为主体起到约束作用,但在现实社会生活中,会因制度供给不足和偏轨、制度制定得不完善、制度的正直感缺失,导致信

① [德]柯武刚、史漫飞:《制度经济学——社会秩序与公共政策》,韩朝华译,商务印书馆2002年版,第23页。
② 苏小方、张方方:《企业失信行为的制度经济学分析及治理思路》,《经济社会体制比较》2020年第2期。

任破裂、失信行为发生。基于失信行为归因的角度,制度失信是指失信者对置信者契约相关权利的侵害行为,主体间利益失衡,并且打破了由法律、契约、合同及口头承诺建立起来的信任关系。制度失信行为将会损害主体间的利益,进一步影响社会信任链条的建立。这种失信行为不仅恶化交易的信任度,而且对以后的合作交易产生负面影响,从而进入恶性循环当中,增加信任交易成本。例如,出现医患失信现象原因是在市场化背景下,医药费用提高,医生与患者间缺乏风险机制的沟通,以及相应的医院管理机制和医疗保险制度不够完善,部分制度上的缺陷导致医患信任问题激化。

三、基于失信内容:工具失信与价值失信

失信的内容归结起来无外乎两个方面,抑或者是物质方面的,抑或者是道德、荣誉方面的。因此在本文中,笔者将失信的内容概括为两个方面:一是工具失信,二是价值失信。

(一)工具失信

工具属性是基于双方信任与合作关系的有用性。工具信任既是一种价值符号,也是一种社会关系的体现方式。信任与合作关系本身无所谓价值,只是我们将信任与合作关系的建立作为获取社会资本的一种方式和途径,赋予信任与合作工具价值的一面。它具有满足人们需要的属性和功能,能够带给合作双方益处。工具失信的实质是指失信者因为谋取利益的需要,而违背双方之前达成的承诺和建立的信任关系。在博弈论看来,工具失信意味着行动者将谋取自身利益作为动机。这种理性选择既是自私的、不道德的,也是具有不可重复性的。失信者的这一理性选择往往将导致合作与信任关系崩塌,在经历一次失信博弈后,"信任完全被淹没在个人的自私理性之中"。① 工具失信

---

① 闫健:《当代西方信任研究若干热点问题综述》,《当代世界与社会主义》2006 年第 4 期。

是失信者对实现自我利益的选择。失信者背离之前的合作关系往往是因为追逐利益,而在现实生活中,这一原因导致的失信行为占了比道德失信更大的比重。正如霍里斯所说:"社会成员间的关系越是工具性的,则他们之间也就越不信任。"①从这个意义上来说,很多合作与信任关系的建构,是对双方信任关系能够给自己的未来带来利益而形成的一种态度与期盼。比如,企业同意签订就业协议聘用某员工,原因在于信任该员工能够为企业创造利润;同样的道理,员工同意到某公司任职,也是信任企业主能让自身获得经济收入和晋升的机会。在这样的前提下,双方以理性选择的方式形成信任关系并建立双方共同执行的契约。同理,当企业主发现被雇佣者不能为本单位创造效益,或者说对于被雇佣者的投入与产出不匹配,企业主有可能违反之前建立的契约提前解雇被雇佣者。同样的,当被雇佣者发现所在单位并不能为自己提供期望的福利待遇或发展机会,则有可能提前离职。

（二）价值失信

"所谓价值既不是有形的、具体的存在所构成的实体,也不是客观对象与主体需要之间的满足与被满足的关系,而是人类所特有的绝对的超越指向。"②在哲学意义上,价值指的是客体为了满足主体需要而具有的特殊意义。换句话说,即当客体能够满足主体某些方面的需要时,客体对于主体而言就具有价值,否则就没有价值。③ 社会主体间的良善价值是一种评判和衡量社会信任关系的需要,个人的品质在进行社会互动时是获得信任价值的通关牌,主、客体的价值行为来源于宗教、道德、法律、规范等正向思想。这些正向思想不是建立在个人经验上的,而是建立在符合社会群体对正义、公平、公正、责任感等基本理念的追求之上的。在传统的哲学价值观中,价值是以人的主体性

---

① Hollis, Martin, *Trust within reason*, Cambridge University Press, 1998, p.33.
② 何中华:《论作为哲学概念的价值》,《哲学研究》1993 年第 9 期。
③ 《马克思主义原理概论》(2013 年修订版),高等教育出版社 2013 年版,第 38 页。

为尺度的一种关系,具有满足人们需要的属性。价值作为一个关系范畴的判定,指的是主体对客体的肯定或否定关系,表明客体属性与主体需要之间一种特殊的效用关系。客体的属性满足主体的需要,则构成价值;客体的属性不能满足主体的需要,则无法构成价值。人的价值在于个人对社会的贡献和责任,以及在此基础上社会对个人的尊重和满足。

社会对主体行为的价值判断成为决定具体情境中行为选择的准则,并对社会关系行动者的行为进行归类分析,确定和明示在什么条件下行动者的何种行为是符合社会认同的价值属性、在什么条件下何种行为是不能被认同的。价值判定的目的在于行为选择,价值观的选择也就决定了行为是否被认同,否则就会偏离习俗、宗教、规范等为社会关系行动者预设的方向与轨道,使人的行为偏离价值建构的行为范式。价值规范的目的在于使个人和社会的生活成为可能,价值的引导在于促进个人和社会的生活良性运行。价值规范就在于为所有的社会关系行动者画了一个圈,告诉人们,在圈内的行为符合社会认同的价值标准,而在圈外的行为则属于背离价值判定的失信行为。

价值失信是指行动者基于对各种利益关系的计算或权衡,而作出的违反习俗、宗教、规范等不道德的失信行为。社会对价值失信的判断一般基于行为具有不道德的价值判断,即恶。社会对那些偏离社会已形成共识的价值体系,损害公共资源并与他人产生冲突、侵占公共利益的行为,视为价值失信共谋。他们的价值失信行为会在他人心中埋下一颗不再可信的种子,即产生一种多米诺骨牌效应,以及"江山易改,本性难移"的印象感知。在人类历史进程中,个体价值的自我实现会进一步促进社会公平、社会良性发展和进步,同时也将增进社会成员对福祉的满足感。如果一个社会的行动者背离价值规范,脱离群体认同的道德理性,跨越社会主流价值观的圈层,则会影响社会的权威价值标准,侵蚀社会有机体道德体系的建构,也会造成市场经济不能健康运行,整个社会规范岌岌可危。

第五节　失信行为的生成场景

在复杂多元的社会环境背景下,失信行为通常嵌入社会互动场景中,主体和客体都是在多种行动场域下进行互动。人与人的互动,有一种属于当事人意识到的、目的明确的情境,另一种是未被当事人意识到的情境。一般来说,失信行为通常发生在以下 5 个场景中。

一、政治场景中的失信行为

在阐述政治失信行为之前,要对政治信任这个概念进行解读。政治信任处于整个社会信任系统的顶端,它的引领性、维稳性和号召力极其重要。目前,学术界对政治信任的定义尚未达成一致意见。但在过往的研究中,大多数学者认为,政治信任即公民或民众对政治系统、政治体制和政治政策运行的期许、信心与认可。政治信任的主体一般是公民、政治个体、机构或群体。政治信任是指"在直接或间接互动的基础上,民众对政治体系相信、托付和期待的一种政治现象"。[1] 关于执政党公信力的含义,吴家庆认为,它由 3 个方面构成:一是执政党的影响力和号召力,二是执政党塑造民众信心的能力,三是执政党兑现承诺的能力。它是"现代民主政治条件下,政党执政过程中通过发挥自己的影响力、号召力,塑造民众的信心并兑现承诺而赢得民众信任的能力,是民众对执政党认同度和信任度的反映"。[2] 张爨认为,政治信任是指民众在基本认可特定政治个体或组织的诚实可靠性基础上,预期并且相信对方能够按其愿望或期待行事,进而决定把与实现愿望或期待有关的资源和事项

---

[1]　上官酒瑞、程竹汝:《政治信任的结构序列及其现实启示》,《江苏社会科学》2011 年第 5 期。

[2]　吴家庆:《中国共产党公信力建设研究》,人民出版社 2013 年版,第 27 页。

托付给对方处置或管理的政治交往心理及行为。①

政治失信行为是指执政领导机关或组织对社会民众发布具有权威性的目标却没有履行的行为,执政绩效满意度较低,民众缺乏参与感、民意表达感,以及政府官员的越轨行为,包括滥用职权、脱离群众、贪污腐败、失密泄密、形式主义、官僚主义、享乐主义等行为,导致失信于民、丧失民心。虽然从整体上看,大多数政治活动给公众带来了实实在在的利益,但不免有一少部分政府组织和政府人员存在执政不为民的失信行为。政治场域中的失信行为表现复杂、形态多样,至少包含以下几种类型。

一是官僚主义。中国共产党第十九届中央纪律检查委员会第五次全体会议上,习近平总书记提出要深入整治形式主义、官僚主义顽瘴痼疾的要求。官僚主义长期存在于政治体系发展过程中,也是政治场景中失信行为最主要的体现。形式主义是官僚主义的延伸,是一种潜在的规则,是长久集体主义和传统"官本位"固化萌生的产物,只有形式、应付差事、不注重效果、华而不实而不存在实事求是的实际意义。党组织规模日益壮大,产生了某些脱离群众的情形,这必然会导致政治组织的形式主义不断扩大。我国相当一部分政府人员存在"官本位"意识,在执行公务时走马观花,讲空话、喊口号,欺下瞒上,为官不为。比如在 2020 年新冠肺炎疫情暴发初期,中央督导组在湖北省黄冈市针对疫情对黄冈市卫健委相关负责人进行核查时,相关负责人对收治病人数、床位数、检测能力等含糊其辞,一问三不知。这种对民众不负责、主体责任意识淡薄的失信行为阻碍了政治信任的秩序性建设,由此给社会稳定带来威胁。

二是滥用职权。政治信任是权力得以实施的重要社会基础。换言之,信任是权力在社会控制中发挥作用的重要支撑。② 古今中外,公职人员滥用职

① 张燮:《新改革时代我国政治信任建设研究》,湖南师范大学 2017 年博士论文,第 39 页。
② [美]伯纳德·巴伯:《信任的逻辑与局限》,牟斌等译,福建人民出版社 1989 年版,第 23—27 页。

权、以权谋私的现象一直存在。滥用职权是指政府机关工作人员带有不当目的，并且以不当手段行使职务权力，利用职务便利使国家财产和人民利益遭受损失，从而危害社会有序活动。政治主体如果只考虑个人或局部利益，忽视整体发展，不履行监管职责，就是有悖于自身职业道德规范的失信行为。公职人员的失信行为损害了政府形象，会引发社会不满情绪，破坏政治体系信任原则，造成政治信任流失。

三是政令不畅。当前，我国正处于"两个一百年"的历史交汇期，社会也处于转型发展、科学发展、跨越发展的关键时期，在党的领导下切实解决损害群众利益的不正之风和腐败问题意义重大。对政策，《辞海》是如此释义的："国家、政党为实现一定历史时期的路线和任务而规定的行动准则。"[1]党的十八大以来，以习近平同志为核心的党中央推进党的集中统一领导进程中，政令不畅的情形得到根本扭转，但在公共政策执行当中仍存在一些"上有政策，下有对策"的政策博弈现象。政令不畅源于地方政府机关的阳奉阴违、基层政府人员的政治纪律性弱，甚至是为局部利益私自出台有关规定，对政策执行不到位使政令变形走样；对于民众而言，政令传达不及时，政策实施受到阻碍，由此导致民众利益受损，影响公民对政府的信任，同时也削弱了政府的严肃性和威信力。政令的出发点是好的，但个别地方政府只顾局部利益，从本位角度思考问题，不利于政治的长远发展，难以建立真正的政治信任。

二、经济场景中的失信行为

马克思在研究资本主义生产过程中对信用问题进行了深刻分析，考察了信用产生的条件、形式及作用。他指出，信用关系作为一种债权债务关系，是发生在不同权利主体之间的、有条件让渡货币或商品的一种经济关系，是商品交换长期发展的产物，代表着一种发达的生产关系并揭示信用的经济属性和

---

① 转引自陈庆云：《公共政策分析》（第二版），北京大学出版社 2011 年版，第 2 页。

道德属性。① Arrow 强调,经济衰退同样与人际关系中的信任缺失有关。② 当前,中国正经历前所未有的大变革。从农业社会向工业社会的转型、从农村向城市的发展、从封闭社会向开放国家的过渡,社会经济结构、文化形态、价值观念等发生深刻变化。我国在科技迅速发展、全球化趋势不可逆转等因素和外部环境的影响下,居民收入不断提高,人们的消费水平随着社会发展逐渐提高。

在数字化时代,信任的价值显得愈发重要。信任是有价值的,甚至可以这样说,信任是价值的来源。网络交易技术在出现之初,并未得到迅速普及。直到以支付宝为代表的第三方支付平台构建起新的信任体系,人们才逐渐信任并接受网络交易,彻底改变了消费和生活方式。人类进行社会劳动的等价交换需要以货币作为媒介,但随着网络科技的发展、虚拟资产的出现,我们只需要电子屏幕上显示的一串数字,买家与卖家不必见面,就可以完成货币与货物的实体交易,这种交易模式打破了人类社会数千年来的传统。经济主体在大数据、云计算、区块链等先进技术营造的网络经济场域中进行经济交易,由此衍生出经济关系的信任行为。然而,各电商主体在竞争激烈、优胜劣汰的互联网环境下为追求利益最大化,在网络经济场景中难免采取不正当的竞争方式,通常会作出不遵守交易规则等信任缺失行为。如今是网络信息化社会,个人获得经济支持的方式更加便捷。就拿网贷来说,只需在手机上操作,就能得到一笔贷款。而大多数借款人对其中的高额利息风险没有危机意识,导致贷款到期后还不上,以贷养贷,最终坠入网贷违约的陷阱。

网络经济失信行为渗透在网络交易的每一个阶段,诸如在网络经济交易前期,消费者了解经营商产品的最关键纽带是广告,即营销。近年来,某些经营者违反相关法律法规要求,而且无视网络经济行业自律要求及职业道德,在

---

① 参见马克思:《资本论》第三卷,人民出版社 2004 年版,第 36 页。

② Arrow, Kenneth J., "Gifts and exchanges", *Philosophy & Public Affairs*, 1972, pp.343-362.

网上发布虚假广告进行虚假宣传,用商品的不真实功能、质量以及不透明的价格欺骗和误导消费者,使其合法权益受到损害。例如"辛巴直播带货即食燕窝"事件,在没有对带货商品进行全面了解的基础上,仅凭商品生产厂家的介绍,即对带货产品进行宣传和推销。这一网络虚假宣传行为误导消费者进行消费,导致商业伦理价值扭曲,对网络信任体系产生不良影响。

虚拟币、区块链、大数据、人工智能等概念近年来比较火热,比特币、狗狗币等逐渐进入人们的生活。在网络越来越发达和普及的同时,数字货币市场基本处于一个鱼龙混杂的阶段,往往容易被一些不法分子盯上。从过去的"庞氏骗局"到现在,诈骗手段层出不穷。犯罪分子把数字货币包装成一个个骗局和陷阱,利用受害者的心理弱点、本能反应、信任、贪婪等心理,通过诸如欺骗、伤害等危害手段取得自身利益。受害者都是冲着高回报率去的。各种虚拟骗局打着利用虚拟币、共享经济、资本杠杆可以实现收益翻数倍的幌子,引诱投资者投入资金,然后通过洗钱方式,把受害者的钱转移到境外,具有非法集资、诈骗等违法行为特征,滥用公共资源造成高昂的社会运行成本,导致置信者的财产损失,也在心理上受到很大创伤。这些经济失信行为造成的伤害,会严重影响社会经济市场效率,使部分市场主体通过制度欠缺和规则漏洞,依靠资本优势和市场地位去侵犯置信者利益,给互联网技术本身的发展进步蒙上阴影。

三、文化场景中的失信行为

文化是一种符号象征系统,是人们在社会发展过程当中社会生活经验的积累以及创造出的精神财富的总和,是一种社会意识形态,是一个民族整体的生活方式和价值系统。文化可以给予人们社会以外的价值满足。文化思想是人类在社会交往过程中创造出来的,它的形成能使社会或个人的信念和日常生活行为发生改变。行为主体间社会互动的信任是后天产生的,既不是与生俱来,也不是一成不变,即信任已嵌入社会进程中。在今天的中国,人与人之间的一般信任水平总体仍然不高。与此同时,基于职业纽带的业缘关系信任和陌生人信任仍然尚未建立。① 这与特殊的传统文化有密切关系。我国传统的特殊信任是在道德约束下展示出来的文化,包括个人品德修养、维系人际关系的准则及约束个人失范行为。中国传统文化是以血缘关系、家族关系为中心建立的,在中国乡土社会传统文化的背景下,秉持着仁爱、诚实守信、温良恭俭让孝悌等美好品德。诚信文化是社会和谐的基础。中华文化博大精深,源远流长,凝聚着无数智慧和精神,渗透到现代生活的方方面面,并起着传承民族文化的作用。但出现个体投机、市场逐利,以及不同团体争夺利益等现象后②,某些传统美德受到冲击,导致社会风险增高,人与人之间的信任被侵蚀。

随着儒家思想广为流传,人们推崇君子"克己复礼",坚守"仁"和"礼"的传统美德,如今倡导"爱国守法,明礼诚信,团结友善,勤俭自强,敬业奉献"的公民基本道德规范。文化是人的行为取向的重要方面,不仅决定人的价值观念,而且构成人的行为准则。③ 近年来,出现文化失信行为,侵蚀着人们长期建立起来的社会信仰等价值观念,对传承优秀文化没有任何社会价值。

四、学术场景中的失信行为

著名科学家埃里克森说过:"智力活动上的诚实创造了科学。"科学研究原本是最严肃、最求真的事业。对营造健康的科研环境,诚信起到不言自明的作用。但近年来,学术失信事件频频发生,其中不受令人尊重的学术大佬。例如郑州市春霖职业培训学校校长郭萍"熟蛋返生"论文事件、德国教育部部长安妮特·沙范论文抄袭事件、2015 年轰动一时的上海某大学王立山等人国际

---

① 参见王俊秀主编、陈满琪副主编:《社会心态蓝皮书:中国社会心态研究报告(2016)》,社会科学文献出版社 2016 年版,第 37 页。

② 翟学伟:《信任的本质及其文化》,《社会》2014 年第 1 期。

③ 司马云杰:《文化社会学》,中国社会科学出版社 2001 年版,第 25 页。

论文撤稿事件,引起学术界的高度关注。对于社会而言,学术传承薄弱、缺乏学术规范和整体的学术评估机制、缺乏学术问责制等导致科研工作者的多重角色混乱,将会陷入恶性循环。学术失信行为不仅限制了科技创新水平的提高,而且也误导了科技人才的成长方向。因此,学术环境对营造学术诚信氛围至关重要。

《科技工作者科学道德规范(试行)》指出,"故意省略参考他人出版物,抄袭他人作品,篡改他人作品的内容;未经授权,利用被自己审阅的手稿或资助申请中的信息,将他人未公开的作品或研究计划发表或透露给他人或为己所用",属于抄袭、剽窃行为。科技部于 2016 年发布的《国家科技计划(专项、基金等)严重失信行为记录暂行规定》中,对科研人员的失信行为也有明确界定。该规定指出,科研工作者的严重失信行为,是在科研过程中违规、违纪、违法的,并且造成严重社会后果和恶劣影响的科研行为。对于有失信行为的科研人员,经相关部门审查认定,在科研项目的申请、立项和管理、验收、评估等过程中,进行客观记录。这就是"失信行为记录"。除了科技部有关管理科研失信行为的制度外,教育部于 2016 年也发布了《高等学校预防与处理学术不端行为办法》,对科研工作者的学术不端行为进行了明确说明。所谓学术不端,指的是科研工作者及相关管理人员和学生,在科学研究中发生的违反学术界公认的学术准则和违背学术诚信的行为。

学术失信行为主要表现为学术剽窃、篡改他人学术成果、编造虚假研究成果、提供虚假学术信息、考试作弊等违背公认准则的行为。例如,学术剽窃的形式多种多样,主要分为 4 种类型:直接剽窃、间接剽窃、隐含剽窃、自我剽窃。直接剽窃是指完全从他人发表的论文中复制,或在他人论文成果基础上稍作修改或合成论文的行为;间接剽窃则指的是将其他人未公开发表的成果,吸收进本人的成果中进行发表的行为;隐含剽窃是指受他人作品的重要启示,完成自己的研究工作,但发表成果时,没有按照学术规范标注引用和致谢,甚至故意隐瞒引用的行为;自我剽窃则强调的是重复使用自己过去作品中的内容,未经修改或部分修改重复使用的行为。以上学术不端行为阻碍了学术创新,破坏了学风建设。

五、人际场景中的失信行为

随着在这样一个碎片化的流动社会里,人际交往范围扩大以及人际交往模式多元化,人际关系愈来愈复杂。人际关系既竞争又合作:人们为获得各自缺乏的资源而竞争,又为生产满足他们需求的资源而合作。① 资源既包括物质上的,也包含精神或心理方面的。学者张建新将人际信任定义为:指向某一具体人物对象的一种预付已有物质或心理资源的行为意向。如果实施这一行为,人们期待着从对象处获得回报,但也可能因延时交换过程中断而蒙受损害。人际信任发生的条件是,两个人进行资源延时交换过程中,存在着的不确定因素有可能使交换过程中断。② 置信者与被置信者在交往中对合作伙伴的品行、品性具有肯定的可信度,与此同时,被置信者也会对将获得的资源有所期望。人际关系的失信产生是指,在双方之间建立的互信期待方面出现价值丧失、利益失衡、互相猜忌和欺骗,体现出利他主义和利己主义,进而引发一系列失信行为。

一是亲缘关系的疏离。人类具有群居性。从古至今,中国人最提倡"血脉相通""尊尊而亲亲"的关系,传统中国社会信任的建立机制是基于家族意识和乡土意识之上的纽带。进入社会转型时期后,中国城镇化率逐渐增高,人口流动性加大。在社会节奏加速的时代,人们迫于社会发展的压力,迫于生存的需要,背井离乡地工作,与亲人见面的次数少。长时间的情感沟通阻碍和分离,使得人与人之间血缘的情感联系变得淡薄。中国有一句俗话叫作"一代

---

① Gambetta,Diego,"Trust:Making and breaking cooperative relations",*New York*:*Basil Blackwell*,1988,

② 张建新、Michael H.Bond:《指向具体人物对象的人际信任:跨文化比较及其认知模型》,《心理学报》1993 年第 2 期。

亲,二代表,三代四代不相识"。第一代和第二代人,一般都在邻近的地方打拼,因此常常互通有无。由于长辈奠定了基础,第二代人很可能走出原来的出生地、成长地,不可避免地与亲戚们形成断层。在人口流动性很强的背景下,亲缘关系不可避免地走向疏离。根据信任的认识发生理论,人们的信任度都是从自身以往的经验里学习来的。信任的认识发生理论特别强调幼年心理发育阶段的经验。如果幼年期生活在破碎的家庭,父母离异,或受到父母虐待,就很难对外部世界产生信任感。同样,如果幼年期生长在恶劣的社区环境里,目睹暴力和犯罪,见惯了弱肉强食,信任他人也是十分冒险的。[1]

　　二是熟缘关系的异化。信任是施信者对受信者产生信赖并接受的心理状态、态度和行为的综合,既受到受信者的能力、善意、正直等属性影响,又受施信者的性格、价值观、文化背景等因素影响,还受施信者和受信者的交互过程影响,是一个动态发展的过程。[2] 诚如中国儒家文化奠基人孔子所说:"与朋友交,言而有信。"又如常言道:"人熟为宝。"信用是建立友情的纽带。传统的熟缘关系建立在自给自足小农经济的稳定、不流动且低风险的社会结构基础之上,而熟缘关系中的置信对象一般包括:家庭亲属、挚友、一般朋友、同事、同学、邻居、师生等。原本基于熟人关系的交情、人情面子、相互了解,能获得真实信息和处于某种固定的交际圈中。为降低主体间的交往风险,信任更容易在熟人间、朋友间产生。然而,随着传统乡土文化的解体、转型中国社会变迁的形成,特别是市场经济对个人利益的肯定,传统熟人社会资源的有效性受到功能性破坏,熟缘关系在行为激励方面也受影响。熟缘关系异化最典型的现象就是"杀熟",这一名词被定义为利用熟缘的信任进行经济活动,骗取熟人的钱财、感情等不正当手段。随着原先熟人社会网络关系的瓦解和互联网的普及,与淘宝等电商平台不同,微信朋友圈营销建立在现实关系之上,大部分

---

① 王绍光、刘欣:《信任的基础:一种理性的解释》,《社会学研究》2002 年第 3 期。
② 杜荣、艾时钟、Cathal M.Brugha:《基于思维法则学的跨文化信任框架——综合中国本土化思想与西方理论的尝试》,《管理学报》2012 年第 3 期。

是通过熟人间的推荐进行好友验证,买家与卖家之间信任度高,依托好友进行"熟人经济"销售。但现实却是,置信者在朋友圈成为生意圈里的"杀熟"对象。假代购、假代理、售卖假冒伪劣微商产品欺骗熟人等行为,由于在朋友圈"杀熟"维权难,又是朋友之间的交易,大多数置信者都是吃了亏认栽、碍于面子只能接受,导致"杀熟"案例屡屡出现。有的人为了获得自身利益,摒弃以往交情,将亲朋好友骗入传销队伍"杀熟"等。这些失信行为背离了朴素的诚信原则,引发信任危机,也是对熟缘关系信赖的一种辜负。

三是陌生人场域的焦虑。陌生人社会是与熟人社会相对应的社会形态。在社会流动背景下,社会上人与人之间互不熟悉,社会交往主要在陌生人之间发生。① 陌生人社会是以法律、规章、制度、契约等规范人伦关系的社会。② 人们在信息多样繁杂、不对称的陌生人空间里进行交易,担心上当受骗,与其他人交往时自发地掩饰自己并处处提防、怀疑别人。由于每个人彼此不认识又都是独立的个体,总是局限在信息孤岛里,所以,焦虑和不安全感油然而生。"差序格局""生于斯、长于斯、歌于斯、哭于斯"的社会关系秩序,多数存在于传统的熟缘社会关系之中。由于社会经济文化的变迁和发展,现代社会人们的交往互动大多处于陌生人场域,失去了先赋性关系依赖的信任资源。陌生人的交往方式逐渐"趋利化""面具化""冷漠化""理性化",形成一种"事不关己,高高挂起"的淡漠心态,封闭了与陌生人坦然相待的桥梁。由于城乡统筹和城镇化建设加速推进,社会发展非常迅速。与此同时,社会上呈现碎片化、及时性、快餐式、去中心式、身份虚拟化的生活圈。在此社会情境当中,出现了很多诚信挫折事件、陌生人群体集体焦虑现象,各种各样的失信事件常见于我们的日常生活中。这些事件的发生无疑加剧了人们对陌生人的防范心理和信任焦虑,加大了社会信任秩序构建的难度。

---

① 蔡蔚萍:《信任缺失及其重建》,福建师范大学社会学系 2014 年硕士论文,第40页。

② 刘传雷、荆蕙兰:《重大疫情下"陌生人社会"的焦虑与秩序重建——以我国抗击新型冠状病毒肺炎疫情为例》,《信阳师范学院学报(哲学社会科学版)》2020 年第 3 期。

第二章　失信行为的发生语境与负面效应

　　道德作为调节人类行为关系的伦理规范和准则,是人类基本价值诉求的体现,也是具体社会对人类行为要求的反映。在道德的形成过程中,基于人类社会发展的共同需求、基于社会关系形成的需要,诚信成为共同的普遍价值追求,通过诚信这一道德要求约束着人们的意识与行为。但随着时代发展,道德的发展呈现出变异性,失信行为的产生导致诚信这一道德的发展受到了侵蚀。诚然,社会传统的礼俗道德中潜藏着产生失信行为的可能,但现代社会结构的转型,传统与现代价值观的断裂,现代公民道德中对个体的强调、对理性的倡导,在更大程度上诱发失信行为的发生。不同程度的道德秩序错位问题导致失信行为的产生。当个体对私利的重视高于对他人的承诺时,人际失信产生;当组织对私利的追求高于对声誉的重视时,组织失信产生;当制度制定者及执行者对私利的追逐高于对公正的坚持时,制度失信产生。失信行为的不断发生,对整个社会的政治经济文化产生了严重的负面效应:政治失信导致民众对政府的信任削弱,经济失信导致不同经济主体的交易成本增加,学术失信导致知识的价值被消释。

第一节　失信行为发生的语境分析

　　基于帕森斯的社会行动理论,行动的产生包括"行动者、行动目标、行动条件、行动手段及规范取向"。其中,价值规范对行动的调整是社会行动理论的核心内容,人们行动的本质是社会个体内化了某种"价值共享规范"之后的行动动机的整合。类似的,马林诺夫斯基也指出,对语境的分析需要同时理解"情景语境"和"文化语境"。这意味着既要理解与语言互动过程直接相关的客观变量,更需理解互动过程中参与者所处的整个文化背景,从而更好地了解行为背后的意义。著名学者福山对文化语境的强调更甚,他甚至认为:"信任是由文化决定,社会信任的产生来源于宗教、习俗、道德等文化资源。"那么,作为人类行动的一种特殊类型,失信行为的产生自然也同时受到社会环境和共享价值规范(即社会文化)的共同影响与制约,因此,对失信行为的研究有必要了解不同价值规范体系、不同社会形态中失信行为的形态和语境特征。

一、失信行为与传统的礼俗道德

(一)传统礼俗道德对失信行为的制约

传统文化是不同国家、社会的象征符号,不同的传统文化塑造着不同的价值观念、价值判断与行为选择。在中国的传统礼俗道德中,诚信是基本的道德伦理规范。孔子曾在《论语》中 38 次提到"信",强调"人而不信,不知其可也",认为诚信是人们进行人际交往、君主治理国家的基本行为规范。孟子继承了孔子的诚信学说,将"朋友有信"纳入"五伦",认为诚实守信是为人处世、求取利益的正当准则,引导统治者施"仁政",取信于民,以维护社会稳定。商鞅则将"信"作为治理国家的 3 条重要纲领之一,并通过"徙木立信"来构建百姓对政府权威的认同。在西汉时期,董仲舒更是将"信"上升为"五常"之一,仁、义、礼、智、信成为中国传统礼俗道德的重要行为规范,强调诚信对于个人、家庭、国家的重要性,认为诚信是社会发展的重要根基。此后,经过长期的思想教化及制度规范,诚信思想逐渐内化成为传统社会普遍遵循的道德规范。宋代朱熹在前人诚信思想的基础上,提出"诚信"是仁、义、礼、智、信的核心;

相对于仁、义、礼、智,"信"是为人处世最为基础的内容。中国传统礼俗道德对"信"的重视对于人们的行为产生了深远影响,人与人之间的互动深受诚信观念制约。从春秋战国时期"信守承诺杀猪"的曾子,至秦朝末年"一诺千金"的季布,至汉朝"承诺报恩"的韩信,以及明清时期将诚信作为经商行贾第一要义的晋商、徽商,诚信成为人们处事的重要准则,遵守诺言者成为人们奖赏、夸赞的对象。传统礼俗道德对诚信的强调,在一定程度上制约了失信行为的产生。

(二) 传统礼俗道德中发生失信行为的可能

中国传统礼俗道德虽强调诚信的重要性,认可诚信对"修身齐家治国平天下"的关键作用,但也潜藏着产生失信行为的文化因素。一是具有自私特性的小农文化心理,"重私德,轻公德",注重自身的利益诉求。大部分人对他人的利益侵害状况往往无动于衷,例如"各人自扫门前雪,休管他人瓦上霜"、围观他人被侵害侮辱而不采取任何措施等,难以对陌生人产生信任。小农文化心理的另一个特性便是目的性较强,在与他人的互动交往过程中,短期内便希望有所收益。如若短期内未产生效益便质疑他人行为的真实性,甚至因此采取失信行动。[①] 二是以家为中心的价值立场,导致人们具有"内为亲人、朋友,外为假想敌"的思维定式,对家人的信任度非常高,对外的排斥性较强,为了家人的利益可以牺牲他人甚至自己。在中国传统礼俗道德中,不仅强调"信",更强调"孝"。违背孝道以信守对他人的承诺,往往被指责为悖逆孝道;而背信弃义以守护家人利益者在家族中仍享有较高的声誉,付出的失信代价相对较低。这也是不少当官者被家族利益左右,贪污受贿、违背职业道德、失信于民的重要缘由。三是中国传统礼俗道德中的防备观念容易诱发失信行为的产生。对他人的防备之心在中国传统礼俗道德中一直占据一席之地,如

---

① 鲁良:《失信行为的社会学研究》,武汉大学社会学系 2014 年博士学位论文,第98页。

"害人之心不可有,防人之心不可无""画龙画虎难画骨,知人知面不知心""逢人只说三分话,切莫全掏一片心""莫信直中直,须防仁不仁"等。

综上,中华传统文化厚重且复杂,传统礼俗道德内涵丰富,已内化成为价值观念的重要组成部分,融化在人们的思想意识与行为规范中,是中国人文化心理的重要组成部分。在中国传统礼俗道德中,既有彰显诚信、约束失信的道德规范,如"一诺千金""言而有信""一言九鼎""一言既出,驷马难追"等;也有引发失信行为的文化因素,比如关系本位、小圈子、家族利益等,这些文化认知成为失信行为频发的重要诱发因素。

二、失信行为与现代的公民道德

(一)现代公民道德中的诚信行为规范

诚信是中国优秀传统文化和美德的重要内容,也是中华民族几千年来推崇和坚守的为人原则。虽在一段时期内受到破坏,但随着社会秩序的重新恢复,诚信仍是中国社会公民道德的重要内容。从小学的德育课程,到初中的道德与法治课程,再到高中和大学的思想政治课程,诚信教育均是其中的重要内容。中国共产党第十八次全国代表大会倡导在个人层面践行"爱国、敬业、诚信、友善"的价值目标,在全社会形成诚实守信的风尚。在现代社会,诚信是践行其他社会公德的重要基础,"遵守公共秩序、助人为乐、见义勇为、团结友爱"等均需人们秉持相互信任的态度;诚信是践行职业道德的重要内容,"忠于职守、团结协作、公平竞争"等职业准则均有诚信的影子,正是对基于诚信的职业准则的遵守,促进了同事之间、企业之间、行业之间发展的顺利进行;诚信也是构建家庭道德的重要规范,家庭成员的沟通、对子女的教育、家庭矛盾的解决均需坚持诚信原则。西方社会的公民道德也确立了诚实守信的道德规范。美国社会于20世纪70年代提出了"责任公民"的概念,期待居民恪守规则、遵守诺言;80年代更是确立了21条德育准则,其中便包括"自立、自尊、自律、自信、正直、勇敢、勇于承认错误、尊重他人权利、信守自己的诺言、信守行业道德"等内容。① 日本社会公民道德的教育,也包括"忠于国家、热爱集体、履行职责义务、遵守公德、恪守正义"等内容。② 现代公民道德将诚信作为重要组成部分,对于个体的社会互动、和谐家庭关系的构建、企业进一步发展扩大、社会经济繁荣等,均具有重要意义。③

(二) 现代公民道德中的失信行为诱因

中国社会由传统社会向现代社会的转型过程,不仅是社会结构的转型,也是道德发生转变的过程,更是滋生现代道德危机的过程。传统与现代的断裂不仅体现在社会经济发展方面,更体现在价值观念变迁上。现代公民道德中对理性的倡导,为失信行为的产生提供了文化诱因。传统社会中重视家国观念,强调"家国一体",往往强调个体利益服从集体利益和国家利益。而现代性对理性的宣扬和个人主体性的强调促使人们从传统的观念中解脱出来,自由、平等、权利等意识逐渐深入人心,中国社会"私"的意识得到空前释放,个体获得了前所未有的承认,这是现代社会发展的基本特征,本无可厚非。④ 但传统社会与计划经济时代忽视个体权利的消极影响及西方社会文化观念的影响,导致中国社会形成了一种道德相对主义甚至道德虚无主义。个体将自我与社会相对立,一切行为都基于理性选择,从个体自身利益出发,反对统一的道德标准,否认社会中存在适应于不同个体的普遍性道德,甚至无视道德的约束,过度强调个体的自由与权利,将个人功利作为行为处事的标准,失信行为

---

① 王燕文:《现代文明、中国境遇与当代公民道德发展》,《江海学刊》2013 年第 6 期。
② 王兆璟、张翠:《论多元文化时代的西方国家德育》,《西北师范大学学报(社会科学版)》2011 年第 6 期。
③ [美]弗朗西斯·福山:《信任:社会美德与创造经济繁荣》,郭华译,广西师范大学出版社 2016 年版,第 48 页。
④ 钱继君:《当代中国公民道德共识及其建构研究》,西南财经大学思想政治教育系 2013 年博士学位论文,第 35 页。

随之产生。现代公民道德中潜藏着的另一个失信行为诱因是正义建构过程中的问题。社会主义核心价值观倡导"自由、平等、公正、法治",然而由于社会发展、政府作为与"法治型社会""服务型政府"仍有距离,尤其是在社会主义市场经济体制确立和完善的过程中,政府与市场的边界未划分清楚,权力与市场之间千丝万缕的联系为权力腐败提供了土壤,"权力寻租"现象频发,社会公平正义受到损害。政府的失信行为对民众提供了错误的示范作用,也为民众违背公民道德提供了理由与借口,信任危机潜藏其中。

综上所述,诚信不仅是中华民族传统道德规范的重要内容,更是现代公民道德的重要组成部分,对践行其他社会公德、职业道德及家庭美德具有重要作用。不可否认的是,现代公民道德中对个体的强调、对理性的倡导也在一定程度上诱发失信行为的产生,尤其是市场化建设过程中公平正义的建构尚未达到人们的期望,对社会信任的构建产生了负面影响。

三、失信行为与封闭的人治社会

(一)人治社会中社会信任的流失

人治社会中,个人或者极少数人群掌握了公权力,通过政治、经济、文化、宗教、法律等手段对社会上占绝大多数的其他人群进行统治。人治社会的最大弊端在于容易产生专制与独裁,整个社会缺乏对权力的平衡与制约。在人治社会中,统治者若重视法律、讲究诚信,社会将形成重信守诺的文化氛围;统治者若忽视法律,将法制的权威束之高阁,以个人的权威取而代之,将造成政治信任的流失与人际信任的弱化。

(二)人治社会中失信认知的构建

人治社会中失信行为频发,根源在于人们已有的道德认知与制度认知被严重毁坏,并对人们的认知进行了新的构建。封闭的人治社会失信行为的认知构建可以从以下3个方面进行解读：其一，法律制度方面。人治社会强调统治者个人的权威，忽视甚至否定法律制度的作用，立法、司法机构形同虚设。人们内心价值秩序的建立缺乏法律制度基础，法律制度对失信行为的约束力相对变弱。其二，道德文化方面。帕森斯、布朗、马林诺夫斯基等学者均强调文化的重要作用，认为文化提供了塑造社会角色行动的价值与规范，人们依据文化观念来调整行动的策略与规则。其三，社会背景因素。在封闭的社会状态，人们内心的价值秩序仅被自己所在社会的价值观念构建，较少受到其他社会价值规范的影响，其他社会对法制的重视、对社会信任的强调均不会影响封闭社会的人民。

　　总体而言，封闭的人治社会容易造成政治信任的流失与人际信任的弱化，导致人际交往陷入失范状态，诱发失信行为。人治社会中对法律制度的忽视、对道德文化的破坏，导致人们内心价值秩序的构建缺乏相应的法律制度基础、礼俗道德基础，为失信观念的产生、失信行为的发生提供了价值规范与社会基础。而封闭的社会状态固化了人们已有的认知观念，极难被其他社会的心态文化影响。

四、失信行为与开放的法治社会

（一）法治社会中信任危机的产生

　　开放的法治社会倡导依法治国，法律法规对人们的行为进行了有力制约与约束，可是失信行为并未消失，信任危机仍不断出现，主要体现在以下几个方面：首先，市场经济强调个人主体利益的自我存在与发展，明确了个人追求利益的正当性与合法性，极大地调动了人们的积极性与创造性，促进了社会经济的发展。但也导致一部分人从传统的"重义轻利"走向"重利轻义"，社会中的金钱导向严重，人际关系趋向物化。道德规范的约束力下降，甚至出现价值观扭曲的现象，拜金主义、享乐主义盛行，诚信缺失，"重情重义"成为稀缺现象。其次,功利导向与极端个人主义随之产生。再次,人际关系陌生化,社会运行成本增加。尽管人与人之间的交往方式、交往渠道、交往空间不断增多,但是,人们的情感交流在减少、感情联系在变弱、情感纽带在脆化。随着情感交流的减弱,个体之间的信任度降低,道德冷漠现象盛行。最后,开放的互联网时代形成了一定程度的"网络道德真空",网络诈骗、网络侵权、网络谣言、网络诽谤等现象时有发生。媒体对"坏新闻"的报道偏好导致失信行为极易被"发酵""传播",乃至"传染",引发广泛的批评、不满,甚至模仿,失信行为随之再生产。

(二)法治社会中失信认知的构建

开放的法治社会中,失信行为不断产生,源于社会环境、价值规范、制度建设等多个方面促进了失信认知的构建。开放的社会环境里,社会流动性增强,不同地区的人们交流增加。尤其是网络化时代,信息的流动速度与日俱增,多元的价值观念形成。开放的社会形态吸收、接纳了其他社会的诸多价值理念,多样性的价值理念和体系同时影响、制约人们的行为,若没有统一的价值共识维系,容易造成思想认知上的混乱、价值观念的冲突和行为处事的迷茫。改革开放40多年来,随着中国社会经济的发展,利益分配方式、企业组织形式日趋多样化,人们思想活动的多样性与差异化也随之增强。价值取向多元化是现代社会最显著的特征,传统文化的权威不再,人们赖以解释自身行为的价值观念产生了分裂。比如关于失信行为,一方面认为应该遵守诺言,不能随意违背对他人的承诺;另一方面,则认为从自身利益的角度出发,在法律允许的范围内失信于他人是没有问题的。社会文化形成了多元的价值观念,但缺乏统一、有效的价值共识,容易造成人们道德认知的模糊,形成错误的失信认知。此外是制度实施的偏轨。在陌生人社会,人们之间的互动更多地依赖制度,制度的建构与实施对社会信任具有重要影响,直接影响失信认知的构建。但是,制度在实施过程中,实施不到位或者实施过度均会影响制度效用的发挥,如"制度抵制、制度敷衍、制度截留、制度替代、制度寻租"等现象。这些制度实施过程中的问题改变了制度供给的目标,也弱化甚至扭曲了制度实施的效用,从而导致社会秩序混乱,引发制度失信,造成人们错误地理解制度的功能与人际交往的原则,引发失信行为。

概而言之,尽管开放的法治社会为失信行为提供了制度约束,但功利导向、金钱导向等观念导致失信行为频发,"重利轻义"行为时有发生,人际关系陌生化,道德淡漠现象不断出现,网络道德真空形成,信任危机随之产生。究其原因在于,开放的社会环境、多元的价值观念、统一价值共识的缺场、制度实施的偏轨等一系列因素,在相当程度上促进了失信认知的构建。

第二节　失信行为与行为道德的双向互构

失信行为与行为道德之间形成了双向互构的因果机制。一方面,在行为道德的形成过程中,强调道德对个体失信行为的约束,通过道德准则制约失信意识,尤其是当诚信成为人们交往互动的重要行为准则,约束了失信意识的产生;同时,也通过道德奖惩影响失信行为,不仅通过分配制度、政治手段实现对人们道德行为的约束,更通过影响人们的心理来影响人们的行为。另一方面,失信行为的发生容易对民众原本熟识并一直贯彻的行为道德观念造成侵蚀。首先,失信行为的产生与道德教育过程中接受的诚信道德原则相违背,易造成道德冲突问题,模糊人们的道德认知;其次,在失信行为中,内在道德标准的模糊与外在约束机制的薄弱,导致道德主体的道德意识被弱化;最后,社会环境中失信行为的出现,尤其是部分失信行为未受到道德惩罚或法律惩罚,极易淡化人们的道德情感,从而动摇道德行为。

一、道德形塑:社会道德与个体道德

(一)社会道德的形成

道德作为一种特殊的社会意识和人类特有的精神生活,应人类社会的发

展需求而产生。道德的产生、形成与发展具有特定的社会基础。道德的形成源于人类自身发展的需要。在马斯洛看来,人类最基本的需求是生存需求。在人们满足生存需求的过程之中,为了能够更大限度地满足物质生活的基本需求,社会互动随之产生。基于克服维持日常生活时遇到的困难、有效组织生产、获取更丰富的物质生活资料的需求,人们不得不主动进行社会交往。在交往过程中,社会系统和谐秩序的构建,需要人们自觉遵守共同的行为准则和规范,对道德的需求随之产生。人的社会关系的形成和发展,成为道德形成的客观前提和基础。

如果说人的社会关系的形成和发展构成了行为道德形成的客观前提与内在基础,那么可以认为,社会认可/社会认同则是社会道德得以贯彻实施的心理桥梁。随着人类需求的发展,对道德的需求随之提升。在满足基本的生存需求之后,安全、社交成为人们更高层次的需求。为满足自身社会交往的需求,人们不得不遵守一定的行为准则、遵守公共的社会道德准则,无论是成文或是不成文的行为规范,若未遵循,则难以与他人进行互动。并且,随着需求层次的增加,为实现自尊的需求,在社会化的过程之中,获得周围其他社会成员的认可、赢得其他团体成员的尊重,让自己的行为道德化和社会化,符合社会评价体系的认可准则,成为人们的必然选择。随着生存需求、安全需求、社交需求、自尊需求的逐步实现,个体自我实现的需求对其在道德素养、道德行为、道德维持等方面提出了更高要求。

(二) 个体道德的形成

个体道德的形成是家庭和学校教育、社会实践以及社会互动综合作用的结果。社会化过程是个体道德形成的主要方式。[①] 价值观念的形成,是人们在长期的社会化过程中潜移默化地沉淀而产生的。在个体的成长过程中,来

---

① 彭虹斌:《道德人格形成的实践机制研究》,《教育科学》2013 年第 2 期。

自家庭与学校的教育、与朋辈群体的交流是个体社会化的主要途径和方式。家庭是社会文化的重要媒介,对个体道德的形成具有重要的塑造力。父母的言行举止、教养方式,都有意识或者无意识地影响着孩子道德人格的形成。学校教育亦是个体道德形成的重要场所,教师的言传身教具有示范作用,教学中的奖惩机制在一定程度上促进了道德人格的形成;与周围同学和朋友的互动、对朋辈群体的模仿,对个体道德的形成也具有重要作用。

社会实践是个体道德形成的主要途径。任何观念的产生都来源于实践,也将运用于实践。不同个体的道德差异便源自他们不同的社会实践。参与和体验是人们进行社会实践的首要方式,也是个体道德观念形成的重要途径。正是在参与过程中,个体对道德才有进一步的感官认识和理性认知。同时,在社会实践过程中,个体承担的社会角色需要思考的道德问题、感受的道德伦理、承担的道德责任,均是个体道德形成的重要方面。正是在不断重复的社会实践过程中,个体对道德的观念和认识进一步被验证并强化,指导个体今后的社会实践。

社会互动是个体道德形成的重要来源。柯尔伯格指出:"个体的道德动力既不是先天的生物属性,也不是从感觉经验中被动习得的结果,而是主动同化经验建构的。"①可见,个体道德的形成并不是"内在动力"或者"外在教育"单一演变的结果,而是在社会环境中,与其他主体相互作用的结果。良好的道德品质受到他人的称赞和奖赏,有利于个体威望与信誉的提升;不道德的行为受到谴责与惩罚,将贬损个体在他人心中的形象和威信。不同的道德行为会带来不同的社会反馈,个体基于社会反馈来调节自身的观念与行为。可见,有效的道德奖惩机制有利于促进个体道德的形成,社会互动可以进一步强化个体对道德的认知与实践。故而,个体的道德认识来源于社会生活,也形成于社会生活,并且在社会互动过程中被加深和强化。

①　Kohlberg,Lawrence. "The philosophy of moral development:Moral stages and the idea of justice",1981. pp.1-3.

二、行为道德对失信行为的约束

在中文语境中,"道"的本意是指道路,引申为"自然规律""行走的规范"等含义,具有规范性的特质,对人的行为具有约束作用。在西方语境中,道德同样具有规范的含义,比如康德对"道德是一种'绝对命令'"的强调,突出了道德的规范性和不容侵犯性。[①] 故而,道德被认为是约束人们行为最基础的标准,是人类文明社会不断发展的基础。人们在社会化过程中潜移默化接受的行为道德,对人们的行为具有强大的牵引力和指导性,同时也具有强大的约束力。

自律和他律是行为道德约束个体行为的两种重要维度。所谓他律,即道德对个体行为的一种外在柔性约束。是一种非权力性的约束。从自律的角度而言,道德的最高原则在于道德主体的自我立法、对自身行为的约束。在人类漫长的历史形成过程中,道德规范和约束人们的意识,其内容逐渐内化成为人类的潜意识,让个体超越自我、成就超我。失信是人们在社会交往的过程中,由于个人需求无法满足及社会环境因素的影响,为追逐个人利益而违背承诺的一种行为。道德对失信的约束,具体体现在道德准则对失信认知的约束、道德教育对失信意识的管束、道德评价对失信行为的警醒。

(一)道德准则对失信认知的约束

道德准则对失信认知的约束体现为道德对诚信的要求。中国传统诚信思想萌芽于春秋以前,集中表现为"为政"言行的诚实谦让、不欺诈、不反复;形成于春秋战国时期,孔孟等一批先哲提出了"人而无信,不知其可也""诚者,天之道也,思诚者,人之道也"等一系列强调诚信的思想;规范于秦汉时期,在继承孟子的"五伦"诚信思想基础上,将"信"作为"五常"(仁、义、礼、智、信)

---

① 郑春燕、吴先伍:《从"约束"到"解放"——道德教育的必要转向》,《探索》2017 年第 3 期。

之一,强调诚信是个人、家庭、国家存在的根基;提升于宋明时期,认为诚信是仁、义、礼、智的核心基础,强调"诚"是道德主体,将其上升到天道的地位来推崇,强调"信"是人之道,是理学的最高追求境界;实用于明清时期,徽商、晋商便是诚实守信的重要代表。① 中国传统道德思想中的诚信观对经济社会文化发展产生了深远影响,对人们失信认知的产生起到了重要约束作用。

在当代中国,社会主义核心价值观即是对全体公民的行为道德要求,包括爱国、敬业、诚信、友善等基本道德规范。诚信成为每个中国公民必须恪守的基本道德准则,是评价人们道德行为的基本价值标准,强调诚实劳动、信守承诺、诚恳待人,要求人们在生活中遵守诺言和契约,不投机取巧、偷奸耍滑,不做违背诺言的事。诚信道德贯穿整个中华民族发展的始终,无论是传统道德观念对诚信意识的强调,抑或社会主义核心价值观对诚信的倡导,都有力地促进了诚信意识内化成为个体人格的重要组成部分。国家与社会对个人诚信意识的熏陶和培养,促使诚信成为人们交往互动的重要行为准则,对诚信的要求与强调约束了失信认知的产生。

(二) 道德教育对失信意识的管束

社会化是个体认识和学习社会规范、社会价值的社会过程。在这个过程中,个体逐渐习得符合自身角色期待的行为并形成一种独特的自我认知。② 在个体的社会化过程中,道德教育是促进价值观念形成的重要方式。

道德是"通过社会舆论、传统习俗和人们的内心信念来维系,是对人们的行为进行善恶评价的心理意识、原则规范和行为活动的总和"。③ 所谓道德教育是指生活于现实各种社会关系中的有道德知识和道德经验的人们,依据一

---

① 王明志、况志华:《中国传统诚信思想的演变及其当代价值》,《思想政治教育研究》2019年第5期。
② [英]吉登斯、萨顿:《社会学基本概念》,王修晓译,北京大学出版社2019年版,第185页。
③ 《思想道德修养与法律基础》,高等教育出版社2010年版,第90页。

定的道德准则和要求,对其他人有组织、有计划地施加系统影响的一种活动。① 道德教育的途径不仅包括学校教育,也包括家庭教育和社会舆论熏陶等多种形式。首先需要通过道德教育,让个体意识到何种行为是被予以肯定的、何种行为不符合道德行为规范。只有当个体接受一定的道德教育,将道德评价内化成为自身的评价标准时,不道德的行为才会给个体带来羞耻感。由古至今对诚信的强调、对失信行为的唾弃,使个体在道德教育的学习过程中,接收到一个信息——失信行为不可取,从观念层面约束了失信行为的产生。

(三)道德评价对失信行为的警醒

道德奖惩是社会道德运行的重要机制,以其强有力的社会力量,影响着人们的行为与价值取向。道德奖惩不仅通过分配制度、政治手段实现对人们道德行为的约束,更通过影响人们的心理来影响人们的行为。

在道德奖惩的运行逻辑中,符合一定道德价值、原则、规范的行为被定义为值得称赞的行为,违反一定道德原则和规范的行为则被定义为不好的行为。人们给予赞成的行为肯定的评价,对坏的行为予以否定的评价,甚至道德语言本身都被赋予评价与情感的功能,诸如"善良""诚信"就包含了情感上的肯定。道德上的肯定和否定分别给人们带来了荣誉感与羞耻感,激励人们坚持赞成的行为、不再作出不受肯定的行为,尤其是先进典型的榜样示范和反面典型的惩戒警示对个体价值观与行为处事具有重要影响。毫无疑问,道德奖惩首先给予人们一种道德荣誉感或羞耻感,继而通过情感影响人们的行为。道德对失信行为的负面评价,以及由此带来的负面影响,对他人的失信行为具有警醒作用。

道德奖惩也通过利益机制强化人们的道德倾向,使人们在利益占有及财

---

① 罗国杰:《伦理学》,北京人民出版社 1989 年版,第 10 页。

富享用中体验到道德的作用和意义。① 根据理性选择理论,人们在对自身行为进行选择时,往往经过周密的计算,以达到成本最小化、利益最大化的最佳目标。道德因素成为人们行为选择的重要考量因素,原因在于不道德行为的发生意味着风险成本远高于一般事件。除了考虑生产成本、销售成本等生产性因素外,不道德行为引发的负面影响成为人们要考虑的重要因素。企业失信、专家失信、政府公信力受损,对企业的运转、行业的发展及社会的稳定都将造成损害,会受到公众的道德谴责。失信行为带来的羞耻感和随之而来的风险成本提升,对失信行为的发生具有抑制作用。

三、失信行为对行为道德的侵蚀

在社会互动的过程之中,"失信"作为"诚信"的对立面,背离了对方的信任期待,使诚信行为受到影响,对社会道德的维持产生了侵蚀。

(一)模糊道德认知

道德认知是对现实社会生活中的道德规范、道德关系的一种认识,包括道德印象、道德概念与道德思维等。② 道德认知并非自发形成,道德教育是道德认知形成的主要渠道。在道德教育的过程中,道德观念是明确的、清晰的,对人们行为的指导作用较为明晰。同时,道德认知的形成离不开环境的影响。依据行为主义的社会学习理论,社会环境给个体带来的刺激会对个体的行为造成巨大影响。人们生活在不同群体、不同行为构成的社会环境之中,周围发生的事件、媒体报道的事件、舆论传播的事件等都将对个体的道德认知产生影响,失信行为也不例外。在社会发展的过程中,失信行为的产生与道德教育过程中接受的诚信道德原则相违背,易造成道德冲突问题,模糊人们的道德认

---

① 龚群:《论道德赏罚》,《云南社会科学》2009 年第 5 期。
② 郑楚云:《互联网道德问题与应对》,《高教探索》2016 年第 4 期。

知,从而导致道德判断和道德行为选择的紊乱,由此引发失信行为的扩散。

(二)弱化道德意志

道德意志是人们在履行道德义务过程中表现出的坚持道德信念、排除一切障碍坚守道德行为准则的精神,是将道德认知、道德信念、道德情感外化为道德行为的内在动力。人们坚持道德的行为准则并决定践行这些准则时,内心会产生坚强的意志和信念,并严格要求自己。

失信行为中,内在道德标准的模糊与外在约束机制的薄弱,导致道德主体的道德意志被弱化。由于道德奖惩机制的约束能力有限,失信行为未被及时惩罚时,人们的观点和立场容易陷入模糊、犹豫的境地,甚至怀疑自己的立场是否存在问题,从而使道德主体的伦理观念、道德标准、价值判断在多种失信行为中趋向质疑、淡薄。网络社会失信行为的出现,更是极大地弱化了人们的道德意志。网络社会的虚拟性、匿名性导致道德规范机制难以充分发挥作用。数字符号构建的网络社会,缺乏完善的监督和约束机制。戴着"二进制面具"的道德主体在网络上制造谣言、诈骗他人等行为的风险成本较低、付出的代价较小,道德的奖惩能力有限。网络社会中,薄弱的外在约束机制导致道德主体坚持道德意志的难度增加,道德意志被弱化。

(三)动摇道德行为

道德教育与社会环境的双重作用影响着人们的道德行为。道德教育要求人们恪守诚实守信的原则,但社会环境中失信行为的出现,尤其是部分失信行为未受到道德惩罚或法律惩罚,极易淡化人们的道德情感。道德情感的淡化可能动摇个体的道德行为。作为个体道德认知与行为的重要桥梁,道德情感往往由具体的道德情境或者道德事件引发。比如"扶不扶"问题,不仅涉及事件双方的责任认定,更引发了社会的广泛讨论。在讨论的过程中,人们将自身代入事件中,思考自身处于当时的情境会进行何种选择、选择后会有何后果和影响。讹诈帮扶者的行为让人们感受到了善意被恶意对待时的无奈和伤心,导致人们在释放善意时不得不权衡得失,甚至最终选择旁观的方式。随着各种失信行为的出现,大众的道德情绪受到影响,坚持道德行为的意志被弱化,坚持道德行为的成本在增加,道德主体的道德行为受到动摇。

总体而言,行为道德的形成是社会发展的需要,也是个人成长的必然结果。失信行为与行为道德具有双重互构性。一方面,行为道德对失信行为具有约束作用,具体体现为道德准则对失信认知的调节、对失信行为的规制与惩戒等。另一方面,失信行为也反作用于行为道德,失信行为的出现对行为道德具有侵蚀效应,主要体现在模糊道德认知、弱化道德意志、动摇道德行为3个方面。

第三节 失信行为与道德秩序错位

在现实生活中,每个人都会形成自己的价值观。这种价值观念是个人自我意识的核心,回答着人生的价值和意义问题,深层地、广泛地制约、规范、引导个人的生活与实践活动。① 每个人在进行价值选择时,心中会形成两种或多种价值的排序,故而,价值观包含一定的价值秩序,比如集体价值和个人价值的排序、精神价值和物质价值的排序。价值排序决定着人们实践活动的结果,也是区别不同价值观的重要标准。诸多失信行为的产生,究其原因在于,不同特质与需求在人们的价值排序中出现了错位,例如个人利益先于诚实守信、个人私利高于社会公德等,因而导致个体在选择时,形成了不同的价值观和行为方式。

一、人际失信:私利多于承诺

基于失信行为的主体,失信行为可以划分为人际失信行为和组织失信行

---

① 张永芝:《论改革开放以来中国价值观的变迁——基于个体价值秩序的视角》,《社会主义研究》2011年第6期。

为。人际失信的主体是个人,客体是他人。对人际失信的了解,需要以人际信任为基础。人际信任是最早的,也是最基本的信任形式,是人际信任体系中最重要的一种。依据杨中芳等学者的研究,"人际信任是指在人际交往中,对对方能够履行他所被托付的义务以及责任的一种保障感"。① 基于对人际信任的理解,人际失信是指人们在与他人的互动过程中,为谋取自身利益而违背双方约定、违背对他人的承诺的行为。个体作为构成社会的基本单元,是社会信任构建的重要主体,不同个体之间的人际互动是社会信任构建的核心内容。

人与人之间的信任根据信任对象的不同,有普遍信任和特殊信任之分。② 特殊信任指的是在血缘、亲缘等关系基础上形成的信任,而普遍信任则是对所有人的信任。韦伯对信任的这一划分同传统社会与现代社会的划分相对应。他认为,特殊信任是传统社会的产物。在传统社会中,由于交通条件较差,社会流动性较低。人与人之间的交流与互动范围相对较小,人际信任的对象主要以身边熟悉的人为主。而进入现代社会,随着交通条件的改善和社会流动的增强,社会交往与互动的对象从熟人变为陌生人,社会信任的半径极大延伸,社会信任也由此从特殊信任向普遍信任发展。依据费孝通基于对中国社会关系网络的研究提出的"差序格局"概念,中国的人际信任可以细分为"亲缘信任""熟人信任"和"陌生人信任"。基于此,人际失信也可以划分为"亲缘失信""熟人失信"与"陌生人失信"。

基于不同的信任客体,人际失信可以划分为不同的类型,但失信的本质均在于重视自身利益,而忽视与亲友的情谊、对他人的承诺。在纵向层面,"亲缘失信"主要体现在子女与父母、长辈之间的失信,如拒绝赡养父母、安于啃老、不愿意抚育子女等。现代社会对个人主义、自由主义的强调,促使青年群体的家族意识淡漠、责任意识弱化,在意个人价值的实现而非义务的履行、承

---

① 杨中芳、彭泗清:《中国人人际信任的概念化:一个人际关系的观点》,《社会学研究》1999 年第 2 期。

② Weber, M, *Economy and Society*, New York: Bedminster, 1968, p.51.

诺的遵守。在横向层面,"亲缘失信"主要是指夫妻之间的失信,如婚外性行为、婚内出轨、第三者插足等。在从未婚向已婚角色的转变过程中,一些夫妻对自身的责任担当没有深刻认识,对伴侣的生活习惯缺乏一定包容,导致违背婚姻承诺的失信行为。

"熟人失信"在我国社会转型时期体现得尤为明显。随着社会流动的加剧和社会交往对象的变化,现代社会开始从熟人社会向陌生人社会转变,人们的交流范围不断扩大。"熟人"不再以地缘为基础,而是基于交流频次,这意味着社会以及个体对他人行为的约束力下降。个体一旦失信,违约成本远低于传统社会,加上个体逐利倾向不断增强,"杀熟"现象出现,通过以往在交往过程中构建的信任欺骗对方,违背已经约定的承诺,以获取失信对象的资源,谋取更高的利益。随着市场经济的逐步发展,经济理性观念深入人心,造成对熟人关系的侵蚀,"杀熟"现象不断出现。

"陌生人失信"在现代陌生人社会中开始凸显。与传统社会以亲缘关系、地缘关系为主构成的社会关系不同,现代社会中,陌生人关系是人们日常生活中不可避免的内容。而陌生人之间既无亲缘关系制约,亦无地缘关系约束,人们的行为主要依靠道德引导与法律制度约束。面对有可能侵害自身利益的他人,人们之间的交往变得相互防备,不相信他人提供的帮助,至最后不惜伤害他人的利益以谋取自身的利益。

二、组织失信:私利强于声誉

组织失信行为是指组织作为失信行为的主体,基于组织利益作出的不履行对成员或者其他组织的承诺或契约的行为,包括组织对个人的失信及组织间的失信。按照组织失信行为的动机进行划分,可以分为客观失信和主观失信。客观失信是指组织在无意识的状态下发生的失信行为,以及声誉连带情境下产生的公众不信任的情况。主观失信是组织为了逐利而有意为之,继而产生的失信行为,主要表现为违反各项管理制度、财务制度、项目执行制度等。

僭越职能提供服务、虚报或隐瞒财务运行情况、项目实施搭便车、在招投标领域违规围标以骗取项目、生产销售假冒伪劣产品或是高价销售质量不合格产品等现象，均在此列。

对于不同的组织形式，其组织目标并不一致。诸如企业等营利性组织，作为市场经济的参与者，赢利是其核心目标。当现存的制度促使获取利益的经济人选择失信行为有利可图时，失信行为就会发生。[1] 故而，在我国，失信于消费者的企业失信行为最为常见。仅以中国消协受理的消费者投诉案件为例，2019 年，全国消协组织共受理消费者投诉 821377 件，同比增长 7.76%。企业与消费者之间具有不平等的"强势—弱势"地位差异，在大多数情况下，对于"势单力薄"的个体，企业的失信成本较低，失信后需要付出的代价也较低。这为企业失信行为的发生提供了肥沃的土壤，最终诱发企业普遍的失信行为，如虚假宣传、售卖过期食材、价格欺诈、质检造假、数据造假等现象。

对于慈善组织、社会公益组织等非营利性社会组织，赢利并非核心目标，但仍有不少非营利性组织被曝出失信行为。除了登记、运营、管理不规范以外，还有些机构打着公益机构的幌子，强制收费，非法敛财，擅自挪用公益基金款项等。

可见，无论是营利性组织或者是非营利性组织，一旦将利益作为追逐的最重要目标，罔顾组织声誉，极有可能产生失信行为。

声誉是利益相关主体对被评价者的特征以及行为的评价和印象总和，是外界了解被评价者的主要途径之一，能够减少外界对自身行为的不确定性评价，是企业经济行为的立足之本。对于个体而言，声誉是与权力、财富同等重要的社会资本；对于组织而言，声誉是一种稀有的、可持续的而且难以被模仿的无形资产，也是企业等组织尽力维护的资产，对其权威性与合法性构建具有重要意

① 苏小方、张方方：《企业失信行为的制度经济学分析及治理思路》，《经济社会体制比较》2020 年第 2 期。

义,尤其是慈善公益组织。① 信任是声誉的核心,假如将组织利益置于声誉之上,组织失信就会产生。失信行为虽让企业等组织在短期内获得巨大利益,但将降低组织的信誉度,矮化企业形象,甚至对相关组织和行业造成毁灭性打击。

从 2016 年起,我国正式实施《严重违法失信企业名单管理暂行办法》,加强对严重违法失信企业的管理;2018 年,民政部发布《社会组织信用信息管理办法》,对社会组织进行管理。"黑名单"制度的建立,一方面对失信名录中的社会组织在组织运作多个方面进行资格限制,让其"一处失信,处处受限";另一方面,对失信的社会组织的行为进行曝光,导致组织声誉受损,对组织的失信行为起到监督作用,同时也激励未发生失信行为的社会组织坚持自身的守信行为,在一定程度上督促企业及社会组织有序、良性发展。

三、制度失信:私利重于公正

"制度是人类社会的重要现象,也是人类社会的特有现象。"② 无论是日常话语,或者是学术层面,人们对制度的理解均有所不同。从学术界来说,对于制度的理解主要包括 3 个方面:一是将制度视为超越个人的社会结构,二是将制度视为一类运行的组织,三是将制度视为一套约束人们行为的规范体系。学者们对制度概念的理解不一,故而对制度类型的划分也存在分歧,往往包括正式制度与非正式制度、个人制度与社会制度等类型的划分。本书在讨论制度失信行为问题时,将制度视为一套约束人们行为的规范体系,包括各种正式的及成文的法律、法规、规章、政策、契约等制度。

基于失信归因的角度,制度失信是指由于制度设计的起点或者制度实施的过程,抑或制度实施的效果,无法起到保障信任的作用,从而导致失信行为的产生。制度设计最初始的目的是对人们的行为进行引导、约束与规范,本质

---

① 党生翠:《慈善组织的声誉受损与重建研究》,《中国行政管理》2019 年第 11 期。
② 辛鸣:《哲学视野中的制度本质》,《中共中央党校学报》2004 年第 3 期。

是人们进行行动选择的自我实施规则。制度信任是陌生人社会中社会信任的重要基础，也是现代社会的重要特征。如若制度在设计和实施的过程中，将利益置于保障公正之上，势必将诱发失信行为的发生。

制度失信的起点在于制度的设计违背了人们的价值理念，没有体现自由、公正等价值规范，无法让人们进行正确的抉择。许多的科研失信行为，与科研评价体系中"唯论文""唯帽子""唯职称""唯学历""唯奖项"的考评方式密切相关。我国的科研评价体系经历了从行政评议到引入同行评价，再到科研计量评价的路程。随着将计量评价推行到极致，在职称评定、基金申请等方面的压力下，一些科研工作者不得不提升自己的论文数量，甚至通过提供虚假信息、夸大研究成果等科研失信行为，增加申请项目基金的可能性，从而获得更高的职称评定资格，进而争取长江学者、院士等头衔。在"以论文论英雄"的奖评机制下，部分科研工作者为了自身利益，选择违背学术道德与操守。针对此种现象，我国也在积极思考应对之策。2020年初，教育部提出"破五唯"就是重要的举措，目的就是希望扭转科研评价体系中"SCI论文至上"的怪象。

制度失信还体现在制度实施过程中。政府工作人员出于对自身利益的考量，将自身利益置于公正之上，致使制度正义流失，利用公共信息不对称实施失信行为。制度实施过程中的失信在政府工作人员身上体现得更为明显。受传统权利观念影响，部分政府工作人员对权力的约束和制衡的认识并不深刻，甚至认为为了公共利益可以不讲信用。政府与个人之间存在严重的信息不对称问题，尤其是公共产品的供给问题。这主要是由公共产品本身难观测、难度量，以及相关信息公开不及时、不全面导致公众信息缺失造成的。政府部门在公共服务的产品、质量评价方面有充分的信息优势，而个人则受自身知识所限，了解的信息无法与政府部门相比，而且社会上还存在大量的虚假信息。政府与公众之间存在巨大的信息鸿沟和知识差距。① 政府工作人员不仅是提供

---

① 范柏乃、龙海波：《我国地方政府失信形成机理与惩罚机制研究》，《浙江大学学报（人文社会科学版）》2010年第3期。

政府服务的主体,也是理性的市场经济人,受个人利益驱动,利用信息优势地位,受自利性驱使,其行政行为受到理性经济人思维的影响,在机会成本的诱导下,利用行政权力来实行对自己利益的追逐,而忽略自身公共利益实现主体的身份,容易造成政府失信行为。

最高价值功利化是各种失信行为产生的共同点,也是秩序错位的核心因素。最高价值处于价值秩序的最高等级,优先于其他任何价值,引导、规范、决定人们的生活行为方式。改革开放以来,随着社会经济的发展,人们追求的最高价值发生了变化,功利性导向在社会文化中愈加凸显,金钱成为许多人的追求,精致的利己主义者不在少数。对金钱与利益的追逐,促使人们将其放置在最高价值的位置,承诺、诚信、公德规范、契约精神等被搁置在后。在这种价值秩序中,为了利益,人们可以违背承诺、违反公德、放弃契约精神,失信行为随之产生。

第四节　失信行为的社会负面效应

在中国社会结构不断转型与市场经济深入发展的背景下,我国进入社会矛盾多发期。在各类复杂的社会矛盾中,我们不难发现信任缺失的影子,各类失信行为是直接引发大量社会矛盾的重要诱因。失信行为广泛存在于各领域,并给各领域带来非常严重的负面影响。比如,政治领域的失信行为会带来非常严重的公众信任滑坡,经济领域的失信行为会带来交易成本直线上升,学术领域的失信行为会带来知识价值的消释。

一、政治失信与公众信任的破坏

在深入阐述政治失信之前,首先需要明确政治信任的概念。政治信任是信任众多分类中的一种,是公民在理性的基础上,对政府、制度和公职人员的信任①,是

---

① 刘昀献:《当代中国的政治信任及其培育》,《中国浦东干部学院学报》2009 年第 4 期。

民众与整个政治系统之间的一种互动。政治信任对于一个政体、一个国家的稳定来说至关重要，对民众的政治支持影响巨大。一个国家如果民众的政治信任程度较高，当面临紧急情况或执行紧急政治任务时，有面对各种挑战的底气与信心。① 政治失信不只是对政府、政策不满的一种反应，更是持续产生这种不满意的一个重要原因，会导致国家的政策非常难以推行。比如，在应对2020年以来的新冠肺炎疫情过程中，部分国家因政治失信严重，国家出台的一系列政策与控制手段无法落实，导致疫情蔓延。

（一）政治失信的主要表现形式

基于上述政治信任的概论可知，政治失信是公众对政治制度、政策、政府与公职人员的不信任，带来的危害性不仅非常广，而且持续时间非常久。就目前来看，政治失信主要表现为公共政策执行力度不足、数字造假、宣传失真等，某些掌握国家权力的党政机关官员因无法兑现公布的一些宏观性目标、口号、政策等而失信于民，具体表现在以下几个方面。

一是口号重于行动。对于部分政府官员来说，发展离不开口号，不管是大会小会，各类引人注目的口号随处可见。用高度凝练的口号总结工作成绩、提出工作目标，能起到醒目且鼓舞人心的作用，但有一个前提条件，那就是口号背后的实际行动要跟上，而不能空喊口号以致失信于民。部分政策执行人员依据趋利避害的原则，选择性地执行政策或者是歪曲性地执行政策，甚至逃避执行政策，导致部分政策无法有效得到执行，政策的精神与实质内容也未传达给目标群体和利益相关者，最后让民众误以为政策并未实施，极大地损害了政府形象，导致民众对政府的信任被弱化。

二是城市重复建设严重。随着中国城镇化不断提速，各地的城建运动正在如火如荼进行。党的十八大以来，党中央高度重视各类政府决策的科学性，

① Shi, Tianjian, "Cultural values and political trust: a comparison of the People's Republic of China and Taiwan", *Comparative politics*, 2001, pp.401-419.

要求充分吸收相关领域专家学者的意见,极大推动了政府决策的科学化进程。但在城市建设上依旧存在"少数官员说了算""一届政府一个规划""新官不理旧事"等现象,致使部分城市建设指令朝令夕改,政策无法得到稳定执行,政府对公众的承诺并未兑现,而且重复建设严重,极大地浪费了公共资源,损害了公众利益,最终导致公众对政府的满意度不高。

三是数字造假、宣传失真。一些政府和部门为了显示政绩,弄虚作假、不讲实情、夸大数据、报喜不报忧,只宣传对自身有利的信息,甚至层层加码、加大力度进行宣传;对于不利的信息,则采取瞒报的态度,使得上报的信息与实际情况不相符,民众结合自身生活感受无法相信政府公布的数据信息,导致丧失对政府的信任。此外,还有一些官员为了追赶"潮流",提出一些不符合当地实际的发展目标。党政部门提出的工作目标是对公众的一种承诺,一旦时间到了,必须作出回应,而不应不了了之。如果只提工作目标,到期不进行回应,就难以获得公众的理解和信任,政治失信在所难免。

(二)政治失信对公众行为的影响

从某种意义上说,政治信任是一种政治态度,是公众对整个政治系统态度的外在表现,会随着外界事物的改变而改变,对公众行为影响巨大。具体而言,政治失信在宏观和微观两个层面对公众行为产生影响。

从宏观层面看,政治信任是公众对政策绩效、经济绩效、治理质量等多方面的一种评价,政治信任度的高低会对公众个人行为产生影响。如果公众的政治信任度较高,意味着他们对经济社会发展诸多方面较为满意,社会秩序与社会治理效果良好。在这种良好的社会环境中,大部分公众具有较好的价值观,其行为道德水平也往往较高。反之,如果公众的政治信任度较低,公众对政府的信任弱化,对政府的权威产生质疑,就将给社会秩序带来极大冲击,并最终导致社会失序。在这种社会环境中,公民的价值观会发生偏离,行为道德水平也较低。已有学者证明,政治信任与公民道德行为关系密切。比如,列奇通过对 1999—2002 年世界价值观数据进行分析发现,对于公众道德行为影响最显著的变量就是"机构"。所谓机构因素,即是指公民对国家/政府治理的主、客观感受与评价。这些变量在统计意义上表现为显著。[①] 列奇的研究表明,良好的社会治理效果可以显著增加公众的政治信任度,引导公众形成良好的行为道德。

从微观层面看,政治信任是影响公众政治参与的一个重要影响因素。国内已有学者对此问题展开研究,发现政治信任确实会导致公众参与公共事务,尤其是参与公共决策。例如,孙昕等学者基于全国代表性样本调查的实证分析发现,村民对村"两委"和基层政府的信任是村民是否愿意参加村"两委"选举的重要影响因素。在压力型体制下,村民对基层政府的信任越高,其参与村"两委"选举的积极性也就越强。[②] 从孙昕等学者的研究可以看出,政治信任与公众基层政治参与呈正相关关系。如果基层政府存在较为严重的政治失信行为,公众的个人政治参与行为就会受到显著影响,参与的积极性会严重受挫。此外,政治失信除直接影响公众政治参与外,还可能间接引发一系列群体性事件。政治失信导致公众对政府实现与维护社会公平正义的初衷不再信任,对政府工作人员是否有权力寻租等工作方式提出质疑,从而采取其他手段维护自身的利益,从而引发公众行为失范,爆发群体性事件。

二、经济失信与交易成本的增加

在经济社会的发展演变进程中,经济失信是影响国家经济发展的重要因素。不少学者将信任视为社会资本的重要内容,是经济发展的促进剂。[③] Arrow 指出,每一笔商业交易都需要信任作为支撑。信任可以减少信息不对

---

① Letki, Natalia, "Investigating the roots of civic morality: Trust, social capital, and institutional performance", *Political Behavior*, 2006, pp.305-325.

② 孙昕、徐志刚、陶然、苏福兵:《政治信任、社会资本和村民选举参与——基于全国代表性样本调查的实证分析》,《社会学研究》2007 年第 4 期。

③ Arrow, Kenneth J., "Gifts and exchanges", *Philosophy & Public Affairs*, 1972, pp.343-362.

等带来的交易阻碍,降低交易成本。在市场经济领域,信任是一种重要的润滑剂,可以实现相互有利的经济交易行为。比如,Knack and Keefer 通过综合分析 29 个国家的经济数据指出,信任对国内生产总值增长和经济发展意义重大。信任程度每提升 7%,可以使国内生产总值上升 1%;信任程度每提升 10%,可以促进经济增长 0.8%。[①] 如果缺乏信任,将会带来交易成本上升、交易难度增加、交易摩擦提升等一系列问题。世界上不少落后经济现象均可以找到经济失信的影子。例如,Tabellini 通过实证研究发现,信任程度较低地区的人均收入和经济增长速度均较低。[②]

(一) 经济失信的主要表现形式

经济信任主要涉及个人、企业、中介组织和政府 4 类主体,各类经济失信也主要在这 4 类主体中有所表现。马怀礼认为,社会经济生活中信任关系的主体主要分为 4 类:第一类是个人。作为经济信任关系的基本载体,个人是经济领域的最基本元素。第二类是企业。作为经济信任关系的主要载体,企业的日常经营会产生大量信任关系,是经济领域的主要主体。第三类是中介组织。它介于政府与企业之间、个人与单位之间、生产者与经营者之间,在为市场主体提供各类服务中产生诸多信任关系。第四类是政府。政府既是社会经济的一个参与主体,也是社会经济的管理者,因而,它在产生信任关系的同时,也有责任保护各类信任关系主体。[③] 据此可以认为,经济信任主要涉及个人、企业、中介组织和政府 4 类主体,各类经济失信也要在这 4 类主体中有所表现。

由于涉及政府主体的失信行为已在本书上一节详细阐述,本节将不再赘

---

①　Knack,Stephen,and Philip Keefer,"Does social capital have an economic payoff? A cross-country investigation",*The Quarterly journal of economics*,1997,pp.1251-1288.

②　Tabellini,Guido,"Culture and institutions:economic development in the regions of Europe",*Journal of the European Economic association*,2010,pp.677-716.

③　马怀礼:《论社会主义市场经济的诚信体系建设》,《学术月刊》2003 年第 12 期。

述。以下主要分析个人、企业和中介组织 3 类主体的失信行为。(1)个人经济失信。个人经济失信,主要表现为个体在经济生活中采取的恶意破坏经济合同、欠债不还、恶意透支信用卡、生产假冒伪劣产品、骗取钱财等一系列违法或不道德的行为。(2)企业经济失信。在市场经济中,企业是最基本也是最重要的参与主体,企业失信是经济失信最主要的表现形式。具体而言,企业失信主要表现在 3 个方面:一是假冒伪劣产品泛滥,产品失信于民。部分造假者胆大妄为,"除了飞机大炮,什么都敢假冒",就说明假冒伪劣产品涉及范围之广。这些制假售假行为不仅严重扰乱了正常的经济秩序,也给消费者带来巨大的经济损失甚至是生命危害。二是证券市场造假不断,金融失信于民。证券市场中的上市公司作为公众公司,广受社会关注和监督,本应成为透明度高、诚信度高的经济主体,但现实情况并非完全如此,我国民众对上市公司的整体信任度不高。一些上市公司为了达到"圈钱"的目的,通过虚增利润、假造财务报表等形式造假,骗取上市资格和投资者的资金。三是合同诈骗不止。在现实生活中,合同是企业间经济往来的重要凭证。一些企业不遵守合同,恶意变更或撕毁合同,甚至利用合同进行欺诈,导致合同欺诈行为屡禁不止。(3)中介组织经济失信。中介组织本应公正、透明地开展各类评估与服务,可现实情况是不少中介组织盲目服从客户利益,在审计、评估中即使发现问题也不揭露出来,甚至有些中介组织为了自身利益帮助企业造假。

(二)经济失信带来的严重危害

近年来,经济失信越来越成为制约我国市场经济健康发展的瓶颈。经济失信将会给国家、企业和个体造成巨大的损害。在市场经济中,骗人的后果是被人所骗,只会带来"互输"的后果。① 经济失信将严重影响交易市场正常运转,导致公平有效竞争难以开展,交易成本不断增加,具体表现在以下 3 个

---

① 董昭江:《论企业诚信的经济价值及其建构》,《当代经济研究》2003 年第 7 期。

方面。

（1）经济失信严重制约社会主义市场经济健康发展。日本法学家川岛武宜指出,信守承诺是维持经济秩序最根本的规范。[①] 经济失信不仅违背了市场经济发展的内在道德要求,也严重扰乱了经济秩序,已经成为我国当前经济社会生活中的突出问题,制假售假、走私诈骗等行为严重制约我国市场经济的健康发展。（2）经济失信显著增加交易成本。各类经济交易行为都必须基于某种信任和共识。如果缺乏信任与共识,交易就难以开展。在一个成熟的市场经济体系中,企业可以不断突破自身的资金能力限制,凭借良好的信任基础,拥有超出自身资金能力好几倍的经营规模,创造更大的市场价值。而经济失信的后果适得其反,不仅无法突破资金能力限制,反而会增加交易成本,缩小资金创造价值的能力。（3）经济失信导致有效需求难以高速增长。需求是拉动经济增长的关键因素,这里的需求主要指消费需求和投资需求。完善的经济诚信文化和信用制度,是保障有效需求高速增长的核心要素。经济失信不仅会带来较高的投资风险,也会产生较高的消费风险,严重制约个体与企业的需求增速。

三、学术失信与知识价值的消释

近年来,学术失范、学术腐败、学术不端等一系列指向学术失信的行为逐渐成为社会热点问题之一。涉及学术失信的学者不同程度地败坏了中国学术形象,成为阻碍科技进步的重要因素。学术诚信是一个国家科技创新与创新发展的基石,学术失信行为频发引起了政府、学术机构、高校等多方的高度关注。教育部于2017年颁布的《普通高等学校学生管理规定》中不仅将"恪守学术道德"作为学生依法履行的义务,也明确了对学术失信行为的处罚措施,为学校制定具体政策提供了明确依据。2018年,中共中央办公厅、国务院办

---

① ［日］川岛武宜：《现代化与法》,申政武等译,中国政法大学出版社1994年版,第58页。

公厅印发《关于进一步加强科研诚信建设的若干意见》,坚持全覆盖、零容忍的原则,加速推进我国科研诚信制度化建设进程。虽然国家和社会各方高度重视学术诚信问题,但学术失信问题依旧较为严重。

(一)学术失信的主要表现形式

学术失信是在科研过程中产生的与诚信有关的科研行为。虽然各国对学术失信的重视与规范程度不同,但对于其内涵与分类基本上已取得共识。概括起来,我国当前存在的学术失信行为主要有以下几种表现形式。

(1)剽窃行为。这是当今学术界出现次数最多、影响最大的学术失信行为。剽窃行为主要指某人的学术成果并非源于自己的研究,而是直接抄袭他人的成果或资料。剽窃行为的具体表现方式非常多,常见的表现方式为直接抄袭他人全文或大部分内容、引用他人成果却不注明出处、以个人名义发布与他人合著的成果等。(2)数据造假行为。这是一种比较隐蔽、危害巨大的学术失信行为,主要指某人没有经过科学实验或实证调研,凭空虚构出一些资料与数据,用以支撑自己的学术观点。科学的结论离不开客观、公正的第一手数据与资料,尊重原始实验数据与第一手调查资料是科研工作者的基本道德准则。(3)不符合实际情况的署名行为。根据我国著作权法的规定,只有对著作作出直接和实质性贡献的人,才能在著作中署名。而现实情况往往并非如此,一些对著作没有任何贡献的人,通过各种手段在其他人发表的著作中署名。(4)论文乱投稿行为。科研论文的数量已成为评价我国科研人员的一个非常关键的因素。为了发表科研论文,一部分科研人员投机取巧,导致论文投稿乱象丛生,其中最为常见的手法有一稿多投、化整为零多发、稍作改动另发等。

(二)学术失信带来的严重危害

近年来,我国学术失信呈愈演愈烈之势,学术造假、剽窃等行为频发,不仅严重污染了国内学术科研环境,在国际上也造成恶劣的影响。比如2017年,《肿瘤生物学》杂志表示因同行评议造假,一次性撤销107篇中国论文,创造了正规期刊单次撤稿之最。据科技部召开的新闻通气会公布的信息,被撤销的107篇论文共涉及521名作者,其中有486人存在不同程度的过错。学术失信带来的危害远不限于学术界,会给整个社会带来危害,具体危害如下。

(1)浪费学术资源。一些人为了完成科研任务或晋升职称,采取简单粗暴的抄袭、剽窃等行为,在短时间内通过关系运作、金钱购买等方式发表数量可观的科研论文。这样的行为导致大量质量不高的论文挤占了科研杂志版面,是一种极大的学术资源浪费。(2)学术重复研究严重。为了获取科研项目,一些人或是将自己或别人的项目稍作改动重新立项,或是把学术界已有定论的研究重新立项,导致学术界低水平重复研究。这种重复研究不仅严重浪费了国家的科研资源,也影响学术科研产出质量。(3)扼杀学术创新性。高水平的科研著作需要时间的打磨,东拼西凑和抄袭、剽窃的文章却能在非常短的时间内完成。如果学术界充斥着抄袭、剽窃等失信行为,就会形成"劣币驱逐良币"效应,严重污染学术生态环境,致使越来越多的学者追求"短平快"的论文,最终扼杀学术创新性。(4)败坏社会风气。学术失信不仅会破坏学术界的风气,也会影响社会风气。在普通民众心目中,科研工作是一份非常科学、严谨的工作,科研人员是值得尊重与信任的专家,科研工作者的言行往往成为人们效仿的楷模。如果少数科研工作者缺少职业道德和学术敬畏,采取伪造、篡改、剽窃等行为获利,在破坏学术界公信力的同时,也势必败坏社会风气。

第三章　失信行为的网络空间生成场景

　　当今,互联网可以说已经成为人类使用最多的媒介类型。互联网媒介具有无可比拟的优势。一是传播主体空前多元。当前,互联网媒体主要有5类:传统媒体的网络媒体,比如新华网、中国日报网、中国青年网;网络媒体,比如搜狐、网易、新浪;社交媒体,比如微信、微博;自媒体,比如博客、微信公众号、微博大V;兼有社交媒体与自媒体特征的新媒体,比如今日头条、紫牛新闻、时刻新闻。二是传播的信息量空前巨大。互联网拥有无可比拟的信息承载能力。以新浪微博为例,2018年,新浪微博用户日均文字发布量达1.3亿字,日均长文发布量为48万篇,日均图片发布量达1.2亿幅。三是传播范围突破时空限制。互联网可以实现即时传播并突破地域空间限制,让时空层面的区隔变得无关紧要。四是传播由单向变为交互。一方面,交互式媒介信息传导系统一改传统媒介的单向式传播方式,真正实现了传播主体与传播客体一体化;另一方面,去中心、平面化、开源式信息交流平台进一步激发了公众参与媒介信息传播的积极性,每个人都拥有了成为"主角"的机会。随着互联网的发展,网络已经高度嵌入人们的日常生活。统计显示,截至2021年12月,我国网民规模达10.32亿,互联网普及率达73%。① 另据《2021年全球数字概览

---

① 中国互联网络信息中心:《第49次中国互联网发展状况统计报告》,2022年2月25日,见 http://www.cnnic.net.cn/hlwfzyj/hlwxzbg/hlwtjbg/202202/t20220225_71727.htm。

报告》显示①,2020 年全球互联网用户平均每日在线时长接近 7 个小时,这相当于每周 7 天中有 2 天是全天在线的;而如果按每日睡眠 7—8 小时计,这意味着我们现在醒着的时候大约有 42%的时间是在网上度过的,我们使用互联网的时间几乎和睡觉的时间一样多。正是在这个意义上,我们才有了"互联网时代"与"互联网社会"之说。这些数据充分说明,网络在人们的日常生活中已经扮演着越来越重要的角色,成为影响人们社会生活的要素。网络给予新时代人类道德发展有利的机遇,推动了社会道德的进步。然而,"每一种技术或科学的馈赠都有其黑暗面"。② 网络也导致了不同程度的网络失范行为。在这样的背景下,网络伦理自然成为人们讨论的重点问题。从道德的语境来看,网络伦理是一种虚拟伦理,是现实社会伦理道德在互联网的拓展。因此,现实社会中的失信行为在互联网中同样可能出现。互联网语境下,网络失信是指在网络空间中,网络行为主体作出偏离社会规范(既包括正式制度的规范,也包括非正式制度的规范)、违背信任建构的网络越轨行为。③ 网络空间的失信行为是依托于虚拟网络而触碰道德和法律红线的失范行为,是有违网络伦理的体现。网络空间并非无序运行,所以,网络行为主体不仅需要受网络道德规范的约束,还要受现实道德规范的约束。④ 网络失信行为从微观上影响了网络社会主体的发展,从宏观上干扰了社会的良性运行。因而,要大力整治网络失信行为,促进互联网空间健康发展。

第一节　网络空间失信行为的当代样式

　　网络技术不断快速发展,在促进人类社会发展的同时,也存在各类网络空

---

　　①　详见 https://wearesocial.com/uk/blog/2021/01/digital - 2021 - the - latest - insights - into - the-state-of-digital/。

　　②　[美]N.尼葛洛庞帝:《数字化生存》,冯泳等译,海南出版社 1997 年版,第 267 页。

　　③　鲁良:《失信行为的社会学研究》,武汉大学社会学系 2014 年博士学位论文,第 83 页。

　　④　袁晓琳:《网络诚信建设要走好"自律""他律"两步棋》,《社会治理》2017 年第 9 期。

间失范行为频发的问题,造成在网络社会里人们相互之间缺乏必要的信任。网络空间每一个发展阶段,都会表现出不同的失信行为样式。当前,网络空间失信行为的样式,主要有电商服务失信行为、互动社交失信行为、网络媒介失信行为及网络金融失信行为。

一、电商服务失信行为

电子商务是运用电子通信作为运行手段的经济活动,通过这种方式,人们可以对具有经济价值的产品和服务进行促销、购买和结算。① 与传统商务形式不同,电子商务全程贯穿电子化,降低了人力、物力等传统的成本,突破了时空限制,极大地提高了服务效率。不过,电子商务虽然作为一种新兴的商务形式高速发展,但相应的监管制度和规则处于滞后与缺失状态,这就引发参与主体失信行为不断发生。移动互联网络的不断普及,以及电子商务的迅速发展,给电商消费者带来了不同于传统的新型购物模式。伴随网络技术的进步,目前我国电子商务的发展呈如火如荼之势。网络购物与传统零售业相比,具有价格实惠、购买便利、商品多样、不受时空限制等优势,已经延伸到生活的各个角落。但是,由于网络具有虚拟性特征,无形中增大了电商服务交易中的不确定性,使得电商服务的失信行为悄然袭来,大数据"杀熟"、售后服务保障缩水、虚假信息、评价"灌水"等各种失信行为屡屡发生。这些现象在很大程度上制约了我国电商服务的健康发展,使得道德与技术之间的兼容发展受到限制。这就导致消费者在购买过程中会承担各种不确定的风险,会在某种程度上降低消费者对于电商商品和服务的预期期望,从而减弱消费者对网络商家的信任水平,造成双方信任关系紧张的局面。

(一)大数据"杀熟"

大数据"杀熟"是电商平台先利用算法分析技术进行用户画像,再通过大

---

① 李敏、曹玲、魏娟:《电子商务理论与实践》,科学出版社 2012 年版,第 7 页。

数据技术分析各类电商消费者的个人数据信息,进而对相同商品进行不同定价的行为。比如,当你打车时,同样的地点和路程,你的打车费却比别人的贵;当你点外卖时,同样的餐品,你付的价格却比别人贵。这种针对不同人群的"杀熟",实施价格上的歧视,令消费者十分气愤。大数据"杀熟"流程包括收集数据(利用平台搜集海量的用户信息和数据)——用户画像(里面记录着用户的身份信息、使用型号、消费习惯等,了解用户甚至预测消费者的行为,并在此基础上对用户进行归类和商品推荐)——区别定价(对不同用户进行分类,实施同物不同价)。通过以上步骤对网络消费者的个人数据进行分析,电商平台就可能对消费者的消费倾向及支付能力进行精准的掌握,进而划分为不同等级定价并进行精准营销,以实现利益的最大化。

大数据"杀熟"具有鲜明的数据技术依赖特征,使得网络商家与消费者之间的信息存在非透明性和不对称性。再加之消费者对于网络消费路径有自己的消费习惯,所以,会对经常光顾的网络消费平台产生依赖。为了实现利益最大化,电商平台就同一商品或服务对不同的消费者实施价格歧视。电商平台在收集用户信息的初始阶段,强制索要用户信息。消费者为了获得便捷的消费体验,不得已将自身的数据信息分享给电商平台。由于电商平台未充分履行保护消费者隐私信息的义务,消费者并不知悉个人数据被非法利用且无法知晓其购买的商品的定价机制,并且在消费程序中,难以很好地对自身权利进行维护。再者,电商平台通过获取大量消费者个人信息,进行个性化推荐。随着用户消费频次增多和消费习惯固化,算法对他的识别越来越精准。

(二)展示虚假商品信息

尽管如今我国网购规模呈爆炸式增长趋势,但也面临不容小觑的挑战。由于互联网自身的运行特征及缺乏内、外部的有力监管,不法网络商家在经营过程中误导并欺骗消费者。为刺激消费者产生购买欲望,部分商家展示虚假商品的信息,既对消费者的利益造成伤害,也势必影响电商平台的美誉度。

在传统线下购物时,消费者可以直观感知到商品。而在虚拟的网络空间里进行购物时,消费者选购的商品不具有透明性。他们只能依据商家提供的产品信息来了解产品属性,并作出是否购买的判断。商家提供的商品信息是单方面的,无法确保消费者购买到的商品与对商品的预期相一致。因为商品照片、产品描述及资质证明都可以被粉饰和篡改,这就使得消费者所作的间接判断存在不确定性。到目前为止,电商平台尚未建立相关审查机制来核实商家所提供信息的真实性,让不良的网络商家有机可乘。信息不对称,加大了消费者判断商品质量的难度。

(三)"刷销量"与"刷好评"

消费者在电商平台对预购买的商品进行搜索,电商平台的搜索结果会根据"销量""好评"等标准进行排序展示。这就让部分商家在信息展示中通过"刷销量""刷好评"等方式弄虚作假,主要表现有:(1)展示虚假销量信息。如今,消费者为了更有效地购买到物美价廉的商品,会经济地选择大多数消费者购买的同类商品。因为在消费者看来,这些商品是大多数消费者花费时间和精力精挑细选的,具有高性价比,所以,消费者会走大多数消费者已开辟的"捷径",在同等条件下优先购买销量高的商品。这就导致不良卖家为了在搜索结果中获得更好的排名,通常通过虚假交易等不正当手段来提高销量。最典型的提高销量的不正当手段是"刷单",就是在没有真实购买商品的情况下完成购物流程,提高店铺的交易量。(2)展示虚假信誉信息。当网络消费者在商品搜索结果页面选择预购买的商品时,为了节约时间成本及更好地选择优质商品,商品口碑就成为他们选择商品的重要指标,也就是在平台搜索结果中挑选信誉排在前列的商品。为了使自己的商品排在信誉排行搜索结果的前列,一些商家采取"刷信誉"的手段使自己的商品获得不真实的好评,以提升店铺的评价信誉积分,并在虚假的交易过程中完成对商品的好评,而消费者却并不知情。

（四）售后服务保障缩水

虽然各大网购平台通过"7天无理由退货""假一赔三"等有效手段保障消费者的各种权益,但如果消费者遇到了售后问题,维权过程却很难。网络购物给人们造成了便利的购物体验,不过也出现了售后服务不健全的问题,从而给网络消费者造成了极大困扰。这些都显示了购后行为阶段商家信息展示的道德失范行为。

在网络平台购物,消费者不能亲眼看到商品,只能通过商家单方面提供的产品描述来获取商品的信息。这就会造成消费者以产品页面信息为依据作出的购买决策可能由于信息不对称而出现偏差,当消费者收到商品时,首先会考虑所购买实物与购买预期是否符合。如果相符合,消费者会给出好评;反之,消费者可能会给出差评,甚至要求卖家对商品进行退换。可某些不良网络商家为了自己的既得利益拒绝为消费者提供更好的售后服务,这类失信行为就导致消费者网购商品的售后不能得到有效保障。

再者,消费者在网络购物的过程中,其个人隐私信息会被商家收集,其中涉及消费者的联系方式和其他通信地址等。所以,当消费者可能会给出差评、要求卖家对商品进行退换以履行其售后服务时,网络商家的道德失范行为主要包括:(1)引诱消费者不合理地进行好评。商家通过返现、积分和折扣等条件吸引消费者给予商品好评,对新客户的购买决策形成严重误导。(2)发送骚扰信息。当消费者对所购买商品不满意作出差评时,网络商家便会屡屡发送骚扰短信、拨打骚扰电话达到让消费者修改评价的目的。更有甚者,消费者会遭到网络店家的威胁,甚至伴随敲诈勒索。(3)发送垃圾信息。由于不良商家在交易过程中已经掌握了消费者的个人信息,即使在消费者完成网络交易后,不良商家也经常在未经许可情况下发送促销信息。甚至有网络商家为了将自身利益达到最大化,违反法律将消费者的个人信息进行售卖。这些行为对消费者的正常生活造成了很大困扰。(4)有商家会对消费者对于商品的评论权作出限制。这种失信行为限制了消费者的评论自由,影响了消费者评论权的独立性。

二、互动社交失信行为

与传统社会的人际交往相似,网络空间互动社交中的失信行为会深深影响网络人际交往的良好运行。社交网络是"网络化社会服务"的简称,它最初以现实社会中的人际交往为原型,通过模拟现实人际互动来建立网络互动社交。不同于传统人际交往中通过言语、表情及动作来交流的对话模式,网络互动社交借助网络空间中的多元表达途径,在自己的主页上进行多样的自我展示和自我呈现。

根据互动关系的亲疏远近程度,互联网社会交往同样有熟人交往与陌生人交往之别。一般而言,熟人之间通常利用网络社交平台来方便彼此的沟通与联系。因为网络空间里的熟人在现实生活中也存在于熟人社会,他们彼此之间会受到强烈的伦理道德制约,所以,这个群体较少出现失信行为。而由于互联网本身的匿名特性,网络空间陌生人之间的交往互动较少受到熟人社会中强烈的伦理道德约束,失信成本较低,这也就解释了为何社交网络的失信问题主要集中于陌生人之间。由于网络的超时空开放性,网络行为主体可以不受地域及时空的限制进行人际交往和互动,而网络空间的人际互动交往不再仅仅局限于熟人之间,交往范围逐步扩大到陌生人之间。这就在无形中加大了网络社交的信任难度,其中的侵犯隐私、网络诽谤、情感欺骗、游戏失信等行为较为典型。

(一)侵犯隐私

恶意侵犯他人隐私的现象频发,这种行为主要是指未经他人允许而利用各种恶意手段搜集和泄露他人隐私。伴随着互联网络的迅速发展,网络交往极大地补充了人际交往的方式。不过,在网络互动社交中,交往双方都会让渡自己的部分个人信息以更好地交流,这就不可避免地会涉及个人隐私权问题。在信息时代,掌握了信息便掌握了一切,因此,个人隐私也就具有了商业价值。不法分子通过恶意侵犯他人的隐私来牟取利益,以至在网络空间中个人的隐私权往往无法得到保障。

从技术角度出发,互联网不会对信息进行技术屏蔽。无论什么信息,一旦出现在网上,其他人都可能通过技术手段获取。不论是网络黑客操纵主机的恶意行为,还是盗取用户个人信息的计算机病毒,很多网络平台并不能切实保护好用户的隐私,这就使得用户的隐私在网络空间中不能得到有效保障。目前,网络空间存在强制、过度以及超范围收集用户隐私的现象。这类问题有严重的安全隐患,在未获取用户授权的情况下,会私自窃取用户隐私。不法分子不仅收集用户隐私信息,还将用户隐私信息进行贩卖以获得更大利益。这种非法采集公民个人信息的失信行为,涉及公民个人数据信息的非法买卖与恶意泄露,使得数据安全与个人隐私面临严重挑战。不法分子获得用户的个人信息后,对这些个人信息进行画像分析,从而精准地进行网络诈骗。

(二)网络诽谤

网络诽谤是网络诚信缺失的又一个重要表现。网络诽谤是指在网络空间中,有意编造和传播不实信息、损害他人名誉的行为。随着网络的普及,利用网络进行诽谤的现象无法杜绝,于个体而言,对其身心造成严重伤害;于社会而言,对其公共秩序造成严重混乱。

借助互联网这一平台,网络诽谤除了具有传统诽谤的特征外,还具有以下新特征:(1)传播速度快。网络空间消除了时空的限制,从诽谤信息的传播到网络受众对诽谤信息的接受都是实时的。(2)影响范围广。传统诽谤行为的影响是有限的,但网络不受地域的限制,而且传播速度快,网络诽谤的影响面可以无限扩大。(3)道德规范性低。在网络空间中,网络行为主体大多采用匿名的方式。这使得不法分子进行网络诽谤时,不再受现实生活中道德规范的限制,给网络空间的治理和管理增加了难度,导致网络空间失真,干扰了网络传播秩序。

（三）情感欺骗

情感性交往在网络社会交往中占据很大的分量。互联网突破了地域空间范围的限制,扩展了人们进行社会交往的可能性范围,为人们营造了便利的交往空间。交往主体双方的"虚拟性存在",又进一步突破了现实生活中传统规则的制约,为人们的"自由发挥"留了余地。同时,交往双方都会进行自我塑造和有选择的自我呈现,为"网络虚拟交往"增加了想象的空间。所以,人们沉醉于这一虚幻的"美好",进行网络情感交往。

但是,在诸多"美好"的背后,也隐藏着陷阱。网络社会交往中的情感欺骗,如同一股暗流,涌动于网络空间。不法分子虚假地对受害者进行情感投入,受害者信以为真后,不法分子再实施诈骗,而此时的受害者早已被"感情"蒙蔽了双眼。不法分子把情感作为诱饵,引受害者进入陷阱,进而骗人骗财。网络社会的虚拟性,使得网络行为主体的交往不再局限于面对面,这就为不法分子进行诈骗提供了条件。"杀猪盘"就是网络空间中情感欺骗的一种典型形式。诈骗分子把受害人叫"猪",把交友平台叫"猪槽",把聊天剧本叫"猪饲料",把谈恋爱叫"养猪",把诈骗钱财叫"杀猪"。"杀猪盘"套着爱情的外衣,编造和虚构高富帅、白富美的形象,让受害者尝到甜头,将受害者引诱上钩。

"杀猪盘"的第一步是获取信任。不法分子通过各种社交平台添加受害人为好友,在网络交往过程中对受害者倍加关怀,让受害者对其产生信任。第二步是不法分子利用虚拟网络打造高端人设,使受害者放松警惕,待时机成熟后,引诱受害者投资。第三步是大额投入。当受害者通过小额投资获得收益,以为稳赚不赔时,便往平台里大量投入资金。第四步是无法提现。受害者进一步追加大额资金后,想提取账户里面的资金时,才发觉无法提现。而此时,不法分子早已消失藏匿。

（四）游戏失信

网络时代,网络游戏因为其休闲娱乐功能成为网络社会互动中不可或缺的一部分,但也衍生出一些失信问题,不容忽视。网络游戏中,利用虚拟技术,游戏玩家可以根据自身需要随意为选择"标签",所以,玩家们仅仅通过彼此的"标签"根本无法知晓对方的真实身份。

随着网络游戏的发展,因其蕴含着极大的利润,同时也滋生了游戏失信行为。网络游戏玩家不顾游戏规则,通过网络作弊软件及程序获得游戏胜利。网络游戏的虚拟性及游戏玩家的匿名性,加剧了游戏玩家游戏失信行为的可能性。近年来,网络游戏中黑客软件的数量急速增加。通过这些软件,游戏玩家可以更轻松地盗取游戏成果,这造成了极大的不良影响。首先,网络游戏失信行为破坏了游戏的公平性,损害了其他游戏玩家的正当利益,导致游戏玩家之间的矛盾。而这种矛盾可以衍生出现实生活中的冲突,不利于和谐社会的建设。其次,网络游戏失信使得游戏用户丧失对不公平网络游戏的信心,使得网络游戏公司无法稳定地获得长期收益。最后,网络游戏失信破坏了社会风气,损害了社会公平,不利于和谐、清朗网络空间的建设和发展。

三、网络媒介失信行为

随着网络技术的飞速发展,传统新闻媒介遭遇到强烈冲击。不过,这也促使传统新闻媒体与互联网络结合,为新闻媒介呈现方式的转变提供了有利条件。在网络时代,人们为了更加经济、便捷,通常倾向于借助网络获取信息。作为新兴的媒体类型,网络媒体通过网络进行新闻报道,已成为目前新闻媒体发展的主要趋势。不过,因为互联网络存在虚拟性、自由性及复杂性等特点,时常导致网络媒介出现失信行为。

（一）网络虚假广告

网络新闻媒体是传统新闻媒体在网络平台上的延伸。与传统媒介相比，互联网的信息传播具有速度快、范围广、受众多等特征，因此，商家更愿意选择网络新闻媒体平台作为宣传其产品的渠道。为了实现利益最大化，有些新闻媒体不惜通过商家购买其广告版面实现收益。

电子商务门户网站虚假广告泛滥，尤其是在医药等领域，更是虚假广告重灾区。在互联网时代，网络已成为广告宣传的重要渠道。门户网站的小窗口总是充斥着各类广告，并且在搜索引擎上的搜索结果中，广告链接大多排在前列。更有甚者，在电子商务门户网站的广告位上发布虚假广告，而这些虚假广告只需自动运行的应用软件程序就可完成。虽然对网络虚假广告的治理从未间断，但由于广告收入成为一些互联网运营平台的重要收入来源，互联网平台虚假广告层出不穷，网络失信行为屡禁不止。由于网络的虚拟性和网络行为主体的可藏匿性，网络虚假广告并不仅仅通过正式的广告形式在网络上呈现，它们还通过"刷好评"和大数据推送等方式，影响网络消费者的选择。

（二）信息内容失真

失真，在《现代汉语词典》中的解释为："（声音、形象或语言内容等）跟原来的有出入……无线电技术中指输出信号与输入信号不一致。如音质变化、图像变形等。"[①]信息方面的失真，指本源信息与输出信息的偏差。传统意义上，新闻是对现实社会真实发生事件的报道。这不仅关乎职业素养问题，而且关乎行为道德问题。随着媒体环境的改变，以数字信息技术为基础的新媒体，在为大众提供新体验的同时，也给新闻媒体的真实性带来了新挑战。

新闻内容失真主要表现在两个方面：一方面是源头性失真。在新媒体

---

① 中国社会科学院语言研究所词典编辑室编：《现代汉语词典》，商务印书馆 2012 年版，第 1171 页。

空间,信息发布成本低。某些商业性网站为了博得关注、获取利益,不以客观事实为依据,夸大甚至伪造新闻,这就在信息来源上造成失真。另一方面是过程性失真。网络新闻媒体较传统新闻媒体的突出特点是即时性,大众及新闻媒体参与到新闻传播的过程中,加速了网络谣言快速流传。在公共生活中,新闻媒体通过新闻报道让大众了解事实真相,这就对内容的真实性提出了高标准、高要求。为了点击率和浏览量以获取更大利益,有的新闻媒体不惜降低职业道德标准,导致新闻内容失真,严重损害了新闻的权威性。而新闻求证难度及外部监管追踪溯源难度大,使得新闻内容失真现象屡禁不止。

个人利益会导致非理性集体行为。[①] 网络空间中虚假新闻无法杜绝的原因主要有:首先,随着互联网通信的发展,网络已经成为人们获取信息的主要平台。网络打破时空的界限,使得发布新闻和接受新闻可以在短时间完成。海量碎片化的新闻呈现到受众面前,而受众无法有效判断新闻的真实性,这导致网络新闻呈海量滋生。其次,一部分网络新闻媒体为了获取利益,故意编造"新闻"来吸引受众眼球,这是在源头上对"新闻"进行造假。还有一部分网络新闻媒体对原始新闻进行改编或曲解,导致新闻失真,这是在传播过程中对"新闻"进行造假。最后,网络空间中的信息呈碎片化和泛滥化,受众不具备辨别新闻真实性的能力,这也在一定程度上助长了网络虚假新闻的产生。如果新闻报道内容失真,将瓦解大众和传媒之间的信任,造成社会信任关系更趋疏远,摧毁社会道德基础,危害社会主流价值观。

（三）议程导向偏差

新闻报道是对新闻事件客观真实的报道,同时也具有重要的导向性。导向是新闻的精神、媒体的灵魂。那些导向出现偏差的网络新闻,不以事实为依

---

① 朱江丽:《新媒体推动公民参与社会治理:现状、问题与对策》,《中国行政管理》2017 年第 6 期。

据,纯粹是为了吸引点击量,有意引导与主流文化相偏离的价值观念。随着新媒体的发展,一些不良媒体为了自身利益的最大化,不讲道德和法律,罔顾责任地不追求新闻导向性,从而让公众感到忧虑。不论是微观到社会交往,还是宏观到社会运行,新闻的导向性都存在。导向出现偏差的新闻不仅显示出新闻从业者自身专业素质不过硬,而且也暴露了新闻媒介行业职业道德和责任意识的弱化。长此以往,导向不正的新闻不仅损害新闻媒介在受众心中的权威地位,也误导接受新闻的受众,不利于网络受众社会主义核心价值观的构建。

(四) 泛娱乐化倾向

随着市场经济的发展,互联网媒体不论是在编辑制作还是运营操作方面都不同程度地出现商业化趋势,导致新闻娱乐化现象。由于新闻媒介激烈竞争,一部分新闻媒体不再对主流新闻进行报道,而是致力于发现新闻中的娱乐元素,以更大限度地吸引受众的注意力。

起初,娱乐化的报道只针对娱乐圈。不过,目前娱乐化的报道早已嵌入各类新闻报道中,甚至为严肃的新闻也贴上了"娱乐"的标签,造成新闻报道泛娱乐化。网络媒体为了实现更多的效益,不断生产、制造娱乐新闻。民众接收到大量娱乐化信息从而沉溺其中,又致使网络媒体制造更多的娱乐化新闻。民众依赖传媒获得信息,从而对新闻事件进行了解。但是,在市场的催化下,不少网络媒介盲目追逐流量、寻求利益最大化。虽然在短期内获得了一定收益,但是从长远来看,互联网媒介的公信度会降低,不利于网媒的健康可持续发展。

四、网络金融失信行为

互联网金融是建立在互联网平台基础上运行的在线金融模式。互联网金融与传统金融相比,可以超越时空的限制进行交易。在金融服务模式下,金融服务变得丰富多样,金融服务效率也得以提高。尽管金融市场飞速发展,相关的机制和管理却没有相应跟上,出现了"错位"的现象,导致互联网失信行为逐渐蔓延。

(一)校园贷

随着经济的快速发展,居民的消费水平不断提升。当前,消费已然成为经济发展的重要推动力。当下的大学生,他们的收入和需求不相匹配,这就为校园贷提供了空间。校园贷的主要特点是以网络平台为媒介,主要针对没有稳定收入的大学生。校园贷一般具有高利率、非法催款、虚假资质等特征。近年来,校园贷更成为侵害大学生利益的主要网络金融形式。

不法分子将目标对准高校,主要是因为大学生防范意识淡薄、社会经验不足,又没有稳定的经济收入,但生活对于金钱的需求又不断增加。大学生进行短期、小额校园贷时,被其"利率低""审核快"吸引,但这些都是不法分子为吸引大学生贷款进行的虚假宣传,实际利率是银行的数倍。借款的大学生如果不能在规定时间内还款,将面临放贷人采取暴力手段进行讨债。这不仅对大学生的自身发展而言,而且对于整个社会的良性运行和协调发展而言,都会造成创伤。而且,大学生还会面临"利滚利"的违约金,使得借款的大学生为了还借款,不得已在其他借款平台借款来偿还。这样"拆东墙补西墙"导致恶性循环,无法还清的债款最终让大学生陷入绝望的境地,甚至导致无法挽回的悲剧。

(二)网络赌博

在我国,网络赌博是违法犯罪行为,具有欺骗性和危害性。在网络平台,由于互联网打破了时空界限,使得赌博不再局限于现实赌博,而是借助于互联网平台。相比于传统赌博,互联网平台的赌博中,赌客较分散较年轻,博彩公司更多元更专业,赌博方式更多样更繁多,赌资方式网络化隐蔽化。

在网络空间中,赌博常以如下形式出现:(1)基于体育竞技、福利彩票的赌博。赌客首先在赌博平台进行注册,然后在注册账号中充入金额。赌客通过赌博平台对体育竞技、福利彩票下注,赌博平台再以体育竞技、福利彩票的结果作为开奖依据。赌客在赌博平台充的资金事实上存在于外籍账号上,赌客在该平台的资金累积到固定额度就可以提现转移到海外。(2)网络游戏类赌博场景。网络游戏类赌博充值金额相对于其他赌博形式而言赌资较少,通常在百元左右。赌客刚开始进行网络游戏类赌博时,往往赢多输少。这就使赌客放松警惕,逐渐"上瘾"。但是,随着赌客充值金额越来越大,赌博平台就会在后台操纵,控制玩家游戏的结果,使得赌客输掉游戏。赌客为了赢回输掉的资金,会继续进行游戏赌博,造成更大的亏损。(3)直播型网络赌博。直播型网络赌博为了吸引更多的赌客,在各个网络平台通过博人眼球的图片来发放广告。赌客被照片吸引而进入赌博直播间进行赌博游戏。直播型网络赌博将"黄"和"赌"结合在一起,通过"美女主播"诱导观众参与网络赌博。(4)网络红包赌博。庄家先将玩家拉入所建的聊天群,然后再让玩家发送红包并对所抢红包金额尾数大小进行押注,押中则赢。看似公平,实则庄家早已通过设置游戏规则或外挂手段主导了游戏。

(三) 电子洗钱

随着电子信息技术的发展,电子金融更加方便快捷,不受地域和时空限制,成为人们日常生活中常见的交易方式,但同时也为电子洗钱这类犯罪提供了空间。

电子洗钱有以下特点:(1)隐蔽性。电子交易相较于传统交易更加快捷方便,交易者只需在网络上进行简单的命令输入就可完成。而且,网络电子交易金额巨大,具有很强的隐蔽性,不法交易不易被有关部门察觉和监管。(2)低成本性。传统洗钱有烦琐的中间流程,不论是经济成本还是时间成本都很大。电子洗钱则直接省去中间环节。犯罪分子只需在网络上建立多个账户,用超过实际价格的金额购买虚拟产品,从而实现电子洗钱。简化以后的网络电子交易,极大地降低了不法分子电子洗钱的经济成本和时间成本。(3)快速性。网络电子洗钱具有快速性的特点,这是因为电子交易都是采用终端智能服务机器进行处理,终端智能服务机器具有智能、高效的特点,所以,交易双方可以快速完成电子洗钱活动。

电子洗钱屡禁不休,是因为:(1)客户身份难以识别。因为电子洗钱不同于传统柜台交易,由终端智能服务机器进行处理,交易具有较强的隐蔽性,所以,难以对交易者的身份进行精确识别。(2)可疑交易难以识别。电子洗钱与普通的电子交易在形式上差别不大,而且对可疑交易的识别,需要结合交易金额、交易时间及交易频率等进行持续综合分析考量,才能作出有效判断。(3)交易信息难以收集。电子交易具有隐蔽性,并且交易信息存在于各个交易渠道,使得相关部门对交易信息难以收集。

(四)虚拟货币理财骗局

2018年,欧洲议会和理事会将虚拟货币定义为:"不是由中央银行或公共机构发行或担保的价值的数字表现形式,它不一定是具有法律效力的合法货币,但被自然人或法人视为交换手段,可以电子方式进行转移、存贮或交易。"目前来看,虚拟货币理财骗局存在两种套路:套路一,ICO型联合收割机。ICO是基于加密货币和区块链的众筹模式,就是受害人给某个项目投资,但项目不给受害者实际股份,只给他们可以炒作升值或贬值的数字股票。套路二,交易所顶级坐庄的赌场庄家收割。它是项目对所有散户的全收割。一般而言,交易所常见的收割方式有"空气币"诈骗、加密劫持、非法应用程序等。近年来,虚拟货币受到更加严厉的监管。相关监管政策的出台和实施,使得虚拟货币的管理得以规范化,也使得金融市场更加规范、高效。这既保护了理财者的财产安全,又促进我国经济稳步向前发展。

第二节　网络空间失信行为的主要类型

伴随着网络技术的发展和网络应用的普及,有违网络伦理的失信行为频繁出现。对网络失信行为可以通过以下 3 点进行确定:一是网络行为主体的行为是否违背了现存制度规范。制度规范既包含网络空间中的制度规范,又包含实体空间中的制度规范。二是网络行为主体的行为是否不利于其他个体、群体、组织或者国家的利益。三是网络行为主体的行为是否破坏了当前的信任环境。① 根据网络失信行为主体的失信动机进行划分,网络空间失信行为的主要类型有以下几种。

一、宣泄报复型网络失信行为

宣泄报复型网络失信是指网络失信者对他人或社会心存不满,将现实生活中的不满通过网络进行宣泄报复的失信行为。② 网络具有开放性、匿名性,一方面加快了信息的流动和人际互动,有利于社会的进步和发展;但另一方面,又存在极大的消极影响。社会行为主体在现实社会中处于不平等的地位或主观感觉到不公,又难以通过合乎规范的正当手段去获取想要获得的利益,就会驱动他们产生宣泄报复型网络失信行为。③ 宣泄报复型网络失信有多种表现形式,其中最显著的表现为如下几类。

(一) 网络谩骂

网络谩骂是指网络谩骂者通过语言暴力和网络欺凌,随意对他人发布恶

---

① 鲁良:《失信行为的社会学研究》,武汉大学社会学系 2014 年博士学位论文,第 83 页。

② 鲁良:《失信问题的"互联网+"维度——基于网络行动者的分析框架》,《湖南师范大学社会科学学报》2016 年第 4 期。

③ You,Jong-sung,"Social trust:Fairness matters more than homogeneity",*Political Psychology*,2012,pp.701–721.

意攻击言论的网络霸凌行为。网络的匿名性,为网络谩骂者营造了一种超脱现实的"安全区域"。在这个区域内,网络谩骂者不完全受监督机制、伦理道德和自我控制机制影响。于是,他们肆无忌惮地在网络媒介中对他人进行上纲上线的攻击讨伐、无休无止的讽刺谩骂。

有些谩骂者是个人自发的,当网络行动者的立场、观点与他人不一致时,就会站在道德的制高点对他人进行恶意谩骂。有些谩骂者是盲目跟风的,他们不明真相,只是抱着凑热闹的心态或将对生活的不满随意宣泄,这是极其不负责任的表现。有些谩骂者是被资本无底线操纵的,他们进行有组织、有规模的"引战""带节奏"造势,故意挑动事端。

尽管网络社交盛行,但网络礼仪还没有自发组建,违反社会公序良俗的网络谩骂成为越来越严重的社会问题,严重破坏了网络文明。相比于传统暴力,网络谩骂这一软暴力涉及的范围更广、影响更大,对被谩骂者身心造成的冲击也更严重。

(二)传播计算机病毒

计算机病毒是网络行动者在电脑程序中编制的具有破坏性的指令集或者程序代码。与生物病毒相似,计算机病毒也存在不断复制和变种的能力。不过,这种复制和变种存在于网络空间中,对计算机及其网络造成危害。在传播路径上,计算机病毒既可以通过计算机硬件设备等进行传播,又可以通过系统和网络等进行传播。

其中,互联网传播是目前计算机病毒传播的首要途径。下载携带计算机病毒的插件、打开不安全的链接和邮件、浏览不安全的网站等,都有可能传播计算机病毒。现在,计算机病毒不断升级变种,使得对它的识别和处理难度不断加大,这为不道德、反伦理的行为提供了可乘之机。勒索病毒伪装成不易被察觉的形式,计算机只要中了勒索病毒,其设备的内容就会被封锁,无法查看,解锁的唯一办法就是支付高额赎金。病毒链接也会伪装成二维码,当受害者对它扫描时,不法分子就可对其账户信息进行更改,窃取资金。另外,钓鱼网站、窃取信息、恶意破坏程序等计算机病毒也层出不穷。

如今,计算机已经成为人们生活中重要的组成部分,但便捷伴随着风险。计算机病毒已经造成严重的网络威胁,不仅影响了个体计算机的正常使用,也极大地破坏了整个网络系统的运行。

二、偏激盲动型网络失信行为

偏激盲动型网络失信是指网络行动者因为思维方式偏激或处事方式另类而在网络空间作出的失信行为。① 偏激盲动型网络失信行为的主体大多缺乏对问题进行辩证、全面的看待,通常倾向于较为极端、偏执以及盲目的行动。偏激盲动型网络失信行为有多种类型,其中较为典型的有以下两种。

(一)网络谣言

网络谣言是指在网络空间中,网络行为主体通过互联网络散布或传播与客观事实相违背的信息的失信行为。从微观方面来讲,给网络谣言中伤的个人带来极大伤害;从宏观方面来讲,不利于诚信社会的构建。网络的匿名性、开放性为网络谣言的滋生提供了空间,成为当前构建网络清朗空间的阻碍。

在互联网使用过程中,大多数人都遭遇过网络谣言。来自《中国网络诚信发展报告》的相关调查数据显示,2020 年有超过 66%的网民经常遭遇网络谣言。② 部分造谣者是由于认知局限、信息不对称、媒体素养不高,以偏概全地炮制不实信息;部分造谣者是为了发泄私愤,不理智地散布虚假信息;还有部分造谣者在商业利益驱动下,为了获取流量和热度进行恶意营销,从而导致网络谣言的发生和蔓延。在网络新媒体平台层出不穷的今天,各种碎片化的

---

① 鲁良:《失信行为的社会学研究》,武汉大学社会学系 2014 年博士学位论文,第 85 页。
② 《中国网络诚信发展报告》,2020 年 12 月 7 日,见 https://politics.gmw.cn/2020 - 12/08/content_34440665. htm。

信息呈海量化膨胀爆发,加上网民的从众心理,使得散布谣言变得更加迅捷,而且成本极低。网络谣言这一亚文化现象严重损害了他人声誉,违背了社会公德,扰乱了网络秩序,败坏了社会风气。网络谣言通常伴随重大社会事件和自然灾害,产生的社会危害并不小于事件本身。2020年新型冠状病毒肺炎期间,疫情的不可预知性强化了公众的风险感知,各类假科普、假官宣、假指示、神预言快速传播扩散,使得公众的目光被谣言吸引、公众的信任被谣言消费,成为舆论场内长时期的关注热点,给维护当下的社会稳定造成了负面影响。

(二)网络隐私侵犯

网络隐私侵犯,是网络行动者对他人隐私进行非法侵扰、知悉、收集、利用和公开的失信行为。网络的共享性使得信息流通较为快速、广泛,但对相关隐私保护机制没有进行完善,因此,隐私侵犯现象总是屡禁不止。

网络中的个人隐私被侵犯行为主要分为个人侵权行为和组织侵权行为两种。个人的侵权行为主要有:一是通过网络介质公开或宣扬他人隐私,其中,最典型的失信表现就是人肉搜索。马克思说:"自由确实是人的本质,因此就连自由的反对者在反对自由的现实的同时也实现着自由。"[1]人肉搜索正是网络行动者以捍卫道德的名义将人工搜索与网络搜索引擎相结合,来曝光被搜索对象隐私的行为,是破坏性不道德失信行为的表现。二是未经授权收集、截获、复制、修改他人信息。隐私侵犯者通过高科技手段私自窃取和窥探他人隐私,这类侵权难防范、难申诉、难维权。

2021年3月30日,央视网微博发文"数万条偷拍隐私视频网上叫卖",引发网民强烈关注。这涉及不良商业公司对用户隐私的侵犯:(1)在网络空间中,存在买卖个人隐私的公司平台。它们利用用户的私人信息,通过低价买进、高价卖出的方式获取经济利润。(2)不法软件供应商存在超范围采集个

---

① 《马克思恩格斯全集》第1卷,人民出版社1995年版,第167页。

人隐私信息的问题。这些软件平台为了更好地掌握用户信息,从而进行精准的产品推广,严重损害了消费者的合法权益。

三、迎合满足型网络失信行为

迎合满足型网络失信的行为主体既不愿受到法律法规等硬约束,又不愿意受到道德伦理等软约束。他们透过网络表达自身的情绪和看法,而这些情绪和看法通常与主流文化相背离。究其原因,这类失信行为的目标主要是为了吸引大众的目光。[①] 该类失信行为具体体现在以下两个方面。

(一)网络恶搞

网络恶搞是网络行动主体以互联网为传播渠道,通过戏仿讽刺、滑稽改编等方式对社会现实进行解构并重新编码,由此产生的颠覆社会认知、社会规范与秩序的失信行为。网络恶搞在娱乐网民的同时,隐藏的行为逻辑是拆解中心、拒绝规律与逻辑、调侃和嘲弄真善美,以不符合社会规范的方式割裂、颠覆人们对主流文化的认知和理解,诱导受众形成是非不分、黑白颠倒的价值观念,引发不自律、不守法的意识和行为。

诚然,适当娱乐、展示个性无伤大雅,但把握不好其中的尺度和底线就会造成严重的社会问题。近年,风靡网络的网络恶搞层出不穷。这些网络恶搞作品,首先对原始作品进行解码,使得其原始含义被颠覆与重解,然后再对它们进行重新编码,给予其恶搞的内涵。

一般而言,网络恶搞选材丰富多样,表现夸张荒诞。一方面,网络恶搞丑化他人形象、颠覆历史传统、挑战公序良俗、腐蚀道德观念,造成了不良的社会影响;另一方面,网络恶搞本质上是对原创作品的再创作,由于再次创作者法律意识淡薄和缺失,是在没有经过原创作者授权情况下进行的,严重侵犯了原

---

① 鲁良:《失信行为的社会学研究》,武汉大学社会学系 2014 年博士学位论文,第86页。

创者的权益。网络恶搞"标榜自由"、拿崇高开涮、以"比烂""比丑"哗众取宠、恶搞红色经典,逾越了道德和法律底线,引发公众强烈反感,是需要进行引导和管制的网络失信行为。

(二) 网络低俗

网络低俗是指网络行动者违背社会道德伦理和国家法律规范,利用网络平台传播低级、庸俗、使人萎靡颓废的内容的失信行为。[①] 网络低俗与我国主流文化的发展相背离,是发布低级庸俗、让人萎靡颓废内容的失信行为在网络空间的表现。网络低俗文化有多种表现方式,其中网络审丑文化、网络暴力文化、网络色情文化的表现最为典型。下面就这三方面进行论述。

网络审丑文化是一种与主流审美相悖的网络亚文化。网络审丑文化通过猎奇、颠倒常态等手段来吸引大众目光,实质是对人类主流审美文化的背离。网络审丑文化形式多样,并且伴随着互联网络的普及而愈演愈烈。短视频的出现打破了传统自上而下的文化传播模式,为大众自我呈现提供了平台和渠道,但同时也为网络审丑文化推波助澜。为了获取关注度和点击量,一些短视频创作者甚至选择生吃虫子、喝滚烫热水等出格行为。

网络暴力是网络行为主体在网络上的暴力行为,具体表现形式有言语攻击、侵犯隐私及损害形象等。网络平台缩短了社交距离,网络的匿名性使得言论与言论发送者相剥离,以及社会分化过程中的消极情绪无法得到有序释放,这些都导致网民在网络平台上进行网络暴力的失范行为。对同一对象或同一事件具有相同网络暴力倾向的主体不断形成一个群体,他们以极端恶意的方式实施网络暴力,使得受害者成为他们宣泄情绪的对象。[②]

网络色情文化是色情文化在网络空间里的延伸和表现,逐渐扭曲人们的

---

① 鲁良:《失信问题的"互联网+"维度——基于网络行动者的分析框架》,《湖南师范大学社会科学学报》2016 年第 4 期。
② 邓榕:《多元文化视域下网络暴力的本质、成因与文化对策》,《求索》2015 年第 5 期。

性观念、性道德和性行为。① 网络色情文化不但不利于网络清朗空间的构建，还可能诱发现实生活中违法犯罪行为的实施，对社会造成极大的隐患。目前，网络低俗现象依然泛滥。据调查数据显示，仅 2020 年上半年，全国"扫黄打非"办公室就查处网络色情案件 1800 多起，处理淫秽信息高达 840 多万条。② 网络色情文化对人们尤其是未成年人的身心都造成极大的负面影响，不利于主流核心价值观的构建，不利于网络空间以及现实社会的良性运行，需要增大社会治理的力度。

四、谋私逐利型网络失信行为

谋私逐利型网络失信是指网络行动者通过不恰当的网络行为获取名利的失信行为。③ 一些网络行动者为获得社会地位和经济效益不惜违反社会公德，甚至法律法规，使网络成为其谋私逐利的工具。同样，谋私逐利型网络失信有多种表现形式，我们就其中较为典型的两种进行讨论。

（一）恶意炒作

网络炒作是通过网络，人为制造热点事件来吸引网民的高度关注，从而达到获取利益目的的失信行为。网络炒作者为了吸引受众关注，获得更多点击率，故意不择手段地使用含有噱头的标题、有争议的事件、有影响的人物，并且不断使炒作的事件发酵，维持炒作事件的热度。

随着网络的普及，网络使用者愈来愈多，海量的信息弥漫于互联网空间中，为信息的炒作提供了机会，给予网络炒作者极大的发挥空间。网络炒作经济成本低，传播速度快，影响范围广。

---

① 徐俊、许燕：《网络低俗文化的伦理反思与消解》，《中州学刊》2016 年第 8 期。

② 全国"扫黄打非"办公室：《净网 2020》，2020 年 7 月 9 日，见 http://www.sxfzhn.com/newsShow.asp? dataID＝772。

③ 鲁良：《失信行为的社会学研究》，武汉大学社会学系 2014 年博士学位论文，第 87 页。

网络炒作依靠恶意炒作骗取公众的注意力,获取巨额的商业利益,违背了最起码的道德良知,滋长了人们急功近利的思想,助长了社会浮躁风气,混乱了社会价值体系,引发了公众对网络信息的信任危机。如果不对网络炒作进行有效治理,会导致网络空间失信进一步加剧,为清朗网络空间的构建埋下隐患。

（二）网络诈骗

网络诈骗是指部分网络使用者利用互联网,采用虚拟事实或者隐瞒事实真相的方法,非法获取利益的网络犯罪行为。网络欺诈形式多样。据统计,网络诈骗通常有:贷款类诈骗、兼职刷单类诈骗、冒充客服退款诈骗、冒充公检法诈骗等。

具体而言:（1）贷款类诈骗是不法犯罪分子首先通过获得的信息,添加有贷款意向的客户;再通过展示其贷款平台的贷款便捷性及利率较低性,诱骗受害者在非法贷款平台注册和登录;最后,受害者在非法贷款平台进行贷款,但其合法利益无法得到保障。（2）兼职刷单类诈骗。网络诈骗分子在互联网平台利用高额收益吸引受害者,并发布各类兼职信息。受害者联系网络诈骗分子应聘接单时,起初会按时获得收益;受害者对网络诈骗分子进行的活动深信不疑、放松警惕后,便会大量进行刷单;而此时,非法平台承诺的收益将不再兑现,客服人员也无法取得联系。（3）冒充客服退款诈骗。近年来,随着网络购物的盛行,网络售后服务也较为普遍,这就为冒充客服退款实施诈骗提供了空间。首先,诈骗分子会依靠非法手段获取受害者的个人信息,具体到受害者的姓名、联系方式及所购商品信息;其次,不法分子假冒电商客服,以"解决售后问题""购物退款"为由,让受害者点击其发送的链接;最后,受害者打开诈骗分子提供的链接,填入其账户信息,导致钱财被骗。（4）冒充公检法诈骗。诈骗分子抓住了人们对于公检法机关的敬畏心理实施诈骗。诈骗者利用不法手段获取受害者的基本信息,然后联系受害者告知其违反法律并要求配合调查,最后步步操控,诱骗受害者在非法平台进行贷款。

随着互联网的发展,诈骗行为逐步向互联网转移,形成网络诈骗。网络诈骗因其可跨越时空进行远程操控和实施,使得案件频发,治理难度很大,对人民群众的日常生活和财产安全都造成了严重损害,已成为影响社会稳定的突出失信行为。

第三节　网络空间失信行为的基本特征

伴随着网络技术的发展和网络应用的普及,网络空间的失信行为频繁出现。网络空间失信行为是失信行为在网络空间的折射,是网络行为主体在网络环境中实施的一种异于信任构建的行为。在表现上,网络空间的失信行为与传统失信行为存在很大差距,主要表现为以下特征。

一、失信主体的匿名性

网络通过实时交换信息的模式建构出一个虚拟空间,用户在现实世界里的身份特征不再清晰,他们以符号的形式存在。在虚拟的网络世界里,失信主体保持"匿名"这种无标识状态。即在网络传播中,公众无法得知失信主体真实的个人身份信息。在互联网中,陌生的网络参与者以虚拟符号为主要存在方式,网络主体都是匿名存在的"隐形人"。

在现实生活中,人们之间进行的大多是熟人交往,人与人交往时是面对面的交流。其日常行为迫于舆论的压力,会不断自觉地规范自己的行为。网络社会的虚拟性,使得网络行为主体以数符的形式显现,这为网络行为主体的"去身份化"提供了可能。"他们在自由主义泛滥的洪流中,丧失了最基本的道德意识和社会责任感。"[1]因为失信主体具有匿名性,其网络行为具有很强

---

[1]　陈曙光:《网络乱象的伦理拷问》,《伦理学研究》2014 年第 3 期。

的隐蔽性;又因为失信主体缺乏道德和法律的约束与限制,由此可以产生"去责任化"的后果。网络的匿名性使得每一个网络角色都可以有选择地进行自我呈现,为行为主体的"身份再造"和"多角色扮演"创造了条件,这使得道德责任主体具有不确定性的特征。由此,网络行为主体会缺乏主体意识和责任意识,致使人们在网络活动中产生侥幸心理。这些虚假的身份,为失信主体作出违背伦理道德规范的网络失信行为提供了机会和温床。

二、失信对象的弥散性

失信对象具有弥散性。失信对象弥散于网络空间的任意一个角落,人人几乎都可能成为网络失信的对象。在既有的网络空间中,失信对象多元而不确定:有个人、组织乃至整个社会,形成一种"哀鸿遍野"的乱象。弥散性虽是由某一具体事件所引发,却会影响到全局,每个人都是网络失信行为的受害者。失信行为把失信对象从个人弥散到某个群体再扩大到整个社会,失信对象极其广泛。在失信对象弥散性的背后,存在着一片符号抗争的海洋。

网络失信行为会对失信对象造成社会危害,其侵害有些是显性的,已被失信对象觉察;但更多时候是隐形的,甚至失信对象直到最后还处于不自知的状态。对于后一种情况而言,尽管没有察觉,但失信行为是真实发生的,是不可逆的。网络失信会导致个人行为脱序、道德失范;网络失信现象会降低组织的运作效率和宏观发展进程;网络失信现象也会对网络社会和现实社会的运行秩序,构成潜在或实际的威胁和挑战。网络失信现象如果得不到有效遏制,任其进一步蔓延下去的话,每一个社会成员、社会组织以及整个社会都会成为失信行为的潜在受害者。失信对象的弥散性意味着,如果网络失信现象不能得到有效的教育、规劝和制止,就会向更为严重和恶劣的方向趋近,波及更多的失信对象。长此以往,将不仅加大网络空间治理成本,也对网络社会治理体系的构建提出更高要求。

三、失信内容的多样性

尽管网络媒介对人类社会生活的方方面面都产生了重大影响,并在诸多领域具有正向功能,如线上教育、扩大信息面、公共空间、娱乐生活等,但也正是因为它的重要性,我们更需要保持警惕,以客观、公正的态度审视互联网媒介可能带来的不利面。已有研究指出,大众传媒并不是现实社会的平面镜像,而是一个对信息进行选择、加工并主观重构出来的"虚拟环境"。其中,互联网迅速发展对网络道德失范内容的扩大效应尤为值得人们面对和注意。

在互联网社会,互联网中的失信行为表现出更多的弥散性和多元化特征。网络社会各方面的呈现方式和运作机制,都存在失信的风险。不仅如此,互联网的跨地区、跨民族等特征,以及不同地区风俗习惯的差异,造成互联网失信行为逻辑更是千差万别。当代网络失信行为内容的多样性,主要表现为电商服务失信、互动社交失信、网络媒介失信及网络金融失信等,并且随着风险的不断加剧还会持续扩展。

随着互联网的持续发展和未来的不可预知性,网络失信内容会更具多样性。宏观来看,网络空间还处于一种发展的趋势。当处于新兴发展的状态时,网络行为主体的行为就不会得到明确、全面的制约,这就为网络失信行为的产生提供了空间。为了可以行之有效地应对网络失信行为,必须加强网络规范,为互联网失信行为主体的评判提供依据。

四、失信手段的复杂性

网络失信手段随着先进技术的发展具有复杂性。与现实的失信手段不同的是,网络失信行为具有智能化的特征,网络行为主体通过复杂的失信手段实施失信行为。

在信息网络高度发达的时代,网络失信集中了诸多的高端科技,依托一系列复杂的技术手段和非技术手段的支撑搭建起了网络失信场域。互联网是通过各种硬件设备相连接、各种应用软件相驱动而运行的,但这些硬件设备和应用软件都会存在自身的漏洞,这就给网络行为主体的失信行为留下了可乘之机。

在新一轮的信息技术革命中,网络失信手段愈发复杂、严峻,目前主要有中断、截获、修改和伪造4种方式。中断是通过恶意攻击网络系统,造成网络瘫痪;截获是未经用户授权,对其系统资源进行访问,导致用户的隐私信息受到侵害;修改是在用户不知情的情况下访问个人数据,并对数据进行修改;伪造同样是在未经用户授权的情况下,网络失信主体将其伪造的数据插入用户原本传输的数据。

五、失信传播的即时性

失信传播的即时性这一特点是由网络的即时性特点决定的。在网络空间中,网络行为主体打破了时空的限制进行实时互动。与传统互动相比,即时的网络互动更具有多样性和便利性,在网络空间中极大地缩短了网络行为从产生到感知的周期。

网络传播的即时性使得更多的网络行为主体参与其中,所以,网络行为的影响范围更大、影响力度更强。而网络空间中的网络行为不全是积极、正面的,消极、负面的失信行为也屡禁不止。由于失信行为传播同样也具有即时性,网络失信行为比传统失信行为造成的负面影响更为迅速。

网络失信传播的即时性使得失信行为可以在短时间内完成传播,造成的负面影响更严重,受影响群体范围更大。许多失信行为主体借助网络具有即时性、完全不受时间和空间限制这一特点,造成轰动性的失信行为,以获得自身利益的最大化。随着网络技术的快速发展,尤其是网络与移动通信终端的捆绑,网络媒介实现了即时性的飞跃,失信行为的传播也具有即时性。在网络传播中,网络失信行为具有即时性,比传统失信行为的传播速度加快。网络失信行为在形成、发展和传播速度等方面不受时间与空间的限制,这就对网络失信事件迅速反应提出了更高要求。相应的监管平台、监管部门及监管机制都应该不断升级、不断发展,对网络失信事件作出快速反应,以期将网络失信事件造成的负面影响降到最低,努力构建清朗的网络活动场域。

六、失信进程的难控性

网络社会控制指的是社会采取一定的方式和手段,对泛生子电子网络空间里人们的行为活动施以引导、调节和约束的过程。互联网控制与治理包括内在和外在两种控制类型。内在的网络社会控制,指的是网络行为主体对于自身网络行为的自我约束和调控。外在的网络社会控制,借助于互联网参与主体之外的社会力量。通过社会力量对互联网参与主体的行为施加影响,达到引导、调节和约束其网络行为的目的。

尽管人们有相对较为充分的理由来论证这种引导、控制和防范的必要性,并且在这种努力之下,也可能会较好地解决网络失信问题,但在行动和操作的层面上,始终无法从根本上绕开这种难以防控或防控乏力的境地。

一方面,对于内在控制而言,网络行为主体对各类网络行为规范和网络文明准则,以及其他社会规则没有积极的认同和接纳,缺少应有的规制意识;网络行为主体自律松散,不主动地对各自的网络行为活动进行自我调节和控制;网络主体行为活动的自主性和价值取向的多元性难以调节并控制。目前,互联网各类平台对违反互联网规范的失信行为进行处罚,主要是注销平台账户、屏蔽失信内容、进行言论限制等。但是,网络平台的这些处罚,并不足以对网络行为主体造成威慑。网络的开放性和匿名性,使得网络行为主体可以寻找其他网络平台,或者重新注册网络账号重新进行网络活动。对网络失信行为主体而言,进行失信行为的成本极低。网络平台的内在控制,对于失信行为的处罚力度小,无法杜绝网络失信行为再次产生。

另一方面,对于外在控制而言,互联网的结构布局是扁平式的而非层级式的。它没有"中心",是一种典型的可以无限扩展和延伸的网状结构物。其中蕴含的对任何控制都予以全面颠覆的可能,自然会招致极大的混乱。但对于禁止性的义务规定多使用抽象的概念进行阐述和界定,而抽象的概念内涵难以对网络行为主体的失信行为作出明确判断,这就为人们对其解读提供了更多可能性。

七、失信影响的持续性

"网络不是一个脱离真实世界之外而构建的全新王国。"①它和现实社会紧密连接,是现实社会在虚拟空间的延伸,因此,网络空间也需要相应的规范来维系。如果没有相应的规则进行制约,就会使得网络失信行为肆意弥漫,产生的影响是持续而深远的。

网络失信行为会对个体和社会的方方面面造成危害。一者,网络社会主体的自身发展需要正确的导向做引领,需要科学的规范去制约,需要个人有效的自我约束和调节。而网络失信行为往往使网络社会的信任感淡薄,造成网民心理选择偏差,无法正确处理现实生活中面临的各种困境,更加难以运用网络道德约束个体行为,因而造成互联网失信行为大范围出现、反复出现。二者,互联网空间的失信行为能够对网络秩序产生严重冲击,加之网络虚拟空间与现实世界的多重联系和相互作用,导致网络失信行为可能给整体社会活动造成一定程度的混乱,甚至威胁社会正常秩序,引起现实社会的不稳定。由于网络社会突破了时空界限,网络失信行为影响和传播的广度与深度将超越任何一种传统媒体。而且,网络失信行为造成的负面影响广、时效长,在短时间内很难消弭。

---

① 　[美]丹·希勒:《数字资本主义》,杨立平译,江西人民出版社 2001 年版,第 20—25 页。

第四章　网络失信行为对公众
行为道德的冲击

"道德是一系列与正确行为相关的信念或价值系统,个体根据此信念价值系统明辨是非并作出适应性行为。由此而言,道德规定了个体应该做什么(指定性道德范畴)和不该做什么(禁止性道德范畴)。"①作为行为道德的核心内容,诚信同样规定了个体应该做什么和不该做什么。具体而言,诚信通过影响公众的道德认知进而影响个体的行为。网络失信则损害了个体的道德认知,使得个体对什么是符合道德的、如何判断道德标准,以及如何进行道德选择产生负面认识。

第一节　网络失信行为对道德认知的影响

道德概念与道德判断是道德认知的两个重要维度。在科尔伯格看来,道德认知指的是"每个主体参与和外界相互作用下的自我建构的动态认知发展过程,是对是非、善恶行为准则及其执行异议的认识,并集中表现在道德判断上"。② 除此

---

① Janoff-Bulman, Ronnie, Sana Sheikh, and Sebastian Hepp, "Proscriptive versus prescriptive morality: two faces of moral regulation", *Journal of personality and social psychology*, 2009, p.521.

② 郭本禹:《柯尔伯格道德发展的心理学思想述评》,《南京师大学报(社会科学版)》1998年第3期。

之外,一些研究还发现,青少年通常是"先给出某种选择,或者是由于某些理由先实施行为,然后再采用道德判断去证明它们"。① 除了道德判断和道德选择外,道德认知还包括人们在对道德行为进行观察基础上形成的善恶信念,即所谓的道德推理。道德推理是个体深思熟虑和直觉的过程,核心则是由已知的现象推理未知的可能。由此而言,道德认知至少应该包含道德推理、道德判断、道德选择等内容。

"道德的危机是每一次社会转型都会遇到的问题。"②计算机通信技术的发展和网络时代的崛起,是现代社会最大的转型特征之一。网络改变了人们的交往方式,这给网络参与者以不同身份参与互联网生活和进行网络互动提供了前提。网络在消弭时间空间距离带给人们的交往障碍的同时,也弱化了人际交往中的责任感和信任感。因此,道德危机伴随网络社会变迁出现新的特点,即网络失信行为成为网络社会道德危机的重要表现。网络失信行为导致的道德危机,包括影响个体的道德推理、道德判断和道德选择等。

一、网络失信行为对道德推理的影响

"道德推理是客观地思考哪些行为被认为是正确的,哪些行为被认为是错误的。"个体思考行为正确与否的过程,是根据可观察的和已知的现象推断内隐与未知的状态。一般来说,道德推理包含两种情况:第一种情况是对具体实践行为是否合理的推理,第二种情况是对现存某种惯例是否公正的论证。第一类道德推理,可以指出某一具体行为合乎某种惯例,而该惯例是社会所承认和推崇的。这种推理为该行为提供了充足理由。③

---

① 史晓冉、杨璐燕:《科尔伯格道德两难问题在教育中的运用》,《泰安教育学院学报:岱宗学刊》2011 年第 4 期。

② 兰久富:《社会转型时期的价值观念》,北京师范大学出版社 1999 年版,第 77 页。

③ 朱贻庭:《伦理学大辞典》,辞书出版社 2010 年版,第 78 页。

（一）网络失信行为对行为正当性论证的影响

网络失信是在网络社会中,个体对诚信行为的背叛以及对诚信原则的违背。网络失信可能影响公众基本的道德推理。这种影响比较集中地体现为道德推理的第一种类型,具体而言即关于某个具体行为是否正当的论证。也就是说,网络失信可能会影响个体关于某个具体行为是否正当的论证。比如,网络造谣是一种典型的网络失信行为。新冠肺炎疫情暴发初期,就曾出现多种网络谣言。

按照我们的理解,事实与媒介,应当是一对相互映照的概念,因为媒介本就应该是事实的一面镜子,贯彻反映真实、尊重真实和发掘真实的行为原则。这三者是同步亦趋的。反映真实,表示媒介需要尽量秉持客观原则,审查所传信息的真实性和全面性;尊重真实,则需要媒介承认自身的局限,至少在发现所传信息有纰漏时,应该及时"止损",防范舆论权力为不怀好意者所滥用;发掘真实,指的是媒介要重点挖掘那些对社会真正有价值的信息和事件。媒介资源有限而社会信息无限,应当将有限的媒介资源使用在能够促进社会进步方面,而不是让那些几无社会价值的虚假和不实信息占据主要媒介资源。一般来说,无论是个体还是传播媒介,向个体传播正确信息被认为是个体或媒介诚信、负责任的表现;而向他人传播不真实的信息,甚至是错误信息的行为,则被认为是不诚信的错误行为。在长久的生活实践中,基于法律和道德认知,人们形成了对传播正确信息的认识,并且能够由此推断造谣是错误的行为。但是,网络空间大量的造谣和虚假信息,可能误导人们对于此类行为是否正确的认识和判断。网络尚未完善的诚信体制使得守信者得不到应有的支持和鼓励,失信者也受不到应有的谴责和惩罚。诚信风险机制的缺位、对失信惩罚力度的微弱,以及信用关系在网络上的阻隔,使得当传播虚假信息的造谣者或造谣媒介事后未得到有效惩处和规制时,对人们道德推理的影响更甚。许多网友在媒介发布的信息下面发问:"这样的造谣行为还不受惩罚? 以后是不是谁都可以随便造谣？对别人造成损害是不是不用考虑后果？"诸如此类的疑问，是造谣网络失信行为导致的道德推理负面后果的具体体现。网络失信行为影响个体的道德推理，通过影响个体对真、假、善、恶的判断混淆个体的道德推理，最终造成个体道德认知的冲突。

（二）网络失信行为对社会惯例公正性论证的影响

一直以来，道德秩序与社会规范，被认为是维持社会秩序正常的重要约束性机制。法律则被认为是保障社会底线运行的制度性条件。道德规范、风俗民约、法律制度等，都是保障社会公正性的重要依托。然而，无论是道德规范还是风俗民约，抑或是刚性的法律制度，都是对社会正常秩序与公正性的人为调节手段。实际上，在上述道德规范、风俗民约与法律制度的人为调节之外，有许多学者都认为，存在一种"自发社会秩序"。

20 世纪 60 年代，英国学者哈耶克在思考和解决经济学中的市场运作难题时，提出了著名的"自发社会秩序"理论。哈耶克认为，在"自我控制理论"出现之前的 200 多年时间里，经济学就已经理解了"自我调控系统"的秩序本质。在"自我调控系统"中，个体行为的常规性和约束机制使得人们能够在一个包含多种现象的秩序中相互调适。哈耶克由此指出："这种引致对超过任何人所能掌握的信息的利用的秩序是不可能被发明的。"[1]这就是说，基于人的理性因素去设计一种能够调控各种情况的社会秩序的制度是难以实现的。循着哈耶克的上述思路，可以展开进一步追问，如果理性设计一种人为的社会秩序是不可能的，那么，人类社会得以可能实现或支持社会秩序正常运转背后的机制究竟是什么呢？哈耶克对此回应道："在各种人际交往中，那些具有明确目的的生活方式的形成，是极其复杂但又条理井然的。但这种条理井然却绝非人为设计的结果，而是产生于诸多非明确的意识到其所作所为会由此产

---

[1] Hayek, Friedrich August, *New studies in philosophy, politics, economics, and the history of ideas*, London: Routledge & Kegan Paul, 1978, p.11.

生结果的人的各自行动。"①也就是说,人类社会表现出来的条理井然的社会
秩序,是人们无意识行为的结果,是人类不断试错和基于"适者生存"机制的
实践逐步累积性发展而形成的社会生活形式,即所谓的"自发社会秩序"。从
这个角度来说,哈耶克的"自发社会秩序"理论包含适应性进化的色彩。不
过,哈耶克不完全是在一种适应性进化论中来讨论"自发社会秩序"的。实际
上,哈耶克并不完全赞同社会达尔文主义的"自然选择"观念。哈耶克认为,
"适者生存"的观念在社会科学及其实践领域并不适用,"因为在社会进化过
程中,具有决定性意义的因素并不是个人的生理的且可遗传的特性,而是经过
模仿成功有效的生活形式和习惯所作出的选择"。② 至此,哈耶克对他提出的
"自发社会秩序"理论进行了初步阐释,即自发的社会秩序之所以能够成为可
能,是社会中的行动者在回应社会变迁和环境变化导致的一系列问题时遵循
某些规则的结果。

　　人类社会和生活中,有很多在人们应对环境变化与社会变迁过程中形成
的自发社会秩序。萨格登在哈耶克"自发社会秩序"理论基础上,提出了"社
会惯例"概念。在萨格登看来,社会惯例是在人们复杂的社会交往和社会互
动中不断演变并形成的。社会惯例的存在,为人们在日常生活和社会实践中
应对外部环境及社会变迁提供了可参考的"历史经验"与路径模式。人们遵
循社会惯例可以节省应对环境变化和社会变迁的时间成本,降低应对困难问
题的难度,提高解决困难问题的成功率。

　　网络时代同样存在"自发社会秩序"或"社会惯例"。比如,广大网民普遍
认同网络社会的信息存储量较大。人们在日常生活和社会实践中面临的大多
数困难与疑问,都倾向于从互联网社会寻求信息支持和知识帮助。再如,针对

---

　　① Hayek,Friedrich A.,"The Constitution Of Liberty",Chicago:The University Of Chicago Press,1960,pp.58-59.

　　② Hayek,Friedrich A.,"The Constitution Of Liberty",Chicago:The University Of Chicago Press,1960,p.59.

网络中的问答帖子、求医咨询，甚至是与日常生活有关的诸如"如何做饭和做菜"等，网络空间都有海量的可参考信息数据和知识。人们之所以遭遇困难时求助于互联网，是因为人们了解互联网的海量大数据能够为自己提供足够的信息参考，同时也倾向于相信来自互联网的信息参考和帮助。这也是一种重要的"自发社会秩序"和"社会惯例"，是互联网社会至今能够蓬勃发展、越来越多网民参与其中的重要基础规则。

网络失信行为有可能对社会惯例公正性的论证带来一定的麻烦。社会惯例是人们在经久的社会实践与日常生活中形成的关于如何处理问题和应对困境的成熟经验，并基于此形成了所谓的"自发社会秩序"或"社会惯例"。因此，人们在日常生活与社会实践中遭遇困难和问题需要参考社会惯例时，不需要反复地对社会惯例的可行性及其公正性进行论证。然而，失信行为则可能对人们公认的社会惯例的公正性及"自发社会秩序"的正常运转产生直接冲击。它从人们的认知领域消解社会大众对社会惯例得以存在的基础的认识，同时也解构了人们对社会惯例正当性的评价和潜在认同。这使得社会惯例对于人们解决日常生产和生活实践问题的参考价值大大降低。人们在面对困难和问题需要解决时，将不得不对自己原来深信不疑和具有高度参考价值的"社会惯例"进行重新论证。这无疑增加了人们解决问题的时间成本和其他成本，并可能引起更大范围的社会价值偏误和共识恐慌，影响广大网民的道德推理能力和道德实践。

二、网络失信行为对道德判断的影响

在科尔伯格那里，道德判断指的是个体运用道德推理，将社会公认的道德原则运用到具体的实践情境中去的主观结果。对于道德情感与道德行为而言，道德判断是重要的基础与前提。① 一般来说，一个人道德判断能力的高

---

① 郭本禹：《柯尔伯格道德发展的心理学思想述评》，《南京师大学报（社会科学版）》1998年第3期。

低,取决于道德认知的水平。① 道德判断对道德情感、意志与行动选择起决定性作用。科尔伯格将"结构"和"内容"视作界定道德判断的两个维度,那么,道德判断就是个体在一定道德情景下进行的具体内容与特定结构的"运算"。科尔伯格还将道德判断的发展划分为不同水平和阶段,即"三水平、六阶段"。所谓"三水平",就是"前习俗水平""习俗水平"与"后习俗水平"。所谓"六阶段",即服从和惩罚的道德取向,幼稚利己主义的道德取向,好孩子的道德取向,尊重积极导向、维护社会秩序的道德取向,遵守制度的道德取向,坚持广泛准则的道德取向。

　　个体的道德观念在不同习俗水平下,会有较大的差别。在前习俗水平下,个体对于善恶与是非的感知较为敏感,但还尚未形成严格的指导行为的规则意识。个体的道德判断通常分为两个阶段,即服从道德的第一阶段,以及服从功利主义原则的第二阶段。在第一个阶段,个体根据行为的直接结果判断实践行动的好坏,对规则的遵守源于想要规避惩罚的倾向。在第二个阶段,个体则基于社会互动中的互惠原则判断行为的好坏。在习俗水平下,个体认识到自己是社会的一分子,能够从社会共识的角度思考问题,并且愿意按照社会公认的规则从事实践行为。在这个水平上,又包括两个道德推理阶段,即以人际关系协调为准则的阶段,以及以法律和规范为准则的阶段。在后习俗水平下,个体除了尊重规则外,还认识到规则是由社会成员共同制定的。这使得个体的道德发展产生出自我约束的要求,发展出超社会认知。该水平同样分为两个道德推理阶段,即所谓的社会契约准则阶段和道德伦理准则阶段。

　　需要指出的是,道德判断的能力是动态发展的。不仅如此,道德判断的形式也是多样的。一般来说,道德判断包括 3 种类型,即评价判断、规范判断与命令判断。评价判断是指人们依据特定的道德价值观,对道德行为进行或肯

---

　　① 史晓冉、杨璐燕:《科尔伯格道德两难问题在教育中的运用》,《泰安教育学院学报:岱宗学刊》2011 年第 4 期。

定或否定的评价。比如:"诚实守信是高尚的""损人利己是应该受到谴责的""勤劳勇敢是值得表扬和学习的""不劳而获是可耻的"等。规范判断是指人们据此确立道德行为的规范和准则。比如:"学生应该尊敬师长""儿童应该敬重父母和老人""子女应该赡养父母""社会大众应该遵守法律规范"等。命令判断则是指禁止人们做某种行为的指令。比如:"不许在公共场合吸烟""不许在加油站点火""不许欺诈"等。在这3种不同类型的道德判断中,评价判断是最基础的,是规范判断和命令判断的基础。道德判断能力的提升,取决于个体道德观念的不断发展,对于个体调节实践行为具有重要的指导意义。

网络失信行为具有多种类型。比如电子商务领域,就包括虚构商品信息或折扣信息,夸大宣传、售卖假冒伪劣商品,以次充好、刷销量、刷好评、欺骗消费者等;移动通信领域,也有诸如借助电信渠道向用户群发垃圾短信、电信运营商宣传的网速标准与实际不符、通过手机邮箱等向用户发送诈骗信息等失信行为;搜索引擎领域的失信行为尤为复杂多样,比如在搜索应用软件下载安装时附带其他捆绑软件、搜索内容与结果不一致、充斥广告和虚假信息、搜索下载某内容时以强制安装软件为前提等;互动社交领域也是失信行为频发的场域,比如通过社交软件传播虚假信息、偷盗 QQ 号等,并利用他人身份进行诈骗、诽谤和人身攻击;生活服务领域同样充斥失信行为,比如某生活服务网站发布虚假房源和价格信息,团购的商品与实际不符且不予退换,网站售卖高价医院专家号、演出票和旅行票等,网上订餐、订酒店无故爽约等。除了上述领域外,网络游戏中也经常出现各种类型的失信行为,比如游戏通过抽奖和开宝箱等类似赌博方式吸引玩家、游戏中使用作弊软件、在游戏中盗窃他人虚拟物品等。

上述网络失信行为是对评价判断、规范判断和命令判断的严重侵害,容易导致网民陷入道德判断的混乱境地。

三、网络失信行为对道德选择的影响

"道德选择是指行为主体在一定目的和道德意识支配下,对某种道德行为所作的自觉抉择。道德选择是道德意识活动的一种重要形式,是产生道德行为的前提,又通过道德行为具体表现出来。当行为主体面临多种行为选择的可能性,而这些多种可能性又具有善恶对立性质,或具有道德价值上的差别时,道德选择就是对这些可能性在善恶和道德价值程度上的选择。道德选择受客观可能性和主体主观选择能力的制约。"①一些研究发现,道德认知与亲社会行为有着紧密的关系。② 那些道德认知发展更成熟的个体,具有更亲社会的行为表现。③ 不过,需要指出的是,尽管不诚实的个体在作出不诚实选择时会感到生理或心理上不适,但实践中网络社会充斥许多失信行为,而这些失信行为仍然是个体基于理性进行的决策。网络失信行为可能给网络环境带来负面影响,从而影响个体进行道德选择和道德决策;在极端情况下,可能带来模仿行为,并使个体作出不符合诚信、规范甚至法律的道德选择,造成负面后果。

一般来说,在个体的社会化过程中,家庭往往扮演非常重要的角色。实际上,家庭是儿童社会化的第一个场域。儿童阶段的行为主要以模仿性为主,而孩童行为模仿的对象主要来源于父母。在家庭日常生活中,比较常见的失信行为即父母对子女的"哄骗"。比如,孩子想要糖果,父母说一会儿给买,过后又不买,失信于儿童。长此以往,对儿童的实践行为形成负面影响。儿童的失信行为也大多来对父母行为的模仿。在儿童成年后,学校是个体社会化的重要场所。在网络社会来临之前,学校是个体获得知识的重要来源,也是个体能够获得知识的为数不多的重要途径之一。不过,进入网络时代以后,网络社会的发展为个体获得知识提供了无限可能。尤其是学生、年轻人,他们获得知识和信息的主要途径即互联网,许多行为实践也模仿自互联网。个体接触了

---

① 朱贻庭:《伦理学大辞典》,辞书出版社 2010 年版,第 83 页。

② Rubin, Kenneth H., and Frank W. Schneider, "The relationship between moral judgment, egocentrism, and altruistic behavior", *Child Development*, 1973, pp.661–665.

③ Eisenberg, Nancy, et al., "Behavioral and sociocognitive correlates of ratings of prosocial behavior and sociometric status", *The Journal of genetic psychology*, 1988, pp.5–15.

网络失信行为,同样可能从中模仿,并模糊个体的道德选择,作出类似的失信行为。

第二节　网络失信行为对道德情感的影响

"道德情感是把社会取向与个体取向相结合,使主体能够主动地接受社会道德约束,并让自身的归属欲望和向善需求得以满足,从而引起的心理上的情绪反应和内心感受。道德情感是一种自我意志监督的力量,构成了道德行为的重要内驱力。"①作为较早对道德进行类型化区分的代表性学者,莎夫茨伯利将道德的区分建立在情感基础之上。莎夫茨伯利把支配人类行为的情感分为自然的情感、自我的情感和非自然的情感3种类型。所谓自然的情感,即社会性情感,是使人们追求共同利益的完全善的情感。自我的情感也叫私人情感,相比较自然的情感关注共同利益,自我的情感更关注个体利益。自我的情感既可以是善的,也可以是恶的。非自然的情感则是指那种建立在他人痛苦之上的复仇性和嫉恨性情感。非自然情感会给个人和社会带来不良影响。在这3种情感中,自然情感处于基础地位。在自然情感的基础上,个体借助行为与情感反思得来的道德感与自然情感相关联,使其成为道德情感主义的理论基础。道德情感在内容上包括恻隐、同情、联名等以爱为底蕴的社会性存在。② 道德情感的重要性在于,它通过影响个体的价值立场、道德判断,进而影响个体的道德行为。③ 经由个体对荣誉感、羞耻感、权责感和尊严等情感的体验,推动个体道德行为的发生和实施。在许多研究者看来,道德情感是个体实践行为的重要动机。与一般的情感相比,道德情感更能够驱使个体从事某种道德行为。孟子指出:"今人乍见孺子将入于井,皆有怵惕恻隐之心,非所

---

① 徐娟:《大学生道德情感教育的主体维度探析》,《大学教育科学》2019 年第 6 期。
② 王海明:《伦理学原理》,北京大学出版社 2001 年版,第 366—367 页。
③ 金德楠:《以历史唯物论分析和矫正道德情感主义》,《理论探索》2020 年第 2 期。

以内交于孺子之父母也,非所以要誉于乡党朋友也,非恶其声而然也。"①也就是说,人们看到小孩子掉进井里,会产生恻隐之心,但这种情感的产生不是为了获得声誉,而是一种自然而然产生的怜悯之心。但只有怜悯之心并不必然使个体作出拯救孩子的行为,只有具备道德情感,才能够驱动个体采取拯救孩子的行动。"道德情感是道德实践的重要动力。"②根据海德特的阐述,情感可能包含如下几种典型体验:"因他人违背道德规范而产生的体验,意识到自身行为给他人或社会带来的不利或有利结果而产生的体验,感知他人不幸经历而产生的体验,见证他人善行与伟大而产生的体验"。③ 显然,基于他人违背道德规范产生的体验不是一种积极的体验,可能包括愤怒、失望、震惊、沮丧、羞耻等情感体验。

追本溯源,网络空间的道德与现实社会的道德具有同一性。已经有研究指出,网络道德与现实社会道德同样具有适应、动机、组织和沟通交流等多重功能。④ 由于网络社会的虚拟性和隐蔽性,网络失信等道德示范行为更加容易产生。网络失信行为至少在两个层面伤害个体的道德情感,包括导致利他行为的减少和利己行为的增加。持道德利己主义观点的学者,如霍布斯和曼德维尔等人认为,道德情感具有优先满足自我的倾向。而其他一些学者则强调,人除了利己的本能之外,还有利他的动机。从道德情感出发,人类天然拥有同情、共情、移情等情绪,并会对不幸事件产生某种怜悯情节,而上述情绪和情节恰恰是利己行为产生的重要基础。

一、网络失信行为对直觉的道德情感的影响

道德的情感体验包括 3 种类型,即直觉的情感体验、想象的情感体验和伦

① 杨伯峻:《孟子译注》,中华书局 2018 年版,第 72 页。
② 高海波:《道德实践的动力问题——以东亚的性理学为例》,《道德与文明》2019 年第 5 期。
③ Haidt,Jonathan,"The emotional dog and its rational tail:a social intuitionist approach to moral judgment",*Psychological review*,2001,pp.814-834.
④ 马晓辉、雷雳:《青少年网络道德与其网络偏差行为的关系》,《心理学报》2010 年第 10 期。

理的情感体验。在这3种道德情感体验中,直觉的情感体验是在特殊的情境中产生的,并未加思考而瞬间产生的情感体验。比如,一个男孩子见到一个女孩子,第一面就一见钟情,感觉自己喜欢上了对方,但事后经理性思考才发现,自己对于对方一无所知,甚至不知道对方性格如何、品性怎样等。也就是说,直觉的情感体验是个体对长期沉淀的某种情感的直接提取,是未经理性思考和充分准备的情感体验。

网络失信行为对个体直觉情感体验的影响主要表现在:失信行为可能营造一种不诚信的网络情境。长期处于该情境的个体受失信情境影响,对特定情境中的事件、行为和现象可能失去正常的情感体验,从而导向消极的实践行为。从主体来看,网络失信行为至少涉及两类主体:一是网络失信行为的实施者,即失信主体;二是网络失信行为的受害者,即失信客体。

(一) 网络失信行为对失信主体直觉道德情感的影响

已经有研究发现,相比诚实的个体,不诚实的个体放弃由不诚实决策获取的利益的时间更长。[1] 这表明,不诚实的个体在放弃不诚实利益过程中可能产生更多的认知需求。当人们做不诚实选择时,其心理和生理上均会感到不适。因而,为了减轻这种不适感,个体会减少不道德行为。那些经常从事网络失信行为的个体,在进行不诚实的行为决策时,可能生理、心理上的压力感会相对较小,导致其习惯性从事失信行为。比如,那些惯于在网络社会进行财产诈骗的个体,长期从事诈骗行为,可能使其失去同情心、同理心,在面对与诚信有关的情境时,不假思索地作出与失信有关的道德选择,给他人和社会带来负面影响。

(二) 网络失信行为对失信客体直觉道德情感的影响

网络失信行为不仅影响失信行为主体的道德情感体验,同时也影响失信

---

① Greene,Joshua,and Jonathan Haidt,"How (and where) does moral judgment work?",*Trends in cognitive sciences*,2002,pp.517-523.

行为客体的道德情感体验。实际上,网络失信行为对失信行为客体的消极影响远超失信行为主体。相比较失信行为主体长期从事失信行为,习惯于失信处境,因而面对失信行为的心理和生理压力较小,失信行为客体由于不常遭遇失信行为,受到失信行为的影响和伤害更大,可能对其道德情感的伤害更深、更长远。失信行为客体不仅要承担投入的时间、精力甚至金钱的损失,更重要的是情感冲击强烈以及对未来人际关系的不信任感和不安全感加剧,可能引起失信行为客体的道德冷漠。

二、网络失信行为对想象的道德情感的影响

所谓想象的道德情感,即个体通过想象并不存在或未与之接触的情境、人物等产生的情感体验。当对他人的道德需要想象不到位、对他者的真切关心不够导致选择道德行为的动力不足,只考虑自我利益得失,放弃挖掘情境中多种可能性的道德理性偏离则会出现道德失范现象。① 对想象的道德情感把握不当,很有可能引起负面行为和不良情绪。就网络失信行为对想象的道德情感的影响而言,一般指向 3 类主体:一是网络失信行为主体,二是网络失信行为客体,三是网络环境中的旁观者。

(一) 网络失信行为对失信行为主体想象道德情感的影响

网络失信行为对失信行为主体想象道德情感的体验,更多地表现在会强化失信行为主体对失信行为的认知,并可能带来更多的重复性失信行为。对于失信行为主体而言,一次成功的网络失信行为能够带给失信行为主体成功的体验,从而提升其身体和心理的"成就感"。这可能成为驱动网络失信行为主体从事下一次网络失信行为的重要"动力"。

对于经常实施网络诈骗行为的"老手"来说,失信行为不仅不会给失信行

---

① 张婧:《网络空间的道德基石——积极心理学视野下的网络诚信研究》,《北京城市学院学报》2017 年第 3 期。

为主体带来愧疚感,反而会激发失信行为主体的自信心和"成就感",并实施更多的诈骗行为。网络失信行为中的"成功"体验,一是会成为一种正向的反馈激励,不断刺激失信行为主体增加失信行为的次数,并追求更大的"成就收获体验",从而严重偏离道德理性;二是从失信行为中攫取的巨大利益和"成就感",由现实投射到网络空间虚拟身份的人物中,使得网络虚拟身份的人具备现实中不具有的身份、地位、成就等,强化了失信行为主体的虚荣心,在网络中构建虚化的自我认同感。网络失信行为导致失信行为主体陷入虚幻的处境之中,且对失信行为的成功"沾沾自喜",从想象失信行为成功带来的"成就感"中,不断叠加并强化其自信心。

(二)网络失信行为对失信行为客体想象道德情感的影响

网络失信行为不仅对失信行为主体造成道德情感上的影响,对失信行为客体同样产生较为严重的道德情感损害。一般地,在经受网络失信行为时,作为失信行为的受损者,失信行为客体可能因自己被骗而受到心理上的伤害,并产生较大的心理和精神压力。但也存在另一种可能,即受到失信行为伤害后,激发失信行为客体产生某种报复性情感,走上类似的诈骗他人的道路。例如,在经历网络诈骗后,许多被骗者都会产生相应的心理压力,尤其是会产生对自我的怀疑,认为是自己能力不够、自己太傻才会上当受骗,并陷入对自我的怀疑中无法自拔,从而产生相应的心理问题。

网络失信行为对失信行为客体想象道德情感的影响比失信行为主体更加严重,可能造成更坏的后果,尤其可能导致失信行为客体心理、精神层面的自我怀疑和自我批评,严重的可能导致自杀的后果,值得高度关注。

(三)网络失信行为对网络旁观者想象道德情感的影响

网络失信行为对网络旁观者想象道德情感体验的影响,类似于失信行为客体。一般来说,网络旁观者虽然不像失信行为客体那样直接经受失信行为的伤害,但旁观者普遍有规避风险的倾向,并善于从相关案例和经历中吸取教训,以防止自己陷入同样的处境。

网络失信行为影响更多的网络旁观者可能造成两种结果:一方面,部分网络旁观者可能从中学习网络诈骗"经验"和所谓诈骗"技术",从而导致更多的网络失信行为。也就是说,网络失信行为会营造一种失信的网络情境,并为旁观者提供相应的学习情境,使特定的网络旁观者经历同样的失信道德情感体验。这种通过旁观和学习经历的类似失信道德情感体验,可能使旁观者想象类似的情景,导向更多的失信行为,从而对网络环境造成更大的破坏。另一方面,一些旁观者了解到存在某种特定的网络失信行为,在该失信行为营造的情境中认识到失信行为可能带来破坏性和伤害性后,可能产生对类似行为和情境的抵触情绪,从而影响网络旁观者的道德判断和道德行为。

三、网络失信行为对伦理的道德情感的影响

"伦理的道德情感是指建立在个体的理性认识基础上,以个体能够明确意识到和清楚的道德概念、原则为中介的情感体验。比如,当运动员在国际大赛里领奖时面对升国旗产生的爱国情感体验。伦理的道德情感是道德情感的最高形式,比如爱国主义情感、集体主义情感等,就是一种伦理的道德情感。"[①]伦理的道德情感是一种稳定的心理倾向和素质。这种倾向和素质既包含着道德理性的水平,也包含道德情感的水平。有伦理道德情感的人具有较高的道德理解力和判断力,对道德理性原则有较高的认同感,从而能够在复杂的道德环境中、在艰难的道德抉择中作出善的明智选择。有伦理道德情感的人也有和谐、高尚的道德情感,有仁爱之心,有忠恕之情,在现实的道德关系中能够实现情与理的完美结合。[②] 但是,网络失信行为对于伦理的道德情感的

---

① 胡倩、孙峰:《道德情感培养:基本特质、生长机理及培育路径》,《中国德育》2021 年第 1 期。

② 杨宗元:《略论道德情感在道德推理中的作用》,《伦理学研究》2018 年第 6 期。

破坏,会带来网络整体道德水平的下降。

(一)网络失信行为对失信行为主体伦理道德情感的影响

道德情感是人们基于一定的道德认知,从其价值观出发,对现实生活中道德现象、道德行为产生的在爱憎、好恶、信任等方面的主观态度。作为行为主体,能够助人,也能够伤人。从伦理道德情感的角度看,网络失信行为的发生,是失信行为主体在个体私利基础上经由"理性思考"作出的选择。"道德情感是道德认知向道德行为转化的关键环节。"[①]失信行为主体不仅可能通过施小利、谋大利的手段诱骗网络空间的行为主体,也可能利用人们的道德情感进行欺诈。网络空间失信行为主体的伦理道德情感与对象相关,是对失信行为的善恶反应与态度,指向失信行为主体伦理道德情感的利他性、对象性及其失信行为道德伦理的关联性。网络空间的伦理道德情感是生动、多样、活跃的,现实生活中各类人与人的关系都会在网络空间得到映射。由此,网络空间失信行为主体的道德情感也是各种各样、性质各异的,作出不道德行为,表现出低劣人格。就当前网络失信行为的特征而言,有 3 个方面的特点。首先,失信行为主体的伦理道德情感是一个主动为恶的行为。在网络失信行为中,失信行为主体利用网民的善意情感进行欺诈,以反道德情感方式打消了部分网民的疑心,引诱他们上当受骗,使得失信行为看起来"可靠",但实则是恶意、恶行。其次,失信行为主体的伦理道德情感存在一个带动为恶效应。网络信息具有快速传播的特质,虚假消息极易通过网民之间的强关系网络或者弱关系网络迅速传播,使得覆盖人群不断地扩大。失信行为客体在纷杂而难以判断善恶的网络空间会降低自身对于失信行为的判断能力,成为盲目的追随者,形成群体性的非道德失信行为。最后,失信行为主体的伦理道德情感可能形成一个群体失信局面。在失信行为的遮蔽下,逐层递增的利益收入使得很多网民认

[①]　王贵喜、王贤珍、贺双艳:《道德情感教育:高校德育的困境与出路——基于高校德育调查的反思》,《思想政治教育研究》2006 年第 5 期。

为有利可图,"人数越多,收益越大"引诱更多的人参与其中,并通过已参与其中的网民吸纳更多的人参与其中。失信行为主体操控失信行为客体形成非道德情感,使他们意识到的道德概念和道德原则是被扭曲的道德概念和道德原则,或者说是异化的道德概念和道德原则,诱骗失信行为客体成为失信行为主体,形成群体化的非道德情感。

(二)网络失信行为对失信行为客体伦理道德情感的影响

网络失信行为不仅导致失信行为主体的伦理道德情感异化,同时也给失信行为客体营造了违背伦理道德的情感体验。网络失信行为受害者是直接经历失信行为的受害者客体,对于失信行为带来的伦理道德冲击的感受最为直接和深刻,可能导致对正常伦理道德情感的质疑和理解上的混乱,并对建立在诚信基础上的伦理道德情感的感知和体验变得消极、扭曲。

遭遇网络失信行为,对网络失信行为客体伦理道德情感的影响可能是持久的,有可能对网络失信行为客体的道德理性和道德情感造成极大冲击与损伤。由于道德情感影响着个体的道德行为和道德实践,网络失信行为在伤害网络失信行为客体道德情感与道德理性后,可能进一步瓦解网络失信行为客体对互联网社会的整体认知,从而冲击互联网社会的自发社会秩序和网络惯例。自发社会秩序或社会惯例是某种人们潜在认同或约定俗成的规则。这种规则的形成既是基于长时间生产、生活实践产生的经验,同时也是人们长期社会互动形成的伦理规则的外在体现。如果我们将社会惯例或自发社会秩序视为某种基于情感纽带形成的情感能量的话,伦理的道德情感本身就是一种社会惯例或自发社会秩序。遭遇道德情感伤害后,网络失信行为客体在面对同样的网络社会情境时,可能会产生更多的消极情感和伦理反应,可能采取相对具有抵触性甚至是攻击性的行为,从而对现有的网络社会自发秩序和社会伦理惯例产生冲击。也就是说,社会伦理惯例或自发社会秩序可能因失去群众基础而难以持续。

遭遇网络失信行为损害,除了对自发网络社会秩序和网络社会惯例产生破坏外,还可能对网络失信行为客体的现实生活产生间接影响。如果说网络社会的匿名性使得自发网络社会秩序或社会惯例更加虚拟的话,现实社会的自发社会秩序或社会惯例则更有迹可循,即现实社会的社会惯例更加依赖人与人之间的伦理纽带和道德情感。比如,在中国广大农村地区普遍存在的所谓村规民约,即农村居民基于长期生产生活实践和社会互动形成的伦理规范。这种伦理规范之所以对人们的生产生活实践具有约束性作用,就是因为农村居民之间普遍存在的高水平的伦理关系和彼此认可的道德情感。互联网对现实社会的影响体现在诸多方面。对网络社会的不信任及道德情感的弱化,可能影响个体对现实社会伦理规范的认知与理解,更可能影响个体对现实社会道德情感的认同与建构。这既是对现实社会伦理道德的冲击,也可能对道德规范和法律制度产生消极影响。

(三)网络失信行为对网络旁观者伦理道德情感的影响

与网络失信行为对象类似,网络失信行为同样可能影响网络旁观者对正常伦理道德情感的认知和理解。那些长期接触和生活在失信行为环境中的网民,可能对失信行为习以为常,并形成与网络失信行为主体类似的道德认知;也可能进一步采取模仿性行为,加剧网络失信行为的泛滥。不仅如此,长期接触和生活在失信行为环境中,可能导致网络旁观者对失信行为麻木化,失去道德判断力,并对失信行为的容忍度增加。与此同时,长期生活在失信行为环境中,也可能导致网络旁观者失去对正常、积极伦理道德情感的体验,导致网络社会整体道德水平下降。

网络失信行为旁观者伦理道德情感的消极化,是对全社会道德情感基础的动摇和解构,可能造成更大范围内伦理规范和社会惯例的瓦解,对于整体的社会控制和社会治理产生消极影响。伦理道德情感是一种稳定的心理倾向和素质。社会主义核心价值观与社会主义精神文明建设,就是要在全社会建构起社会大众稳定的道德文明素质和心理倾向。网络失信行为可能造成的整体社会道德情感弱化，无疑将对社会大众稳定的道德心理倾向与文明素质产生反向作用，形成对社会主义核心价值观与社会主义精神文明建设的拉扯，消解社会主义精神文明建设成效，必须引起足够重视。

第三节　网络失信行为对道德行为的影响

"道德行为(moral behavior)是指人们在一定道德认识或道德情感、道德意志的支配和调节下，在实践活动中履行一定的道德原则和规范的实际行动，它是人的品质的一个重要外部表现"[1][2]，具体包括行动性道德行为、言语性道德行为、心理性道德行为等类型。[3]

道德行为的发生与道德敏感性密切相关。Rest 的研究表明，道德行为包含个体一系列的心理成分，包括道德敏感性、道德判断、道德动机和道德品性等。其中，道德敏感性是所有道德行为发生的逻辑起点。纳瓦斯则进一步强调，应该把道德敏感性窄化分为道德察觉和道德解释两部分，且这两部分存在先后顺序。这当中，道德解释是一种经由意识控制的认知加工，涉及对是什么、怎么样的道德问题的理解。而道德察觉则是在道德解释之前进行的无意识或潜意识的事件处理，涉及对有没有的道德问题的感悟。[4] 这里，所谓的道德敏感性，是指"觉察到某人可能要做或正在做的某事将会直接或间接地影响到他人的幸福，是一种对情境的解释能力"。道德敏感性包括 3 个基本成分：(1)特定的伦理情境；(2)在某些方面影响自我和他人；(3)正在做的事或

---

① 张奎明：《真实生活中的道德判断研究述评》，《全球教育展望》2001 年第 6 期。
② 燕良轼：《教育心理学》，武汉大学出版社 2010 年版，第 230 页。
③ 向玉乔：《人类道德行为的现象性和规律性》，《北京大学学报(哲学社会科学版)》2020年第 5 期。
④ 郑信军、岑国桢：《道德敏感性：概念理解与辨析》，《心理学探新》2009 年第 1 期。

将要做的事违背了社会准则。① 布鲁姆的研究对道德敏感性有更加直观的讨论,他指出,道德敏感性即个体对特定道德情境和道德事件的感知。其中,道德感知不等于道德判断。一般来说,给定情境下的道德感知是先于道德判断出现的。道德感知能够完全在道德判断的作用之外引起道德行动。也就是说,道德感知可以直接促使道德行为的发生。② 道德感知不仅具有与道德判断类似的评价性功能,同时比道德判断更为根本。道德敏感性不同的个体,其道德行为也存在差异。那些对不利行为结果较为敏感的个体,更可能表现出利己主义的行为。③ 这些人的道德敏感性一般较低。与此相对的是,道德敏感性较高的个体,更可能注意具体实践情境中的道德意义,并且更倾向于从道德层面阐释个体的实践行为与情境。④

除了道德敏感性之外,道德阈限也被视为与道德行为紧密相关的因素。所谓阈限,又叫感觉阈限(sensory threshold),是测量感觉系统感受性大小的指标,用刚好能引起感觉的刺激量来表示,与感受性成反比,特指人在有意识和无意识之间的临界值。绝对感觉阈限测量感觉系统的绝对感受性,指的是"恰好能引起感觉的最小刺激量"。基于这个原理,可以对道德意识进行评判。能够激活道德敏感性的最小行为刺激量,就可以称为道德阈限。一个社会整体的道德阈限是社会的道德底线,由整个社会所有个体的道德阈限的平均值构成。⑤ 由此而言,个体的道德敏感性越强,道德阈限值就越低,社会的道德底线就越有保障。反之,个体的道德敏感性越弱,其道德阈限值就越高,

① 郑信军、岑国桢:《道德敏感性:概念理解与辨析》,《心理学探新》2009 年第 1 期。
② [美]劳伦斯·布鲁姆:《道德感知与特殊性》,谭安奎译,载徐向东:《美德伦理与道德要求》,江苏人民出版社 2007 年版,第 194 页。
③ 伍康钦:《当代大学生道德敏感性研究——以广州大学城高校为例》,广东外语外贸大学思想政治教育系 2016 年硕士学位论文,第 96 页。
④ 李伟强:《学校道德氛围知觉对道德发展影响的教育干预实验》,《心理科学》2013 年第 6 期。
⑤ 李侠、吕慧云、李格菲:《道德敏感性、道德阈限与道德底线的变迁》,《江西社会科学》2020 年第 7 期。

个体感知到非道德行为的可能性就越低,社会的道德底线也就越难有保障。

一、网络失信行为对道德行为主体的影响

对于网络失信行为主体而言,失信意味着个体从事与道德相违背的某种行为。不同个体的道德感知能力或道德敏感性存在差异。那些道德敏感性较强的人,对于不道德行为的感知能力更强,对不道德行为的批判和排斥性更高。反之,那些道德敏感性较弱的人,对于不道德行为的感知能力更弱,对不道德行为的批判和排斥性也更低。

一般来说,人们从失信行为中获得相应的回报时,会因自己的失信行为给他人造成损害,产生内疚、羞愧、焦虑等不安的情绪。但来自《人格与社会心理学》杂志的一项研究表明,骗子通过不道德的行为获得回报后不仅不觉得自己很坏或者是在作弊,反而还会认为自己打破了原有的规则,是"创新者",会产生类似于自我催眠般的满足与自豪,并且随着这种自我满意度越来越高,会推动他作出越来越多的类似行为。这种现象,被人们称为"骗子的世界"。我们认为,之所以会出现所谓"骗子的世界"这种伦理困境,主要原因就是骗子失去了道德敏感性,对自己从事的诈骗等失信行为的感知度较低。当然,影响个体道德敏感性的因素有很多,利益是其中尤为关键的一项。有研究发现,对利益的追寻可能影响个体的道德敏感性,导致道德敏感性滑坡、下降。研究人员首先要求参与者了解自身的感受,看自己做了不道德行为后是否会感到心疼。正如预期的那样,在测试当中,大多数参与者会感到心疼。但是,当所谓不道德行为涉及能有机会赚更多的钱时,80%参与者的心疼指数直线下降,甚至部分人觉得这样做感觉还不错。这个实验典型地揭示了,基于理性思考的利益选择可能影响个体的道德敏感性。

以网络失信行为为例,那些习惯性作出网络失信行为的个体,对自己失信行为的感知度较弱,即他们经常感知不到自己的失信行为是违背网络诚信道德的,甚至感知不到其网络失信行为可能造成的危害,因此可能伴生更多的网

络失信行为。长此以往,导致他们的道德底线不断退缩、道德水平不断降低。而网络失信行为主体之所以出现道德敏感性降低和道德底线退缩,原因就是他们能够从网络失信行为中获得相应的利益。与此同时,网络失信行为给失信行为主体带来的不良后果,不足以阻止其从事失信行为。就此来说,解决网络失信行为主体道德敏感性下降问题的一个路径,可以通过加强失信行为惩戒力度,即增加失信行为要付出的代价,来提升失信行为主体对失信行为的道德敏感性,从而减少甚至预防失信行为的发生。

二、网络失信行为对道德行为对象的影响

通常来说,除了个体差异本身外,道德敏感性还受到文化环境的重要影响。个体所处情境的不确定性越大,个体的道德敏感性就越小。反之,当这个特定情境是个体比较熟悉的假想情境时,个体就会呈现出更高的道德敏感性。也就是说,当个体所处的环境中,某类特定情境出现的频率越高、个体经历的次数越多,个体在该情境再次出现时的敏感性就越强。

基于以上分析,我们认为,网络失信行为对道德行为对象的影响,可能会导致两种截然不同的结果。第一种情况是,道德行为对象经历多次失信行为的伤害后,可能导致该主体漠视遭遇同类事件的其他主体,并选择拒绝相信和提供援助,也就是我们常说的"麻木不仁"。这里所谓的"麻木不仁",就是道德行为对象对失信行为的道德敏感性过高,导致出现过高的防御性心理。此外,还存在另外一种情况,就是道德行为对象经历过多的失信行为后,对失信行为"习以为常",不认为失信行为有什么问题。这表现出道德行为对象对失信行为的敏感性降低。这种情况的发生,可能导致社会整体道德底线退缩。也就是说,网络失信行为频发,不仅会导致道德行为主体的道德敏感性降低,同时也可能导致道德行为对象的道德敏感性降低。道德行为对象道德敏感性降低,可能使道德行为主体的失信行为失去约束,导致更多的网络失信行为。

三、网络失信行为对道德行为环境的影响

无论是道德行为主体还是道德行为对象,道德敏感性降低意味着社会整体道德底线退缩,其结果是造成更多的"麻木不仁"。由中国网络社会组织联合会、中国经济信息社、中国人民大学国家发展与战略研究院联合研究编写的《中国网络诚信发展报告》,于 2020 年 12 月 7 日正式发布。该报告指出,互联网失信行为主要表现出 5 种类型,即谣言、泄露隐私、虚假宣传、恶意营销、诈骗。其中,调查数据显示,约有 91.3% 的被调查者经常或有时遇到网络谣言。受网络谣言误导,群众的正常生活受到极大影响。虚假宣传方面,调查数据表明,约有 87.3% 的被调查者经常或有时遇到虚假信息。泄露个人隐私方面,调查显示,有高达 85.2% 的网民表示自己曾经遭遇过个人信息泄露。网络恶意营销方面,调查发现,约有高达 92.2% 的被调查者认为目前"标题党"现象非常严重或比较严重。一些人为了一己私利,炒作"标题党"文章博取流量,对此必须重拳整治。网络诈骗方面,调查发现,有高达 75.5% 的网民表示从未遭遇网络诈骗。网络诈骗事关人民群众的生命财产安全,必须坚决防范、严厉打击。

根据上述数据能够看到,绝大多数网民曾遭遇过各种形式的网络失信行为,这意味着网络失信行为对道德行为环境已经产生了极大冲击。这里的道德行为环境,主要强调的是对个体道德品质形成与发展产生重要影响的个体自身以外各种社会要素的综合。① 总体上而言,道德行为环境是各种社会制度、风俗习惯、文化、家庭、学校等构成要素的统称。积极的道德行为环境对于社会文明的进步与发展具有促进作用,能够增强社会凝聚力、提升社会整体道德水平。道德行为环境的改善与建设是一项系统的社会工程,需要健全的社会制度与公正的社会结构。

---

① 孟桂英:《道德环境论》,《商丘师范学院学报》2002 年第 6 期。

　　对于网络环境来说,失信行为频发对网络道德行为环境的冲击是巨大的,直接导致网络社会整体道德敏感性降低和道德行为退化。不过,这反过来也提醒研究人员和政策制定者,维持良好的道德行为环境可能反过来激发道德行为主体的道德情感和道德敏感性,导向积极、正向的道德行为。然而,网络社会的匿名性、去身份化等特点,也让人们面对网络社会中的交往规范、道德准则和法律法规时视若无睹,出现大量的失信行为甚至违法犯罪行为。对于网络社会而言,要建立诚信的网络道德行为环境,必须强化政策制定和法律规制,加强对网络失信行为的联动制约,形成多部分、多层面、多系统对网络失信行为的打击和对网络失信行为主体的惩戒,营造良好的网络道德行为环境,倒逼网络主体提高道德敏感性、遵守诚信规则、减少失信行为。

第五章　网络时代失信行为的传播
路径及其道德困境

众所周知,人无信不立,业无信不兴,国无信不强。信任是社会运转的重要条件与基础,是社会运行的润滑剂。长期以来,国家高度重视社会诚信体系建设。随着网络信息技术的迅猛发展,人类已迈入信息时代。互联网在提高人们生活便利性的同时,也让人们饱受网络失信行为的困扰。特别是网络时代的到来,让失信行为变得更为隐蔽与复杂,这是由网络的扩散性、即时性、开放性等特征决定的。随着互联网技术迅速发展,网络失信问题日益增多。在网络时代,一方面,失信行为的方式更为多样化,呈现出匿名化、传播快等特征;另一方面,网络时代的失信行为从现实空间转向网络空间,网络失信行为兼具现实与虚拟的双重属性。而随着互联网的飞速发展,网络已经成为我们生活中不可分割的一部分,随之而来的是网络失信行为大量涌现。加强对网络失信行为的约束与治理,可以实现失信惩戒和信用信息管理"线上"与"线下"相结合,是构建诚信社会、建设网络强国的必由之路。

本章的研究框架大致如下:首先,主要从理论层面探讨网络时代失信行为的生成机制及其传播路径。这部分的重点将失信置于网络社会的背景下考察其生成与传播途径,主要以传播学和社会学的相关理论与视角进行解读。其次,以大规模社会调查数据为基础,对失信行为与道德的关系进行实证分析。

这部分采用的调查数据主要来自中国综合社会调查（Chinese General Social Survey，CGSS），该项调查由中国人民大学发起并主持。中国综合社会调查于2003年开始，被认为是我国富有代表性的调查数据库之一。在2013年与2015年的调查中有关于失信行为的调查，这两期调查覆盖全国28个省区市，具有较高的代表性。最后，从失信行为传播过程中的道德生产与再生产，了解网络时代失信行为引发的道德观念变化。

第一节　网络时代失信行为的生成与传播路径

习近平总书记强调："网络空间是亿万民众共同的精神家园。网络空间天朗气清、生态良好，符合人民利益。网络空间乌烟瘴气、生态恶化，不符合人民利益。"[①]失信现象在日常生活中较为常见，而网络时代失信行为的生成与传播路径有其自身的特征。网络环境具有虚拟性、开放性、交互性、公共性等特征，网络构建了新的社会形态。网络空间是一把双刃剑：一方面，大数据、新技术等为人们带来便捷。网络为人们的生活提供各种便利，极大提高了工作效率，已经成为人们日常生活不可或缺的一部分。另一方面，网络为失信行为的产生与蔓延提供了客观条件。随着人类生活快速网络化、社会利益快速向网络延伸，传统社会中的各种犯罪行为都在虚拟空间内找到了成长的土壤。网络病毒、网络盗版、网络赌博、金融诈骗等，极大地伤害了社会诚信、破坏了社会秩序。[②] 网络时代，失信事件大量涌现，网络诚信缺失包括身份欺骗、恶意侵犯他人隐私、侵犯他人知识产权、网络谣言与诽谤行为、网络诈骗等。[③]网络失信行为与现实失信行为的最大不同在于，网络上的互动并非系统信任，

---

①　《习近平谈治国理政》第二卷，外文出版社2017年版，第336页。

②　骆正林：《网络舆论给社会治理带来的挑战》，《新闻爱好者》2014年第4期。

③　鲁兴虎：《论网络社会交往中的个人诚信缺失现象及其治理》，《道德与文明》2006年第5期。

而是依赖个人人格的信任。网络时代的失信带来明显的负面影响。网络上的欺骗、机会主义行为超过其他领域。网络传播信息的低成本特性,使得网络参与主体辨别信息真实性的意愿大大降低。① 网络信息的传播路径是怎样的?其逻辑是什么? 探讨网络时代失信行为的生成与传播路径具有十分重要的意义。在网络时代,失信行为的生成与传播路径更为复杂,概括来看,大致包括信息编造、议题强化、标签化处理、群体极化、沉默的螺旋及异化支配等方面的内容。网络失信行为与现实失信行为相比,最大的不同在于,网络上的互动并非系统信任,而是依赖个人人格的信任。

一、信息编造

所谓信息编造是指编造、故意传播虚假不实信息,从而扰乱社会秩序的行为。一方面,网络空间的超时空性、匿名性与符号性为信息编造和传播提供了可能性;另一方面,网络空间的人际关系较为松散,流动性较为频繁。从生成与传播路径来看,社交媒体的出现打破了传统媒体的中心地位。在网络环境下,传播主体开始变得多元化,人人成为传播者变成现实,这无疑降低了信息编造的成本。与此同时,网络空间的失信行为是对现实社会的反映和重构,现实社会的行为失范会影响到虚拟网络空间。在网络信息时代,网络的快速发展正日益影响和改变着人们获取信息的主要渠道。为了吸引眼球和攫取流量,有些网络大 V 和自媒体在搬运、转发信息内容时,随意编造具有突发性和蛊惑性的"标题",以获取私利。与此同时,部分网民利用网络编造、传播谣言,以达到特定目的。部分学者把这种在网络上编造并故意传播虚假信息的行为称为"指尖上的风险"。从法律制度来看,我国已经确立了编造、故意传播虚假恐怖信息罪。如《互联网信息服务严重失信主体信用信息管理办法》,就对网络虚假信息的传播类型及其惩戒进行了明确界定。但是,鉴于网络的

---

① 董志强:《网络文化的信任危机》,《信息产业报》2000 年第 8 期。

虚拟性与匿名性,信息编造仍然层出不穷,编造虚假信息的主观故意非常明显。编造虚假信息,可能是出于炫耀,让他人意识到自己知道内幕消息;也可能是自以为是,认为自己的判断是正确的。某些网络平台、自媒体等为了迎合部分消费者情绪,放大新闻的片面效应,追求轰动效应与流量,甚至不惜编造信息。针对编造网络信息,最高人民法院与最高人民检察院发布司法解释,明确了编造信息等网络违法行为的认定标准,特别指出了对互联网中散布虚假信息的惩戒方式和标准。作为一种公共空间,互联网的秩序是社会公共秩序的一部分。编造和传播互联网虚假信息,危害巨大。维护互联网空间的公共秩序,需要全体网民共同参与。

二、议题强化

网络环境下议程设置的主体,大致包括媒体和个人自媒体两个方面。在互联网时代,海量的信息通过互联网进行传播,网络议题借助网络传播的便利性得以迅速而广泛地传播,大量热点议题可以在短时间内传播到受众那里。网络议题通过文字、声音、图片、视频、动画等多种手段,形成多方位的传播环境。网民对于议题的关注具有很强的流动性。在这样的背景下,传统网络议题的强化从聚焦"谁来说"转变为"说什么"。不同的受众个体之间、受众个体与网络媒体之间、受众个体与传播者之间、不同的传播者之间、不同的网络媒体之间,都可以互相平等地交流、对话甚至交锋。受众的主动性得到空前加强。[①] 议题的强化呈现去中心化趋势。随着数量众多的自媒体效应凸显,网民往往借助特定的话题,将广大网络参与者聚集到话题中来,达到预期的传播目的。由此可知,网络议题的产生以及传播主体与条件正在发生改变。在此背景下,网络议题设置能力在扩大网民网络传播的同时,也为失信行为的出现创造客观网络条件。网络议题的设置至关重要。一方面,网络议题的设置能

---

① 周锐:《虚假的让渡——浅议当前网络传播中议程设置的主体变化》,《湖北社会科学》2006 年第 9 期。

够对网民的判断产生直接影响。另一方面,网络议题的设置能够引导网络舆论的发生与发展,从而调节网民对特定网络事件的态度。网络环境、政府对突发事件的态度、媒体行为、网民自身因素等,都会影响舆情的周期演进和热度持续时间。① 网络时代,失信产生的舆论影响更为突出。在"流量为王"的时代,一些靠流量生存的平台,会雇"水军"来冲高阅读量、评论数等。虚高的数据扰乱了网络秩序,议题强化会带来新闻失真现象。

三、标签化处理

所谓标签,原指对物品名称、用途、价格等相关信息的说明。标签理论由社会学家提出。所谓标签化,是指将某个事件或者某个人物自发地归为一类事件或一类人物,而不是将其视为一个独立的个体,特别是针对越轨对象的行为进行定义或标定,由此让标签呈现出"污名化"的象征意义。心理学的认知吝啬模型(cognitive miser model)关注人们实际上干了什么,而不是他们应该干什么。这一理论的基本思想是:人类的认知习惯是将复杂的问题简单化。人们一旦形成某种认知图式(如刻板印象),会尝试寻找各类蛛丝马迹服务于该图式,避免因图式混乱而造成认知困扰。该特征虽然可以帮助人们减轻认知负担,但这些图式并不都是正确的,甚至很多时候都是不符合常理的,可能导致非最佳答案。认知吝啬模型实质上就是标签理论的心理基础。

在网络时代,标签演变为通过互联网内容组织与交往的普遍方式以及目标查找的基本工具。对于广大网民而言,通过关联性强的关键字来标志目标的分类或内容,成为重要的组织形式。而标签化处理有助于人们快速检索、定位和分享,从而满足用户参与的要求。不同于现实社会,网络场域中,群体标签化具有现时性、草根性、快捷性、互构性、极化性与新锐性等特征。② 网络传播过程中,标签的正面性质急剧萎缩,负面性质被无限放大。负面的标签概念

---

① 张文祥:《警惕"七天传播定律"背后的舆情治理误区》,《人民论坛》2019 年第 28 期。
② 薛深:《网络场域中的群体标签化现象研究》,《中国青年研究》2014 年第 12 期。

与标签传播符号在新闻报道中屡见不鲜,如"钉子户""官二代""富二代"等标签标号相继产生。在网络社会,标签化容易造成思维定式,甚至污名化。网民在认识世界的时候,对某一类人或事物产生比较固定、抽象而笼统的看法,忽视个体的差异性,评价充满个人感情色彩,必然要受到公认的典型、流行的样本或标准的见解影响。一旦具有相同或相似的兴趣、爱好、情绪、阅历与体验、价值观取向,网民会很自然地快速聚合起来,就热点事件与人物进行广泛交流和讨论,并借助网络进一步放大和扩散传播效应。在网络社会中,数量众多的网民缺乏独立判断的能力,从而陷入盲目从众的心理。社会转型加剧人们的标签化思维,网络行为"去个体化"将放大群体的标签化。同时,快餐式、碎片化阅读在很大程度上顺应了人们当前求新、求快的语言消费习惯。

四、群体极化

"群体极化"由传媒学者詹姆斯·斯托纳于 1961 年提出。斯托纳在其《网络共和国:网络社会的民主问题》一书中指出,经由较为保守的群体讨论出的决策结果可能会变得更加保守;与此相对,那些经由更具冒险精神群体讨论决策的结果,也更加倾向于冒险。这种现象即被称为群体极化。群体所作决定一般都比其成员最初的意向更加极端。这主要是因为,群体舆论可能会将原本就表现出某种偏离倾向的主题和舆论朝着更加极端的方向推进、发展。大量的研究发现,群体决策可能使个人更加冒险,也可能使个人更加保守。当前,网络已成为人们生活中不可缺少的组成部分。群体极化在网络中表现得更加明显,并受到网络群体"狂欢"、受众的刻板偏见影响,成为网络暴力的催化剂。一方面,随着移动互联网的发展变化,社会化媒体也在逐步完善升级,极具煽情性、鼓动性,SNS 社区或者网站都是网民发声的聚集地。如今看来,网民们对社会热点事件的关注度很高,大量的信息和评论在网络环境内很容易形成群体极化效应。另一方面,网民在网上因相似的兴趣、爱好组成群体,群体认同感较强。网络的匿名化冲破责任的约束,群体极化表现为情绪上的非理性化。网民容易受到情绪左右，凭着感觉去做事，不去考究事物的真相与来龙去脉、分辨信息的真假，而更在意自身的情感、情绪。具体表现为言论上的激进性，靠经验去发表言论，容易被主流情绪传染，缺乏独立的思考；行为上的非法性，受情绪驱使，进行网络暴力行为与人身攻击，行为变得更富有冒进性，严重干扰正常网络秩序。网民在传播信息过程中不可避免地带有自己的情感色彩与偏好，信息的发布与转发中受到个人情感驱使。一旦网络传播缺乏有效审核与监管，极富情感性的信息表达在极短时间内传播，将控制网民的情感，最终转换成群体性焦点事件。在网络传播中，由于没有明显的群体或个人标志，导致自我控制力和社会约束力显著降低，呈现出个性化丧失、责任分散等特征。这种逻辑上的情绪化与非理性在网络上传播，会通过无意识、传染和暗示等心理过程互相影响，为了避免被孤立而产生趋同性并从众。

五、沉默的螺旋

"沉默的螺旋"（The Spiral Of Silence）最早出现在政治学和大众传播学著作中。德国学者伊丽莎白·诺尔·诺伊曼在《沉默的螺旋：舆论——我们社会的皮肤》一书中，对沉默螺旋有深入的研究。她阐述道，大众媒介的强大效果源自其兼具累积性、普遍性和协调性特征。累积性强调，媒介的传播效果并不是短期内即时生成的，而是需要一定时间（或长或短）的叠加累积；普遍性有两层含义，一是公众对各类媒介的广泛使用（提供物质基础），二是媒介对个体的作用效果更多体现为潜移默化式影响；而协调性则体现为，媒介关于某一事件的呈现能够借助多种媒介进行。一般认为，沉默的螺旋有以下几个重要假定：背离社会的人可能会产生孤独；个人对孤独可能会产生恐惧感；对孤独的恐惧可能导致个体对社会产生顾忌；对社会存在顾忌可能影响个体的公共行为，比如是否愿意公开表达自己的真实观点。该理论的主要内容概括如下：个人表达意见的过程也是社会心理演变的过程，意见的表达与沉默扩散呈现出螺旋式社会传播特征，个人意见经大众传播从而营造"意见环境"来影响和制约更多的人。

在网络空间之中,虽然传播的结构发生革命性变化,但网络的从众心理仍然被证明没有消失。人们的交往空间从现实蔓延到网络世界,沉默螺旋机制仍然广泛存在,但形式已发生变化。当前,网络空间成为信息传播环境的组成部分。沉默螺旋机制将现实的舆论机制与网络匿名信交织在一起,从而呈现出更为复杂的特征。特别是由于多数传媒在报道内容上具有高度一致性,同类信息的传达、获得具有时间上的持续性和重复性,媒介传播的范围无限。这就导致人们更愿意参与到那些被广泛认同和支持的舆论与议题中去;而对那些无人支持或理会的议题,即便自己赞同,也会保持沉默。如此,就形成其中一种观点或意见不断沉默,而另一种观点或意见不断扩大影响;经过媒介的传播,出现一方声音越来越强大,而另一方声音越来越沉默的结果。在网络空间中,居于主流舆论地位的优势意见可能吸引绝大多数网民参与,可能导致沉默的个体被孤立。尤其是那些传播广泛的虚假信息,可能给沉默的个体造成极大伤害。因此,必须破除互联网信息传播中的"优势意见"趋同取向。网民如果无法在现实社会得到承认与认可,可能转向网络寻求虚拟认可,但趋利的商业媒体通过对传统媒体的"议程设置"内容进行过滤,产生所谓的"马太效应",进一步助长沉默螺旋现象产生。

六、异化支配

"异化"原本是马克思在其著作《1844 年经济学哲学手稿》中提出的重要概念。不同于动物,人有意识并具有主观能动性;主体能够认识客体并改造客体。所谓异化支配,是指由自我产生的外在力量对自我的支配。进入网络社会,网络异化的实质是网络主体的异化。网络的虚拟性和技术性引发网络异化。失信行为演变成一种典型的技术异化,经由网络技术带来人的异化。网络时代的异化突出表现为,由人发明、使用的网络技术,在为人类提供各种便利的同时,超越了原有的技术范畴,即由一种网络工具演变为个人行为的控制因素。网络异化支配表现为人的符号化、人际关系的虚拟化,人在一定程度上被互联网支配,以及人受制于信息环境。网络异化支配主要有 3 个方面的体现:其一,网络技术的推广与应用,为网络失信行为提供了工具与手段,例如制造发布虚假信息、非法盗版与知识侵权等网络犯罪不断增加。网络技术与网络文化的兴起,不断形塑青少年的价值观与人生观。网络暴力与不法信息严重影响青少年的道德观,不利于青少年身心发展。其二,网络的匿名化进一步强化网络异化的隐蔽性,无论网络虚假信息的制造与传播还是网络犯罪,不断渗透现实社会。缺乏自控能力的青少年容易在网络空间迷失自我,人性的弱点在网络中充分暴露与扭曲,网络的虚拟性不断向现实社会蔓延。其三,互联网让世界成为"地球村",网络异化超越空间与时间的限制。互联网技术带来的信息传播与交换,加深了"数字鸿沟",让现实世界的不平等在网络社会进一步强化。部分群体凭借信息与技术上的优势垄断网络世界,人为制造信息的藩篱,并通过技术上的控制措施让这些不平等"合理化"。

网络技术的发展强化了对人的控制。网络在满足人们获取信息、交往沟通与消费等需求的同时,也加剧了人们对网络的依赖,甚至弱化了主体性并导致价值精神缺失。网络的发展剥离了人的价值、情感与理性,引发现实与网络边界模糊,以虚拟网络取代现实社会,放弃了现实社会的人际关系,社会冷漠,出现群体性孤独,造成行为反常、心理错位,导致不能承担责任和义务,致使社会角色失败。

在网络时代,新媒体的信息来源主要包括传统媒体生产的内容与公众自己生产的内容。后者体现了网络媒介的参与性与互动性。网络媒介是由技术、资本和市场催生的,它本能地将经济效益作为第一追求。那些辛勤地给网站提供信息的自媒体,同样没有专业精神和职业素养,缺乏职业规范的约束。很多网络事件不是由某个或某几个网民造成的,而是通过"集体劳动"集成的。另外,网络平台通过大数据和算法等技术手段,实现了对用户的精准推送,显著提升用户的社交黏性,并在一定程度上重塑用户的社交习惯。应对网络异化的关键在于提高人的主体地位,强化人的自觉性,加强思想道德建设,健全网络道德规范。

综上所述,网络社会的到来与网络技术的发展,让网络时代的失信行为呈现出更为复杂的面孔;现实社会的失信行为叠加网络社会的匿名性与虚拟性,加剧了网络失信行为,给我们增添了前所未有的挑战。从网络传播的一般规律与特征出发,信息编造、议题强化、标签化处理、群体极化、沉默的螺旋和异化支配等概念与理论,大致揭示了网络失信行为的生成与传播机制,然而,网络失信行为的构成与传播往往更为复杂。尽管我国已经出台《互联网信息服务管理办法》《互联网上网服务营业场所管理条例》等法规,规范网络行为的生成与传播,但是,网络的虚拟性、多变性、隐匿性与多样性等特征在一定程度上为失信行为的出现创造了条件。失信行为的产生,是信息制造者—信息传播者—信息接收者等多主体因素相互交织叠加的结果。而失信行为的广泛出现会在很大程度上造成社会道德问题,这意味着应该从更宽广的视角去研究失信行为背后的社会生成机制。

第二节 失信行为生成过程中的
道德生产与再生产

失信行为带来的负面影响之一便是破坏了社会道德。道德是社会关系的基石,是人际关系和谐的基础。费孝通指出,道德观念是在社会里生活的人自觉应当遵守社会行为规范的信念。[①] 道德乃立身之本。广义的道德泛指日常生活规范与行为准则,具体包括政治道德、职业道德与社会道德,涵盖政治纪律、家庭美德、个人品德等,因此,关注失信行为生成过程中的道德生产与再生产,对于治理失信行为具有十分重要的价值。2014 年 5 月 4 日,习近平总书

---

① 费孝通:《乡土中国 生育制度》,北京大学出版社 1998 年版,第 32 页。

记在北京大学师生座谈会上明确指出,中华文化强调"言必信,行必果","人而无信,不知其可"。长期以来,国家高度重视道德的教化作用,以诚信为内容的道德建设是社会主义精神文明建设的重要组成部分。2001年,党中央出台《公民道德建设实施纲要》,要求建立与发展社会主义市场经济相适应的社会主义道德体系,在全社会大力倡导"爱国守法、明礼诚信、团结友善、勤俭自强、敬业奉献"的基本道德规范;党的十七大报告强调:"以增强诚信意识为重点,加强社会公德、职业道德、家庭美德、个人品德建设,发挥道德模范榜样作用,引导人们自觉履行法定义务、社会责任、家庭责任"[1];党的十九大报告进一步提出要加强思想道德建设,这充分说明了道德建设的重要性。学者提出"制度伦理"的概念,即制度化、法律化道德规范,通过制度、法律、法规等建立健全伦理道德的监督和制约机制。本部分内容将失信行为的生成过程置于道德生产的框架加以考察。一方面,失信行为会消解道德建设,引发社会的道德危机;另一方面,社会公众道德水平下降又会助长失信行为的产生。随着整个社会环境的变化,道德建设面临较大的挑战。中国综合社会调查2013年的调查数据显示,我国社会道德状况的总体满意程度不太理想。在5630名受访对象中,117人表示非常满意,占比为2.08%;1895人表示比较满意,占比为33.66%;2337人认为一般,占比为41.51%;1069人表示比较不满意,占比为18.99%;212人表示非常不满意,占比为3.77%。

在社会转型的背景下,道德规范的约束力不断下降。2013年,中国综合社会调查关于对"诚信缺乏,社会信用低"看法的调查数据显示,超过五成的受访者认为诚信缺乏,社会信用低。认为社会信用低的占比要高于对社会诚信持正面评价的人数,由此可知,社会诚信较为缺乏,社会信用较低,诚信方面的不利影响与弊端日益突出。

由于政府是推动社会道德建设的主体,政府采取大量措施与方法推动社

---

[1] 《十七大以来重要文献选编》(上),中央文献出版社2009年版,第27页。

会道德建设。以政府推动、倡导《公民道德建设实施纲要》的情况为例：在5623 名受访对象中，261 人认为完全没有效果，占比为 4.64%；846 人认为有较少的效果，占比为 15.05%；1514 人认为一般，占比为 26.93%；719 人认为有较多的效果，占比为 12.79%；171 人认为有非常多的效果，占比为 3.04%；2112 人表示未听说过这项活动，占比为 37.56%。由此可知，《公民道德建设实施纲要》出台以来产生了一定的积极作用，但成效有待提高。从现实社会迈向网络社会，网络空间道德问题的动态性随着新技术的产生及社会热点的更新发生变化，社会整体道德弱化强化了网络虚拟主体的道德失范。① 失信行为已经严重侵蚀社会公众道德，折射出道德缺失，并表现为失信行为引发道德意识扭曲、责任意识淡薄、公德意识虚化及现实社会治理难题。

一、引发道德意识扭曲

诚信是中华民族的传统美德。在中国优秀传统文化中，诚信甚至被视为个体安身立命和事业发展的重要基石。现代社会，传统的道德约束不断减弱，失信行为在市场经济发展的过程中较为常见。这主要是缘于市场经济制度不够完善、市场秩序不够规范。一方面，我国正处在由计划经济向社会主义市场经济转轨过程中，市场秩序不够健全，部分市场失信行为较为频发；另一方面，政府职能转变还不到位，对失信行为的监管和惩治执行得不到位，使失信行为有机可乘，甚至出现了"守信收益小，失信成本低"的困境。尤其是在社会转型的过程中，传统道德处于各种社会要素急剧变迁的洪流中，受到极大冲击，②而新的道德意识正在形成之中。社会道德意识弱化诱发了失信行为的发生，失信行为又极大损害了道德规范，造成某种恶性循环。如果失信行为得不到有效遏制和反转，整个社会的信任程度就会降低，从而引发社会的道德风险，最终败坏社会风气。

---

① 侯菲菲、郑士鹏：《网络虚拟社会中的道德问题与治理》，《社会科学家》2017 年第 5 期。
② 文崇一、萧新煌：《中国人：观念与行为》，中国人民大学出版社 2012 年版，第 55 页。

中国综合社会调查 2015 年的调查结果显示,8.18%的调查对象认为官员对自己的思想、行为影响较大,仅次于父母(占比 66.27%)与教师(占比 10.57%),排在第三位。从社会化的角度来看,社会的道德水平在一定程度上会影响社会公众的社会认知。认知心理学(cognitive psychology)运用信息加工的观点研究人的认知过程,并习惯于将人和计算机进行类比,认为人的认知过程就是接收信息、解释信息、储存信息和运用信息的过程。美国社会心理学家迈尔斯指出,可以将社会认知理解为知觉、判断和解释 3 个层层递进的过程。其中,知觉过程即个体在获取信息时感知社会的过程,类似于涂画一张白纸,画出来的内容和形状可能并不为个体所理解,但首先获得了个体的关注;判断过程即个体根据对所获取信息进行加工和识别乃至形成一定结论的过程,比如事物的好坏、优劣、难易等;到最后的解释阶段,个体已经基本形成了自己的一整套价值倾向和因果链条,并将其应用于同他人的互动以及解释其他社会现象之中。网络环境改变了个人的生活。互联网的匿名性和虚拟特征,导致个人责任淡化。在某种程度上可以说,互联网是个体释放道德约束的重要场域。在匿名的互联网中,个体不再受道德的约束,致使网络行为的道德水平下降。随着网络时代的到来,数量众多的网民并没有形成网络虚拟社会的道德意识。互联网的兴起带来了社会道德领域的变化,网络社会的道德观念与现实社会的道德观念还存在一定差异。调查结果显示,66.16%的调查对象认为当前我国社会道德生活中最重要的元素是中国优秀传统道德,18.32%的受访者认为是意识形态中提倡的社会主义道德,11.28%的受访者认为是社会主义市场经济中形成的道德,4.20%的受访者认为是受西方文化影响形成的道德,0.04%的受访者认为是其他。

在中国综合社会调查 2013 年的调查中,通过询问受访对象,了解社会诚信缺乏、社会信用度较低这种状况的严重程度。在 5615 名受访对象中,47 人认为非常不严重,占比为 0.84%;789 人认为比较不严重,占比为 14.05%;1912 人认为一般,占比为 34.05%;2423 人认为比较严重,占比为 43.15%;444

人认为非常严重,占比为 7.91%。由此可知,我国社会诚信缺乏、社会信用度较低的问题较为突出。对于传统儒家文化应该发挥什么样的作用,在 8086 名受访对象中,1355 人认为道德重建必须依靠传统儒家文化,占比为 16.76%;5888 人认为道德重建需要部分依靠传统儒家文化,占比为 72.82%;769 人认为传统儒家文化在道德重建中基本上没用,占比为 9.51%;74 人认为传统儒家文化对于道德重建有消极影响,占比为 0.92%。

在中国综合社会调查 2015 年的调查中,专门设置了关于失信方面的问题,了解被调查者的反应与看法。调查结果显示,高达 94.99% 的受访者反感失信行为。因此,治理失信行为符合广大人民群众的根本利益。基于中国综合社会调查 2015 年的调查数据,上网频次越高,对失信行为的反感程度就越高。这可能是由于上网频次高,增加遭遇网络失信行为的风险,进一步折射了网络失信问题的严峻性。

受访者对当前我国部分失信行为发生情况的看法

失信行为	没有	很少	偶尔	有时	经常	合计
借钱后不主动偿还	168 人（占比 4.61%）	724 人（占比 19.86%）	871 人（占比 23.89%）	1294 人（占比 35.49%）	589 人（占比 16.15%）	3646 人（占比 100%）
出售假冒伪劣产品	92 人（占比 2.5%）	358 人（占比 9.74%）	580 人（占比 15.78%）	1254 人（占比 34.11%）	1392 人（占比 37.87%）	3676 人（占比 100%）
购买或下载盗版软件	126 人（占比 4.2%）	284 人（占比 9.48%）	474 人（占比 15.82%）	982 人（占比 32.77%）	1131 人（占比 37.74%）	2997 人（占比 100%）
个人收入不申报纳税	132 人（占比 4.5%）	468 人（占比 15.97%）	687 人（占比 23.44%）	1058 人（占比 36.1%）	586 人（占比 19.99%）	2931 人（占比 100%）
驾驶机动车闯红灯	113 人（占比 3.17%）	636 人（占比 17.82%）	717 人（占比 20.08%）	1248 人（占比 34.96%）	856 人（占比 23.98%）	3570 人（占比 100%）
为办事而给公职人员送礼	91 人（占比 2.58%）	340 人（占比 9.64%）	482 人（占比 13.67%）	1197 人（占比 33.94%）	1417 人（占比 40.18%）	3527 人（占比 100%）

续表

失信行为	没有	很少	偶尔	有时	经常	合计
在有禁烟标识的地方抽烟	115 人（占比 3.25%）	390 人（占比 11.01%）	676 人（占比 19.09%）	1337 人（占比 37.75%）	1024 人（占比 28.91%）	3542 人（占比 100%）
买票或购物时插队	131 人（占比 3.55%）	530 人（占比 14.37%）	755 人（占比 20.48%）	1323 人（占比 35.88%）	948 人（占比 25.71%）	3687 人（占比 100%）

二、引发责任意识淡薄

从社会协调运行与良性发展的角度来看，人人遵守规则、信守诺言、维持良好信用，是社会正常运转的基本条件。责任意识是指，个人所处社会对个体扮演的各种角色背后一系列权利、义务的期待。

从社会层面来看，社会转型改变了传统道德观念的社会基础。由于新的道德价值观念体系尚未完全建立，而传统道德观念的约束力不断下降，由此造成人们责任意识的淡薄；同时，由于我国社会主义市场经济体制发育不充分，市场本身的弊端给人们的行为带来负面影响，信用经济发育较晚，市场信用交易不发达，利益驱动使人们的道德意识逐渐扭曲和淡化。从个人层面来看，当失信现象成为一种普遍现象，维护诚信的成本将不断提高。因此，无论是企业层面还是消费者个人，缺乏现代市场经济条件下的道德观念，在社会层面尚未形成"以讲道德为荣，以不讲道德为耻"的道德评价和约束机制，商业道德建设仍然十分现实而又迫切。从发生失信行为的主体来看，失信行为就是失信主体不承担相应责任的现象。失信行为的出现导致个体责任意识淡薄，不利于我国社会主义政治、经济、文化与社会等方面的发展。尤其是失信行为可能极大伤害守信用的个体，诱发更多的失信行为，形成"劣币驱逐良币"的信用倒置环境。失信是个体人格特质的表现，是一种经过社会学习形成的稳定的人格特点。若失信行为大行其道，人们之间的信任水平将不断下降，造成人际关系失调。从实践来看,社会上的不诚信行为对于青少年的价值观产生不利影响;如果家庭和学校的诚信教育不到位,则可能导致青少年的诚信观出现偏离。社会道德失范经由网络虚拟空间加剧了"去个体化"倾向,这是因为网民在网络上能够隐藏真实身份,从而抛开各种社会规范,自我约束力下降,作出非常规举动,比如散布虚假消息以获取点击率。网络的匿名性与流动性削弱了道德规范的约束力,处在一群虚拟的陌生人中,承担言语责任和风险的可能性下降。正如英国社会和组织心理学教授汤姆·珀斯曼于《去个体化与群体》一书中所说,在网络空间,混迹于群体中的网民,往往隐藏其真实身份,挣脱各种社会规范的约束,降低道德标准与责任意识,表现出一种"去个体化"倾向。责任意识淡薄受多方面因素影响,既受到社会转型这一宏大背景影响,也与社会规范体系不完善有关。

在网络环境下,网络责任意识是网络环境下的主体自觉按照规范与社会期待约束网络行为,从而确保行为与表现符合自身身份。责任意识表现为自我责任意识与社会责任意识。责任意识薄弱体现为网民缺乏自控能力、缺乏对网络不良信息的辨别与抵制能力,监管部门对于网络的监管滞后等,由此导致侵犯他人利益等行为频发。特别是对于那些自控能力不强、网络素养不高的网民而言,以吸引受众眼球为主要目标的虚假、哗众取宠类不良信息具有很高的吸引力。因而,应强化网络"把关人"的责任意识,提高网络媒体的社会责任感,加强网络信息发布审查,确保信息来源真实、可靠,同时加大对于网络失信行为的惩处力度。

三、引发公德意识虚化

诚信是现代社会的基本道德规范,是人与人相处的基本要求。"诚实守信"作为我国社会的传统美德,也是社会主义核心价值观的重要内涵之一。目前,失信行为呈增加态势,党的十八大提出"加强政务诚信、商务诚信、社会诚信和司法公信建设"。随着网络社会的到来,诚信也是网络文化的道德基础,网络诚信建设成为社会文明发展的重要组成部分。我国思想家梁漱溟认为,缺乏公德是中国民族性特征的表现之一,包括缺乏法制精神、缺乏组织能力、缺乏纪律习惯等。① 中国历史上长期以来存在的"重私德、轻公德"传统,是造成失信行为的思想根源之一。法国社会学家涂尔干将因为社会规范不得力、不存在,或者相互矛盾,个人和社会出现的混乱、不知所措状态称为失范。社会失范突出表现为公德意识虚化。从社会主义核心价值观可知,诚信是个人必须遵守的价值观。失信从根本上而言是一种不诚信行为。失信行为广泛存在折射出公民道德建设危机,与社会发展的目标格格不入。在社会转型时期,社会公众的道德约束减弱,表现为社会道德失范。社会道德水平下滑为失信行为的出现提供了条件,因为诚信缺乏或混乱,而出现对人的行为的指导和约束作用减弱甚至丧失。从公众社会道德重构的角度来看,创建网络空间的诚信价值观,规范诚信的道德伦理规范和网络行为规范,在互联网时代显得愈加重要。在网络环境下,人们更多地从网络寻求心理慰藉、满足情感需要,而在一定程度上失去了与现实社会接触、联系的机会,网络则进一步加剧了自我的封闭与人际关系的冷漠,这些为社会公德的虚化提供了条件。由于网络的个体流动性与松散性,对网络主体行为进行全面约束与控制面临巨大挑战。网络社会的不可控性削弱了网民的公德意识,由于网络自律意识薄弱,助长了不道德行为发生,网络失信行为频发。道德约束力下降导致网络主体在网络世界中的人格虚拟化和弥散化,比如隐瞒真实身份、故意散布谣言、从事不法行为、形成网络多重人格等。

因为信息公开不及时,让不实传闻占领传播渠道。责任意识淡薄助长了基本传播观念缺乏,特别是对严重失信行为未能及时曝光,未能形成舆论压力。失信行为破坏社会风气,容易让诚实守信者对社会产生不信任感;失信行为频发加剧人们的公德意识下降,欺诈、盗用账号等网络失信行为高发;网络

---

① 梁漱溟:《中国文化的命运》,中信出版社2013年版,第143页。

谣言、无良策划、虚假网购、商业欺诈等网络失信行为带来的诚信缺失,容易引发道德危机。为此,应建立互联网领域的失信黑名单制度与联合惩戒机制,促进网络诚信建设的各个环节提升制度化、规范化水平。

四、引发现实社会治理难题

社会治理是指政府、社会组织、企事业单位、社区及个人等多种主体按照一定的标准与要求,对社会事务、社会组织与行为进行引导和规范,从而形成一种有序的社会秩序。失信行为是社会治理的重要内容。信任是经济交换的润滑剂,是控制契约的最有效机制,是含蓄的契约,是不容易买到的独特的商品。诚信比黄金更可贵。党中央历来高度重视诚信建设,自党的十八大以来的历次重要会议都对社会诚信建设提出了具体要求。从社会层面来看,在传统熟人社会,一旦出现失信行为,失信人面临很大的道德压力和实际代价,将无立足之地。现代社会属于陌生人社会,传统社会制约个人失信的因素不复存在,无法形成道德上的互相监督。随着我国正从"乡土中国"的熟人社会向"城市中国"的陌生人社会转变,出现大量失信现象,失信行为已为公众所深恶痛绝。社会诚信缺失,不仅仅是人的素质、品格问题,也与整个制度环境密不可分。从社会治理的角度来看,诚信缺失已成为当前我国社会治理的短板之一,破解失信难题成为国家治理体系和治理能力现代化建设的重要内容之一。长期以来,失信案例之所以备受社会公众关注,原因之一在于失信破坏了社会秩序,蚕食社会的"诚信红利"。失信加剧了人与人之间的不信任,造成人际关系冷漠。网络空间进一步放大了失信行为的危害,增加了社会治理的难度。例如,网络谣言、低俗、欺诈、犯罪等行为成本低廉,使得不诚信行为屡禁不止;失信行为也降低了政府的公信力。作为国家治理体系和治理能力现代化建设的组成部分,建立失信行为惩戒机制是社会治理的重要内容。社会信用体系建设也离不开社会治理现代化。当前,越来越多的地方将诚信建设贯穿到文明城市、文明行业、文明单位等创建活动中,并将治理失信行为的成效作为衡量地区社会治理现代化的标准之一。失信行为治理已然成为引导地区发展与文明进步的重要标识。

诚信是人际交往的基本桥梁和道德准则。建立完善的诚信体系、推进诚信建设制度化,是增强社会诚信、促进社会互信、减少失信行为的有效手段,也是进行社会治理创新、增强人民获得感的迫切要求。在制度建设上,要加大教育培训投入,通过大力开展诚信教育、充分发挥各类媒体的舆论监督作用,营造"不敢失信、不能失信、不愿失信"的机制和环境,构建以信用为核心的社会治理新机制,提高失信的经济成本、法律成本、道德成本及心理成本。

第三节　失信行为传播过程中的
道德生产与再生产

作为一种社会事实的失信行为,不仅会影响互动双方的关系;而且,失信行为的传播会无限扩大其负面影响,产生不可估量的负功能。从传播的角度来看,网络传播具有全球性、交互性、超文本链接方式等特征。所谓网络传播,是指人类的信息通过计算机网络进行传播的过程。部分研究发现,与人民群众黏合度较高的舆情更容易引起网民广泛关注。而以交易欺诈、隐私泄露、虚假广告等为代表的网络失信行为不时出现,失信行为已成为社会公众关注的焦点之一。特别是媒介技术的发展改变了受众的行为习惯和心理机制,也改变了失信行为的传播方式。本节重点考察失信行为传播过程中的道德生产与再生产。网络信息传播过程中的道德生产,是基于网络信息传播失范而言。在传统媒体传播中,媒体作者、编辑、媒体决策者、信息加工者、受众等都会以不同方式对获取的信息进行筛选、过滤和加工,信息传播受到严格的审核与监管,传播过程中的失信可能性大大降低。网络时代打破传统的信息传播机制。

网络信息传播中的道德生产,可以分为网络信息发布者的道德、网络信息接收者的道德、网络道德评价标准、网络道德控制机制。① 失信行为在传播过程中也会出现道德生产问题，为此，我们基于社会调查数据考察失信行为与道德的关系。中国综合社会调查 2015 年的调查数据显示，受访者的互联网使用频次越高，对失信行为的反感程度就越高。这一方面说明失信行为在日常生活中较为常见，另一方面则说明使用网络降低了对于失信行为的容忍度。

综上所述，随着网络普及程度的提升、互联网使用频率的提高，降低了社会公众的社会道德满意度，社会公众对于失信行为的容忍度也在下降。在网络时代，由于传播主体、传播渠道、传播方式等都发生了根本性的变化，容易引发一系列道德问题。

一、网络失信行为引发的道德议题

互联网具有万物互联的特征，是现实社会在网络空间的延伸。互联网时代，出现了众多新型的失信行为。比如，为了博取点击率而发布虚假消息、网络商家刷单伪造好评以提高产品销量、网络交友征婚等骗局不断侵蚀网络社会空间，严重影响网络社会诚信。网络无限扩大了失信行为。网络上的虚假信息不仅给人民群众的财产安全带来极大损失，还严重影响社会的运行与整合。在网络化时代，信任问题已经开始超越有限的人际交往，进入更加宽广的互动网络之中。网络时代的匿名性特征、权利意识的模糊生长、责任意识与信任控制机制的缺失等，都重塑着失信行为的表征形式与作用方式。失信行为的表征开始由实体化（如假货）向非实体化（如谣言）方向发展，其影响范围和危害程度也在日益加剧。由此可知，失信行为的形式众多，在现代社会较为普遍，引发社会公众的担忧。

拉斯韦尔提出"社会组成部分在环境反应中的相互依存关系"，强调传播在社会议题协调中发挥关键作用。随着新媒介日益普及，伴随新媒介成长的

---

① 钟瑛：《网络信息传播中的道德失范及其制约》，《信息网络安全》2006 年第 4 期。

网民基于个人利益或兴趣爱好集结的社群,对于议题设置的重要性不断凸显。传统媒体的报道相对滞后,不同于传统媒介,互联网的议题规模更大,议程主题和议题参与者的对应关系发生很大变化。议程设置的主体从新闻媒体向个人自媒体转变。以互联网为代表的新媒体议程设置,出现议程设置主体扩大化、议程设置内容多样化、议程方向调整随机化、预期效果非确定化、议程设置互动双向化等特征。①

网络空间的超时空特征,对失信行为引发的道德困境具有负向叠加效果。在网络时代,网民具有天然的话题性和舆论占位,这意味着网络失信行为可能成为引爆舆论道德的议题。网民往往占据道德高地,抓住人性的弱点制造热门话题,煽动公众情绪,绑架社会舆论。在网络环境中,网络道德以极强的身份代入感、广泛的社会参与,让失信行为长期占据网络传播的焦点。网络失信引发关于社会道德水平的广泛讨论,特别是网络的匿名性将失信行为推向讨论的高潮。一方面,网络失信行为的发生引起了网民对道德议题的普遍关注,一旦网络失信数量增加,会引发对道德现状的焦虑,形成道德负面感知;另一方面,网络失信将进一步加剧人们之间的不信任,网络失信引发的关注无论是规模上还是热度上都发生显著变化。纵览网络热点事件,失信行为引发的道德议题往往占据较高比例。这是因为网络失信行为容易触动社会公众的情感点,网络热点事件与失信行为的道德评价高度重合。这在某种程度上说明,网络失信行为是网络议题的重要来源。

二、网络传播导致的道德议题转变

所谓议题设置是指,大众传播对某些议题的着重强调与该议题在公众中受重视的程度构成强烈的正比关系。议程设置理论最早由美国传播学者麦克姆斯和唐纳德·肖提出。这个理论认为,大众传播通过为公众安排议事日程

---

① 周欢、包礼祥:《新媒体时代下议程设置的新变化及发展》,《东南传播》2012 年第 5 期。

对某些特定问题予以重视,从而影响公众的舆论导向。网络传播出现后,形成网络设置议题与传统媒介设置议题"并驾齐驱"的局面。在议题设置方面,由于传统媒介遵循严格把关与审核制度,造成传统信息传播媒介主动选择与社会主流意识形态对标,从而被年轻的网民视为体制化表达。同时,传统媒介的新闻来源渠道较为固定与单一,议题设置的参与者角色有明确分工,不可避免带来议题设置的灵活性与针对性不足,难以迎合网民的需要,导致议题设置的"空心化"。

当前的社会处于一个舆情"快闪"的时代。一般认为,网络舆情存在"7天传播定律"。根据大众传播媒介的议程设置理论可知:大众传播媒介在特定时期对某个事件或人物的持续关注与报道,会引起社会公众的注意。这种长时间报道会让报道内容演变成社会舆论的中心议题。传统的议程设置理论往往强调媒体报道设置或热点话题的一面,相对忽略热点议题产生的过程。网络传播在很大程度上打破传统议程设置,大众传媒不再成为议程设置的唯一主体,网络用户兼具受众、信息发布者、信息传播者的"三位一体"角色。

社会公众可以按照需求将自己的议题在网上公开发布,从而引发新的议程设置。其他感兴趣的网民可以针对该议题发表自己的看法,形成广泛的舆论影响。议程设置主体呈现出"去中心化"特征,议题内容从"个人议题"转向"公共议题",如此便形成"公众的自我议程设置"。

在网络时代,网络事件的传播速度更快,让议程设置主体处于快速更新之中,产生的社会舆论影响力覆盖面更广。网络通过信息的选择和报道的语言策略直接参与或间接影响对事件的构建,公众对事件的认知在很大程度上受到媒体倾向的影响。当大量网民集中关注与讨论某个问题或事件,网民的议题设置便形成了。

从网络设置议题的形成来看,网络议题设置往往始于网络帖子的发布,随着跟帖数量的增加,一些论坛和社区成为网民观点的聚集处。特别是当议题内容与网民息息相关,议题可在短时间内引发网民的情感共鸣。议题经网民的传播与讨论迅速发酵,引发广泛关注,酿成公共舆论和公共事件。网络传播更多的是追求流量,通过信息拼凑和加工达到特定的目的。网络的匿名性为网民表达观点提供了平台。网络的议程设置迎合网民情绪释放的需要,甚至出现传统媒体受网络议题牵制的现象,传统媒介的权威性下降。若对网络议题设置引导不足,容易导致政府公信力受到负面影响。

在议题设置的过程中,部分自媒体平台为吸引眼球、获取点击量,歪曲新闻的真实性,断章取义,甚至炮制传播虚假新闻、不实传言,因此,失信行为的危害被无限放大。随着网络传播,失信行为发生变异,从失信行为本身转向失信者个人。

三、网络传播导致的道德观念淡化

随着社会的转型,传统的道德观约束力在下降。在信息化时代,越来越多的人通过网络获取信息。网络传播的虚拟性与便捷性为失信行为传播提供了土壤,网络传播的随意性增加了传播的不可控因素。不同于其他传播途径,网络传播中的道德界限变得模糊不清,网络失信行为进一步加剧了网络传播中的伦理道德低俗化。一方面,网络传播迎合价值观念的个性化与多元化趋势。个体生存的需求、不可抑制的物质欲望,无疑进一步加剧了传统道德观念的消退。道德观念不可避免地深受虚拟网络环境,以及大众文化的影响和诱导。另一方面,网络社会不同于现实社会,它以数字技术为基础,网络传播带有虚拟性。

网络传播作为日常生活中重要的大众传播媒介,深刻影响人们的日常道德生活。网络传播对于道德观念的影响具有二重性:一方面,网络传播对公共情绪具有宣导与抚慰的功能,充当"社会情绪泄压阀";网络传播拓展人们的活动范围与生活体验,制造新的道德领域;网络传播在改变人类生活的同时,相应地拓宽道德领域,网络活动增加必然伴随新的道德伦理观念的产生和发展。另一方面,网络失信行为的传播在一定程度上契合了人们的感官需求。

网络的无主控中心、无权威性和追求自由等特点,决定了虚拟社会的交往更容易处于无序和失范状态。① 不同于现实社会,网络的匿名性特征让网络空间的束缚与制约不复存在,网民自我道德约束力下降带来了道德观念的淡化。网络生活的虚拟性提供了扮演多种角色的机会,同时,无须为此承担角色固有的义务。网络的负面道德表现会经由网络曝光而产生消极的道德社会化效果,助长日常行为的失范。网络的虚拟性、隐匿性与流动性淡化了责任意识,从而导致网民道德观念悬置,缺乏外在规范制约。

面对网络失信行为,部分网民表现出"事不关己,高高挂起",或者"多一事不如少一事"的态度。网络道德观念淡化在客观上纵容了失信行为,网络的无序进一步弱化了道德观念的约束。网络的即时性与匿名性,较为契合网民认知情感和意志行为的需要。网络传播的开放性与松散性,为人们提供个性放任的条件。网络传播道德观念的缺失,强烈冲击着人们良好的世界观、人生观和价值观;同时,在网络传播环境中,主体性不断被削弱,形成网络"异化"现象。

道德评价的主体发生变化,网络传播过程往往隐含各类褒贬性评价,盲目地追求点击率与曝光度降低了道德性评价。网络传播可能会对主流意识形态产生消解作用。网络社会共享的平等与自主准则对于主流价值观和道德规范持开放态度,为多元价值观念提供平台,建构新时代主流社会的道德观念和文化规范日益迫切。

四、网络传播导致的道德再生产

网络传播具有很强的隐蔽性特征,网络的虚拟性让传播者处于隐蔽的地位,这就解释了为何网络传播的速度极快,寻找传播源头往往面临很大挑战。这种隐蔽性与匿名性,在很大程度上助长了网上恶意制造与散播虚假不实信

---

① 刘金枚、王茂福:《透视网络中的人际信任危机》,《经济与社会发展》2005 年第 5 期。

息的动机。在网络空间中,社会成员依赖与支持的角色关系受到削弱,道德的约束明显下降;在网络传播领域,现实空间的传统道德与新型网络道德相互交织影响。从这个意义上来说,现实社会的道德准则理应成为网络虚拟社会道德的重要参考。网络诚信建设是社会整体诚信建设的重要内容之一。谣言治理与虚假信息的辨识、阻断不仅是传播媒介的分内职责,更需要广大网民参与。

要解决失信问题,关键在于重塑诚信依赖的制度基础,正如习近平总书记在 2016 年 12 月 9 日,主持中共中央政治局第三十七次集体学习时所说:"对突出的诚信缺失问题,既要抓紧建立覆盖全社会的征信系统,又要完善守法诚信褒奖机制和违法失信惩戒机制,使人不敢失信、不能失信。"①国家发展改革委办公厅和中国人民银行办公厅发布的《对失信主体加强信用监管的通知》强调,强化失信行为主体的监控与公开是维护网络社会诚信发展的重要举措。打击失信行为,是全社会共同的责任。通过凝结社会力量,发挥政府部门的主导作用,联合企业、媒体和社会公众等多方力量,对网络失信行为实行零容忍,保持高压态势,发现一起,打击一起。通过设立"黑名单",让失信行为无处躲藏;加强媒体曝光,引导更多民众参与诚信社会建设。

综上所述,失信行为作为一种社会问题在网络时代仍然广泛存在,并有在网络空间愈演愈烈之势。在网络时代,失信行为的产生条件与机制也在发生变化。失信行为经由网络传播,充满很强的话题性。信息的碎片化与网络的炒作,会让失信行为对社会道德产生极大冲击。因此,亟待积极地正面引导,从网络空间出发治理失信行为。具体而言:

一是加强网络舆论宣传力度,大力倡导和践行诚信的价值观,强化诚信教育宣传。无论社会交往与传播媒介发生何种变化,诚实守信一直都是人类社会普遍崇尚的基本价值。要树立正确的诚信观念,在全社会形成人人讲诚信、

---

① 《习近平谈治国理政》第二卷,外文出版社 2017 年版,第 134—135 页。

人人遵守道德的舆论环境,加大社会主义核心价值观的宣传力度,发掘典型、树立榜样,让每一个公民都诚信守信。加强全社会的思想道德教育,尤其是加强对未成年人的思想道德教育,进一步营造诚信的环境。

二是建立社会联合惩罚失信的机制,提高网络失信行为和从事违法行为的经济成本、道德成本、法律成本,加大对失信者的监督曝光和惩罚行为。失信行为不仅违背社会道德,也是一种违法行为,因而,依法治理失信行为是根本。一旦公民或者企业出现失信行为,首先记录在个人或企业的诚信档案。进入"黑名单"后,会给个人生活与工作及企业运行带来限制,影响失信人的就业、贷款、升迁等方面。通过多方惩罚让失信者付出较大的代价,从而对失信行为形成威慑,变失信为守信。

三是建立健全社会诚信的体制机制。诚信是制定和实施法律的重要价值取向。寄希望于个人的道德认知,无法有效治理失信行为,关键在于建立诚信制度,在制度层面对失信行为进行约束。因此,应全面推进社会信用体系建设,建立健全公民诚信"红黑名单"制度。加强对典型诚信个体与故事的讲述,同时强化对失信行为的惩戒,让网络失信行为主体无处可躲。

四是政府要加强对互联网的监管,定期开展网络失信问题专项治理,依法依规管理各类网络社交平台、公众账号、网络新技术,完善网络信息筛查机制、纠察机制、用语分级机制、道德评估机制,构筑起网络空间"诚信防火墙",运用大数据等科技手段加强诚信数据的收集与分析,维护好网络空间的道德秩序。

五是借鉴国外成功的经验。在治理失信方面,国外的部分经验值得借鉴。比如,美国通过出台一系列法律规范信用交易行为。个人一旦出现失信记录,将面临多方面的限制与约束,从而影响失信者的贷款、入学、求职、晋升等方面。再如,美国设立少年法庭,对少年的失信行为也持零容忍态度。德国成立信用信息局收集个人的信用记录,并进行公示。英国针对失信行为进行曝光,并对失信者进行警示。新加坡则规定欠账不还者要入"穷籍",限制进行高消费,不得出国旅游,不得进出高档场所。

此外,政府诚信是社会诚信的导向和示范,治理网络时代的失信行为应放在国家治理能力与治理体系现代化的框架下进行。通过进一步落实平台主体责任,夯实诚信基础,严格执行实名制规则,对网络客户端信息进行严格筛选,自动过滤不实、虚假信息,从根本上铲除失信行为滋生和传播的土壤。

国家与社会健康、有序运行不能没有诚信,良好的网络空间信任秩序的形成离不开网络诚信。本部分内容重点探讨了网络时代背景下失信行为及其道德的生成与传播,并基于中国综合社会调查数据与大量案例,围绕网络时代失信行为的生成与传播探讨其背后的机制,旨在全面推进诚信建设制度化,不断提升全社会的诚信水平。

第六章　区块链技术下的失信风险 防范与行为道德养成

　　区块链概念,是中本聪在 2008 年 11 月发表的《比特币:一种点对点式的电子现金系统》一文中提出的。这是一套全新的点到点交易体系,并成为以比特币为代表的数字加密货币体系的核心支撑技术。2008 年以来,区块链和比特币的快速发展与区块链网络结构的优势紧密相关。区块链的核心优势包括去中心化、无须信任(分布式信任)、匿名性、透明性、不可篡改性等。在此基础上建立的区块链应用体系,通过充分整合数据加密、时间戳、分布式共识和经济激励等方式,在无须信任基础上的节点网络中实现去中心化的点对点交易,建立了新的点对点交易体系。① 《自然》杂志和《福布斯》杂志的相关报道估计,至 2025 年,大约相当于全球国内生产总值 10% 的数据将以区块链形式存储。随着比特币在全球的快速普及与发展,区块链技术也呈现出井喷式增长态势。有学者认为,区块链技术是继大型计算机、个人计算机、互联网、移动社交之后的第 5 个颠覆式计算范式,是人类诚信发展中继血缘信用、贵金属信用、纸币信用之后的又一个里程碑。② 面对区块链这一新事物,我国各方密切关注且积极应对,正在积极加快布局区块链技术的发展。习近平总书

---

① 袁勇、王飞跃:《区块链技术发展现状与展望》,《自动化学报》2016 年第 4 期。

② Swan,Melanie,*Blockchain:Blueprint for a new economy*,O'Reilly Media,Inc.,2015,p.1.

记在主持中共中央政治局第十八次集体学习时强调:"要加强对区块链技术的引导和规范","要把依法治网落实到区块链管理中,推动区块链安全有序发展"。

虽然区块链概念在学术界和业界已被广泛使用,但目前对于区块链还缺乏统一的定义。区块链技术可以从狭义与广义两方面来定义。根据美国国家标准与技术研究院(US National Institute of Standards and Technology, NIST)、澳大利亚联邦科学与工业研究组织(Australian Commonwealth Scientific and Industrial Research Organization, CSIRO)及其他著名研究机构的定义,狭义的区块链技术指基于密码学和特殊设计的数据结构,将数据信息以时间顺序进行区块连接的信息技术。具体来说,区块链技术构建了一个加密分布式同步共享数据存储体系,在区块链技术中也称之为记账本,用来对任何有价值的、有形或无形的资产和交易进行加密记录。存储数据采用一定的加密算法进行加密,并采用区块形式的数据结构存储,然后将其组织成按照区块的形式不可篡改,具有数字签名,按照时间顺序以链式连接存储。该存储体系中的数据得到区块链中各参与方确认,即对数据的加入或者修改需要得到区块链各参与方的验证,达成共识。区块链或者记账本在区块链网络的不同节点同步复制,存储在多个服务器上,并通过同步算法和共识机制,确保记账本的跨服务器同步一致性。广义的区块链技术,则可视为对信息传递进行规范化的检查、执行与记录的一系列技术和制度的结合应用,并以区块链或者记账本的形式对此过程进行记录。广义的区块链技术是企业核心架构的有机组成部分,也是物联网(Internet of Things, IoT)和新基建的基础架构。因此,广义的区块链技术不仅包括新型的区块链数据结构基础,更重要的是创新性提出了一系列保障和支撑技术,构建具有去中心化和分布式信任特点的基础构架,包括共识算法、加密算法、自动化脚本编程、智能合约等。广义的区块链技术已经延伸到金融、科技、政治、文化等诸多领域,在未来有望重塑人类社会的生活形态。

　　从社会学与经济学角度来看,区块链技术的创新不仅采用以加密技术为代表的信息技术,保证了数据信息的隐秘性和可信性;更重要的是,由于数据是现代社会的运行基础之一,区块链基于对数据在可靠可信上的根本特征进行改变和加强,将影响力延伸到了基于数据构建的现代经济运行的方方面面。区块链技术具有的隐私保护、不可篡改和可信性等特征,成为构建经济运行信任和信用体系的基础。总体来说,从信任和信用体系构建的角度,基于区块链建立的应用系统具有较高的可信性,建立起一个缺乏可信性环境中的信任和信用体系。但是,作为一种正在发展中的新兴信息技术,区块链技术在技术上和应用中仍有许多亟待解决的问题。在技术上,区块链对软、硬件提出了更高要求,比如系统实时性和快速响应难以保证、共识机制等技术消耗能源较大、集成维护系统方面欠缺、智能合约陷阱等。在应用中,主要的风险因素包括操作风险、安全风险与法律风险等。其中,操作风险主要包括数据遗漏、交易费用过高、管理经验不足、初期技术和标准缺失、操作管理流程改变等。安全风险主要指网上攻击(例如黑客等)导致的安全风险,包括电子欺诈、黑客发动的密码攻击等。法律风险包括法律法规在理论与实践中缺乏、非法信息使用、非法交易、偷税漏税等。随着区块链技术在社会运转和经济运行各领域的应用日渐深入,在现有区块链技术不断发展满足社会应用需求的过程中,需要对这些技术难点和风险因素进行识别、控制与管理。特别是由于区块链的不可篡改特性,在信息存储到区块之前,需要反复确认其可信性。比如,部分基于区块链的应用系统在构建中,在区块链和应用层之间设立信任评估层,对这些复杂的风险因素及其相互关系进行统一考虑、评价,尽可能将失信风险降到最低。在区块链技术基础上建立起来的金融、科技、政治、文化等各领域应用系统中的信任信用体系,与道德体系构建中的诸多问题成为研究的热点和难点。本章从区块链技术的信任构建、区块链技术的失信风险防范和区块链技术的行为道德养成3个方面进行论述。

第一节 区块链技术的信任构建

随着经济全球化与工业化的不断推进,人类社会在 20 世纪进入"风险社会"。随着社会运行中的不确定因素显著增加,主要建立在人际信任基础上的传统社会模式逐渐瓦解,依靠法律法规形成的制度信任、系统信任逐渐兴起。进入 21 世纪以后,各国学者对信任问题的研究进一步深入,其中,"后信任社会"概念的提出尤为重要。德国学者乌尔里希·贝克采用"风险社会"的概念分析发达工业社会的总体状况;而英国学者朗纳·卢夫斯迪特则从社会信任的角度出发,采用"后信任社会"的概念回应贝克提出的"风险社会"。①在"后信任社会"中,信任危机凸显。从假冒伪劣产品到金融欺诈、到学术造假,再到谣言传播,各类信任缺失事件不断透支着人们的信任底线。在信任危机面前,政府、专家、媒体等掌握话语权的群体被公众寄予厚望,但即便存在相关的制度监管,信任危机依旧有越演越烈之势,急需新的社会制度来创新社会信任机制。

近年来得到极大关注的区块链技术,为社会信任机制构建带来了新的视角和工具,无疑可以满足这一要求,完成风险社会中构建信任的重任。2015年 10 月,英国《经济学人》杂志刊登了一篇题为《区块链:信任的机器》的论文。该论文将区块链与信任联系在一起,认为区块链可以成为产生信任的一种新机制。在以往的社会信任模式中,除个人的内部因素外,一个让人值得信任的外部环境也是个体作出信任决策的重要影响因素。在区块链中,信任决策的作出完全不一样。区块链技术通过加密算法、时间戳、共识机制等复杂算法,实现了信息的公开、透明、可追溯、不可篡改等特性,能够给个体带来有力的内部约束与外部约束,进而产生信任,作出信任决策。基于此,我们可以认

---

① 张成岗、黄晓伟:《"后信任社会"视域下的风险治理研究嬗变及趋向》,《自然辩证法通讯》2016 年第 6 期。

为区块链技术的兴起,不仅将对信任的生成产生重大影响,还将在一定程度上形塑信任的形成机制。① 在信任体系和信任机制的构建中,区块链具有 4 个方面的鲜明特点和独特优势。

一、匿名性

当互联网逐渐渗透进人们工作与生活的方方面面时,当人们享受互联网带来的便捷时,难免会遭受各类隐私泄露的烦恼与伤害。特别是在各类网络爬虫、人肉搜索等软件出现后,人们会觉得自己生活在各种显微镜的窥视之下,毫无隐私可言。面对无孔不入的互联网世界,如何保护个人的隐私成为越来越多的人关注的焦点。在网络世界中,保护个人隐私的一个重要前提是匿名性,而区块链就具有利用匿名性来保护个人隐私的显著特征。所谓匿名性,就是行为主体隐藏在诸多行动对象之中,无法被其他人准确地识别出来。

区块链技术中的数据区块,以基于单向非对称公开密钥体系的现代加密技术进行加密。接收者在获得公开密钥之前,难以解析理解加密后的数据区块的内容,从而保护了数据区块内容的隐秘性。破解基于公开密钥体系的加密技术,需要极高的成本和很长的时间,因此,保证了隐私保护中较高的安全性。以数据区块加密为基础,在区块链中所有数据节点的交易行为组成一个匿名集。匿名集越大,个人行为被识别出来的可能性就越低。区块链分布式、去中心化等特征让它在保持交易的匿名性上具有非常大的优势,主要表现在以下两个方面。

第一,分布式环境为区块链的匿名性提供了非常多的参与节点。由于区块链采用去中心化的分布式组织架构,一个系统中存在大量的参与节点。这些节点组成一个庞大的匿名集,保护个人隐私不被泄露。如就目前比较流行的比特币与以太网矿工节点数量来看,截至 2019 年,比特币全网矿工节点数

---

① 张毅、朱艺:《基于区块链技术的系统信任:一种信任决策分析框架》,《电子政务》2019年第 8 期。

量约为9000,以太网矿工节点数量约为7000。

第二,基于地址的交易方式,使得交易难以关联到线下的真实身份。就目前来看,各主流区块链交易平台均基于地址进行节点交易。地址由一串随机生成的数字构成,无须第三方参与,不会与真实身份挂钩。此外,地址与用户并非一一对应关系,只要地址空间足够大,一个用户可以随机拥有多个交易地址。因而,基于地址的交易模式是一种用户在匿名状态下的交易模式。

虽然相对于隐私性较差的一般互联网平台或金融体系而言,区块链具有非常明显的匿名性特征,但区块链的匿名性并非绝对的匿名性,该匿名性具有局限性和相对性。区块链的匿名性受到加密算法强度和破解加密算法计算能力的限制。新的破解算法、强大的计算能力和计算资源加速对区块链加密算法的破解,降低了它的隐私保护能力。例如,超级计算机能够显著加快密码的破解速度。根据《自然》杂志的报道,在不远的将来,正在快速发展的量子计算技术与量子计算机,将可能从根本上颠覆作为区块链基础的单向对称加密算法。虽然区块链可以采用新的更难破解的加密算法,甚至可能采用量子纠缠和量子互联网来确保安全,但是从根本上来讲,随着技术进步,匿名被破解的安全风险始终存在,基于加密算法、地址交易的区块链技术依旧能被追溯。

二、去中心化

自古至今,人类社会的绝大部分历史阶段和社会场景都是按照"中心化"模式运转,职能和权力高度集中于某些组织或人群,由他们来统一安排经济社会的运转,以及生活工作的方方面面。为什么大到国家政权管理,小到家庭运行,基本都采用"中心化"模式运作呢? 究其原因,恐怕是这种模式能够有效调配资源,满足大规模生产生活之需,这也是"中心化"模式的突出优势。但随着经济社会的不断发展,人们逐渐意识到"中心化"模式存在难以克服的弊端。以行政机构为例,它按照职能范围、官僚等级等形成等级森严的科层制体系。在具体运行中,上下级之间更多的是指挥与服从的关系,下级部门往往处于被动接收指令的一方,缺乏自主性。不同部门之间缺乏沟通,导致信息无法流通、共享。基于此,去中心化的呼声和应用需求越来越高,成为一种探索新的管理方式的有益尝试。

　　不管是在传统信息时代,还是在当今网络信息时代,去中心化都不是一个新词,很早就在实践中运用。比如,区块链的去中心化在市场经济和互联网中就已被实践多年。在亚当·斯密看来,完全自由竞争的市场经济中,每个市场参与者都在市场这只"看不见的手"推动下自主开展生产与交易,不存在主导市场的控制权,本质上是去中心化。以 TCP/IP 协议(传输控制协议/因特网互联协议)为基础的互联网,也具有去中心化特质。尤其是进入互联网 2.0 时代后,任何个体都能成为互联网信息传播的中心。每个人既可以是信息的接受者,也可以是信息的创造者与传播者。①

　　但是,区块链将去中心化的组织结构提升到了一个新高度。去中心化是区块链的核心优势。与传统的中心化系统不同,区块链中并不设定一个中心节点去集中完成数据的储存、更新和处理等,每个节点都处于对等的地位,每个节点上的参与者均平等地参与数据存储、更新和处理中的管理及决策,不存在单一节点的排他性管理决策权。在区块链的实际应用与发展过程中,依据基于区块链构建系统的去中心化程度和覆盖目标人群的不同,区块链网络结构可以分为许可链与非许可链两大类,在实际应用中更进一步包括以下 3 种形式:公有链、联盟链和私有链。(1)公有链是一种完全去中心化的应用模式。公有链上的所有信息和行为都是公开、透明的。每个节点都可以参与记账,并根据一定的共识机制获取相应经济激励。流行的各种比特币系统就是公有链应用的典型代表。公有链属于非许可链,其优势是透明性。公有链的代码和控制机制在所有成员共同监管下,系统出现重大漏洞的可能性较低,黑客也很难攻破公有链的安全体系,具有极强的安全性和可信性。其劣势是由

---

　　① 孙国茂:《区块链技术的本质特征及其金融领域应用研究》,《理论学刊》2017 年第 2 期。

于公有链中所有成员的责任对等,一旦出现漏洞和法律责任,责任归属难以确定。(2)联盟链是一种部分去中心化或多中心化的应用模式。联盟链上的信息并非对所有人公开,而是仅限于联盟内部成员。联盟链按预先设置的共识机制进行维护与运转,而其共识过程一般由某几个预设的节点控制。因而,联盟链并非完全意义上的去中心化区块链应用。(3)私有链是一种完全中心化的应用模式。与公有链及联盟链公开、半公开的特点相比,私有链具有非常强的私密特点,仅限于一个企业或组织内部的用户访问。私有链适用于特定组织与机构的内部管理,其读写权限完全由中心机构控制。包括联盟链和私有链在内的非许可链的优势是速度快、可伸缩性强、低能耗与低延迟。其劣势包括:由于只有主要管理层(例如银行、大公司和政府部门等)对代码和控制机制进行监管,出现漏洞的可能性增大;统一标准缺乏,导致不同许可链之间的互通和交叉操作难度增大;第三方应用带来安全风险等。2017 年 9 月,中国禁止比特币交易,同时在金融、公共治理等各领域大力推进区块链技术的应用,意味着许可链比非许可链更得到关注。联盟链是当前区块链发展的主流方向之一,但联盟链缺少公有链具有的可扩展性和匿名性等优点。因此,结合联盟链和公有链优点构建的混合区块链模型受到很大关注,是未来发展的方向之一。

三、难以篡改

基于区块链的系统,在构建中采用了特别设计的数据结构和组织架构以确保数据的难以篡改特性。在区块链系统中,写入数据的区块按照由远及近的顺序有序链接在一起,每个区块都打上了时间戳,均指向前一个区块。比如在比特币区块链中,每个区块除了包含一些比特币交易信息与数据外,还会包含前一个区块的散列值作为数据的一个重要组成部分。

在区块链中,每个区块由区块头和区块体两部分组成。区块头中包含了整个区块的信息,是在区块链中唯一能把某个区块标识出来的依据。它还包含前一个区块的散列值,带有明显的时间指向性。区块体则包含了一个区块完整的交易信息。每一个区块链都有一个特殊的"创世区块",即不管从哪个区块开始追溯,最终都可以追溯到最早创建的区块。基于此,我们可以发现除了"创世区块"外,所有区块均包含上一个区块的散列值,区块之间按照严格的时间顺序组成一条链。依照这一特性,生成时间越早的区块,后面链接的区块就越多,篡改难度也就越大。一旦区块生成很多代以后,链上的区块几乎无法被篡改,除非有非常强大的算力做支撑,除了能够重新计算该区块外,还能强制重新计算该区块后面所有的区块。

区块链之所以具有难以篡改的特征,储存数据的时序性是其中一个非常重要的原因。区块链采用带有时间戳的链式区块结构储存数据,为每一笔存储的数据都打上时间的烙印,在保证数据可查验、可追溯的同时,也能保证数据难以篡改。具体而言,时间戳被加盖在区块头上,不仅使每个区块的写入时间变得一目了然,也使区块与区块之间具有非常明显的时间指向性。每个打上时间戳的区块按照非常严谨而有序的排列规则连在一起,形成了不可篡改、不可伪造的分布式账本。此外,时间戳在互联网和大数据中将会有更大的用武之地。有了时间戳,互联网和大数据就有了时间维度,利用区块链数据重现历史也将变成可能。①

四、无须信任基础的共识机制

一般而言,权力的集中程度越高,共识形成的效率也越高;反之,权力越分散,经由权力系统达成共识的效率也就越低。分布式计算领域面临类似的问题,如何在分布式系统中高效形成共识是要解决的重要问题。区块链较好地解决了这一问题,在决策权高度分散的去中心化系统中,链上各节点能针对相应问题快速达成共识。区块链基于工作量证明(Proof of Work,PoW)、权益证

---

① 袁勇、王飞跃:《区块链技术发展现状与展望》,《自动化学报》2016 年第 4 期。

明(Proof of Stake，PoS)、授权股份证明(Delegated Proof of Stake，DPoS)等多种共识机制，采用各类加密技术，使一个可信性较低的网络变成值得参与者信任的网络。参与者无须信任区块链中的任何单个节点，就可以在某些方面快速地达成一致意见。

共识机制较好地解决了区块链系统中节点之间的信任问题。所谓共识机制，是指相互间没有信任基础的个体通过在特殊节点投票，在较短时间内达成共识，其本质上是一种多方协调机制，协调参与各方尽快达成共识，接受唯一结果。在达成共识的过程中，参与各方虽然没有信任基础，但决策的过程很难被欺骗，从而能够保证共识的有效性，并保证共识机制稳定、持续运行。早在区块链1.0数字货币时代，比特币依靠节点算力的工作量证明机制，来保障网络分布式记账的一致性。随着区块链技术的不断发展，多种不依靠算力就能达成共识的机制出现，例如，点点币开发出权益证明共识机制[1]，比特股首创授权股份证明共识机制。[2] 总体来说，工作量证明、权益证明、授权股份证明是当前区块链系统中3种主要的共识机制。本书以这3种共识机制为例，详细阐述区块链中无信任共识机制的运行机理。

(一) 工作量证明共识机制

工作量证明共识机制最早于经济学领域使用，是一种测量某一行为的度量方法。工作量证明共识机制可以简单理解为一份证明，通过对个体/组织工作结果的认证来证明完成了相应的工作量。中本聪于《比特币：一种点对点式的电子现金系统》一文中提出在区块链中引入工作量证明共识机制，其核心思想是通过分布式节点的算力竞争以保证数据的一致性与共识的安全性。比特币的不断推广应用，使得工作量证明共识机制被越来越多的人熟知。本

---

① Larimer，Daniel，"Transactions as proof-of-stake"，*Nov-*2013，2013.

② Yang，Fan，et al. "Delegated proof of stake with downgrade：A secure and efficient blockchain consensus algorithm with downgrade mechanism." *IEEE Access* 7 (2019)：118541-118555.

书主要通过比特币介绍该共识机制的运行机理。在比特币系统中,拥有不同计算能力(算力)的节点(也称矿工)相互竞争,解答一个求解非常复杂但验证相对容易的 SHA256 数学难题(这一过程称为挖矿)。先解出答案的节点将获得区块记账权,系统会自动生成比特币加以奖励。工作量证明共识机制通过节点之间的算力竞争来确保区块链的去中心化与安全性,对于无信任基础的合作与交易来说,具有重要的创新意义。

(二)权益证明共识机制

权益证明共识机制是在工作量证明共识机制基础上提出的一种更为省时、高效的共识机制,它用权益证明取代工作量证明。权益证明共识机制采用股权决定机制,谁的股权大,谁获取区块记账权的概率就越大,权益的大小由持有特定货币的多少决定。权益证明共识机制因点点币而被人们熟知。点点币引入了币龄与币天的概念,币天是某人持有货币的时间,币龄是货币的数量与币天的乘积。例如,某人拥有 50 个币,总计持有 10 天,币龄就为 500。币龄是某节点在权益证明系统中的权益,每次交易都会消耗特定数量的币龄。在实际运行中,权益证明共识机制与工作量证明共识机制也显著不同,前者系统中各节点挖矿的难易程度不同,而后者则相同。权益证明系统中挖矿的难度与交易输入币龄成反比,即消耗币龄越多则挖矿难度越低。与工作量证明共识机制相比,权益证明共识机制无须依靠外部算力和资源,主要依靠内部币龄和权益,不仅解决了资源浪费问题,达成共识的时间也相对较短。

(三)授权股份证明共识机制

授权股份证明共识机制,是在权益证明共识机制基础上提出的一种更加快捷、安全、高效的共识机制。该机制与公司治理中的董事会决策机制非常类似。授权股份证明系统中的节点可以将其持有的股份权益作为选票投给一定数量的节点,让它们代表全体节点进行区块确认等工作。与公司定期召开董事会不同,授权股份证明共识机制采用在线实时股权人投票系统,区块链中的各节点具有随时任免代表的权力,组成一个永不散场的在线股东大会。授权股份证明共识机制因比特股被人们熟知。比特股引入见证人概念,每个持有比特股的人都可以投票选举见证人,总得票数排名前 N 位(N 一般为 101 位)的候选人就是见证人,见证人按照时间表轮流签署生成新的区块。与权益证明共识机制不同,授权股份证明共识机制虽然也是由少数人行使权力,但不会产生权力集中现象,投票选举出来的每位见证人具有相同的权力,且持股人可以随时通过投票更换见证人。

除了这 3 种共识机制之外,在区块链理论和实践中还出现了许多不同的共识机制算法。每种共识机制算法有其独特的优势和缺点,目前学术界和业界就最优共识机制算法尚未达成一致。因此,未来区块链理论和实践研究中的一个重要发展方向是结合几种共识机制算法的优点,构建混合共识机制算法。

第二节　区块链技术的失信风险

任何技术均存在一定局限性,区块链也不例外。区块链具有去中心化、匿名化、难以篡改性等特点与优势,但如果缺乏必要的监管手段,这些优势同样会带来巨大的失信风险。例如,一旦出现对区块链系统进行安全攻击的行为,区块链系统难以对攻击行为和非法用户进行追责;一旦安全攻击行为成功,由于区块链具有不可篡改性,非法交易难以撤回;目前,尚缺乏相关的法律法规,约束并惩罚针对区块链的安全攻击行为等。以上这些行为不仅将给区块链技术带来极大的失信风险,而且会使区块链平台成为非法犯罪行为的滋生温床。具体而言,区块链技术带来的失信风险主要集中在以下 4 个方面。

一、分布式账本中的失信风险

随着区块链技术的兴起,分布式账本技术引起越来越多的人关注。当前,大部分分布式账本均基于区块链结构构建。很多人认为,区块链技术与分布式账本技术是完全等价的。[①] 然而,它们并非一个技术,而是两个独立的技术。究其本质而言,分布式账本是可以供网络参与者同步共享的数据库。虽然分布式账本技术是去中心化的,但其组织可能并非去中心化。而区块链除了具有分布式账本的特征外,其组织结构也是去中心化的。

(一)传统账本与分布式账本

任何单位或者组织都会用到账本,账本的重要性不言而喻。就目前来看,人们谈到的账本绝大多数是传统意义上的账本。传统账本包括出纳账、营业费用明细账等诸多部分,每个部分都缺一不可。尽管传统账本已使用多年,并一直被大多数单位或组织使用,但其自身存在诸多不足之处。比如,它缺乏透明性,导致容易发生欺诈与腐败问题;它往往需要借助信任度较高的第三方系统进行确认或检查,导致效率较低,且成本较高。

为解决传统账本的这些不足,分布式账本应运而生。随着互联网的不断发展,各类数字化账本因其具有非常明显的便捷性和高效性而被越来越多的组织采用。虽然不少数字化账本具备一定的共享性,但其本质上是一种中心化的组织构架形式,对账本的确认依旧需要寻找参与各方共同信任的第三方来完成。而分布式账本在操作中不需要第三方或者仲裁机构确认,参与各方依据共识机制来记录或更新账本信息。在区块链中,每一条分布式账本记录都打上了时间戳和唯一的密码签名,这使得所有的历史交易信息可以随时审计,无须第三方机构进行额外的审计与检查。笔者认为,分布式账本具有以下

---

① Kshetri, Nir, "Can blockchain strengthen the internet of things?", *IT professional*, 2017, pp. 68-72.

3个显著特征:(1)无中心化控制机构。账本内容的增加与管理,由参与者共同协商解决。(2)无须中介机构介入。不管是交易信息的确认,还是事后交易历史的审计,参与方都可以直接交互,不需要第三方中介机构介入。(3)记录无法随意更改。一般来说,账本上记录的信息单个参与节点无法随意更改,其内容由所有参与节点共同协商决定。

(二)分布式账本中存在的信任风险

通过分布式账本构架,区块链中各节点的所有交易信息都会公开透明,各参与者之间无须信任基础也能建立起信任关系,进行交易。这固然是分布式账本的显著特色,可现实生活中并非完全如此。公开透明的信息有助于参与者建立信任以降低风险,但任何人和任何机构均存在一定风险,即使是信任等级非常高的政府机构也不例外,分布式账本同样存在不少信任风险。

首先,我们应该看到,信任具有较强的主观色彩,无法完全用机械算法促使其形成。分布式账本中的算法共识并非参与者本身认同其中记录的全部内容,而是基于机械的运算法则产生的共识。也就是说,参与者之间的信任是基于机械的运算法则产生,其内心可能并不认同,这种信任关系往往并不长久与牢靠。在现实生活中,信息不对称是导致彼此间相互不信任的重要影响因素。分布式账本尽管具有公开透明的特征,却依旧不能完全消除信息不对称现象。此外,参与者可能还有大量的行为未被记录在分布式账本中,也就是公开的行为可能只是其总体行为的一小部分,如果仅依靠分布式账本中的信息作出信任行为,风险依旧不小。例如,一些对信任风险进行评估的机构,如果仅根据区块链中记录的信息来评估信任风险的话,可能会漏掉大量未被记录的信息与行为,导致评估结果存在较大的偏差。

二、加密算法中的失信风险

在开放式的网络环境中,隐私保护是必不可少的环节。虽然区块链技术采用非常复杂多变的加密算法来保障数据存储与交易的安全性,但加密算法也并非不能破解,区块链网络中的隐私和安全方面依旧存在不少薄弱环节。

(一)区块链常用的加密算法

为保证传输数据的安全性,区块链引入了各类复杂的先进加密算法,其中主流的加密算法包括哈希算法、对称加密技术、非对称加密技术等。笔者将对这几种主流加密算法进行简单介绍。

1. 哈希算法

哈希算法(也称散列函数)是一种非常常用的单向加密算法,是指将某一数据经过加密处理,转化成一串固定长度的二进制字符串,这段二进制字符串就是哈希值。由于哈希算法具有单向特征,我们可以把数据转化成哈希值,却不能由哈希值还原成原始数据。区块链不会直接采用明文的原始交易数据,而是通过散列运算将原始数据转化成一定长度的散列值,然后记录进区块。MD5、SHA256、RIPEMD 等是哈希算法中使用较多的加密算法。例如,比特币使用双 SHA256 散列函数,不管是多长的原始记录,只要经过 2 次 SHA256 散列运算,都会得到一串 256bit 的散列值,非常便于存储和查找。

2. 对称加密技术

与哈希算法单向加密不同,对称加密具有可逆向运算的特点。密文的发送方和接收方均采用同样的密码与运算方式,双方使用的密钥只有一个。接收者通过采用相同的密钥进行逆运算,获得原始的输入数据。AES、PBKDF2、SCRYPT 等是目前区块链中使用较多的对称加密算法。对称技术尽管在加、解密的速度上具有较强优势,可密钥的安全性存在较大隐患。比如,黑客截取了密文与密钥,就可以逆向解密出明文;如果一个部门或企业使用一个加密密钥,一旦密钥被泄漏出去,入侵者就能计算得到该用户密钥加密的所有文档。

3. 非对称加密技术

非对称加密技术是指加密方与解密方使用不同密钥的一种加密算法,数据的传输、解密需要公钥和私钥两个密钥。公钥与私钥是一对,私钥可以推导出公钥,但公钥无法推导出私钥。例如,假设甲乙两个用户在交易过程中采用非对称加密技术,双方交换各自的公钥。使用时,甲方用乙方的公钥加密,乙方接收后可以用自己的私钥解密。非对称加密技术虽然安全性非常高,但解密的速度相对较慢。RSA、ECC、DSA 等是目前使用较多的非对称加密算法。比如,ECC(椭圆曲线加密技术)是区块链中常见的签名算法,其算法用对椭圆曲线上的点进行加法或乘法运算来表达,私钥是一个随机数,可以通过签名算法生产公钥。

(二)加密算法引发的隐私风险

通过加密算法保证交易的匿名性、保护用户的隐私,是区块链的显著特征。然而,随着加密解密算法、大数据分析技术、人工智能技术、云计算和超级计算技术的不断发展,基于各类加密算法的区块链匿名体系正不断受到挑战。除了传统的依靠超算技术和先进解密算法的反匿名攻击之外,新型的反匿名攻击逐渐由解密真实身份转变为对于行为的聚类分析,如 IP 地址聚类分析、交易数据的地址聚类分析、交易行为的建模学习等。[①] 为应对新的挑战,一些区块链主流平台不断开发并采用更为复杂的非对称加密算法和加密体系。但是,加密算法与解密算法相辅相成的特性使得加密算法的发展存在局限性,在超级计算和海量计算资源的加持下,依靠先进解密算法攻破区块链加密算法的可能性与风险越来越大,区块链中的隐私保护风险持续增大。

同时,另一类风险来自因地址关联从而解密真实身份。在区块链系统中,区块链的地址标识与现实社会中的各类标识显著不同。因为采用不同的编码体系,各节点不像现实社会中的名字、身份证号码等标识那样方便辨认,交易数据通过地址标识完成传输,这保证了区块链交易的匿名性。但值得注意的

---

① 曾诗钦、霍如、黄韬、刘江、汪硕、冯伟:《区块链技术研究综述:原理、进展与应用》,《通信学报》2020 年第 1 期。

是,区块链采用的地址标识编码体系无法保证完全匿名。虽然追踪分析的成本很高,可是,通过追踪、分析交易行为,完全有可能降低交易地址的匿名性,甚至发现与地址关联的用户真实身份。另外,由于在区块链中各类数据是完全公开透明的,不可篡改,所有的交易信息都会记录在公共账本上,并能被所有人查询到。如果非法攻击者通过强大的计算能力进行有效解码和反向追踪,区块链上完备不可篡改的交易数据将为非法攻击者提供非常完整的原始数据,具有显著的因地址关联而解密真实身份的风险。例如,常用的比特币交易有匿名性,各节点通过地址进行交易。尽管各节点的信息无法直接查询到,其他人也无法获知某一笔交易由谁来进行,他们交易的记录却均可以在分布式账本中查到。地址与现实中的人虽然并非一一对应关系,不存在必然联系,但其与真实身份存在千丝万缕的联系。通过关联分析、数据挖掘、统计分析等方法,可以将交易地址与真实身份对应起来,导致产生较大的隐私风险。

三、智能合约中的失信风险

智能合约是指把承诺及参与各方履行承诺的一系列协议用数字形式表现出来,把数字形式的合约内嵌到实体中,最终创造出既灵活又可控制的智能资产。智能合约的提出要早于区块链技术,其概念最早由学者 Nick Szabo 于 1994 年提出。但是,由于受到当时计算机技术手段落后和应用场景缺失的双重约束,智能合约概念提出后并未引起学术界和实践界的广泛关注。直到 2008 年,区块链技术开始引入智能合约概念。2013 年,出现了将智能合约作为一个重要组成部分的以太坊智能合约系统。之后,智能合约迅速受到各界广泛关注,成为以区块链技术为基础的应用体系的重要特点之一。智能合约具有非常广阔的应用前景。作为一种嵌入式程序化的合约,智能合约不仅可以在区块链中的任何有形或无形资产上设立嵌套,也可以内嵌套在任何数据和交易中,最终形成可以用编程软件定义的市场与资产。智能合约不但能为金融领域的资产发行、交易、管理等提供全新的技术与途径,还能广泛服务于资产管理、合同管理、执法监管等领域。

（一）智能合约的内涵与特征

现代社会运行,不管是在个体的生活与工作领域,还是在整个经济社会运转领域,都离不开合同。可以认为,有人的地方就有合同。传统合同的订立和执行必须建立在合同双方或多方互相信任的基础上,彼此通过签订协议来履行交易。而智能合约则可以放松对强信任基础的要求和约束。在信任基础较差或者缺失的环境中,合同交易的执行由计算机代码进行定义,也在设定一定触发条件情况下由代码自动强制执行,无须也不允许合同订立双方人为干预合约的执行。自从区块链技术出现后,智能合约的内涵发生了巨大改变。作为区块链技术的核心组成要素,智能合约是一种运行在可复制的共享区块链数据账本上的计算机程序,具有主动或被动处理数据、接受和发送数据、控制和管理各类链上智能资产等丰富的功能。[1] 智能合约的签订与执行主要包括3个步骤:第一步是合约的签署方就合约的内容、违约的责任、外部核查数据源等达成一致意见;第二步是检查和测试智能合约的代码运行情况;第三步是把生成的智能合约代码部署到区块链上,并让其自动运行。

从本质上看,智能合约是设置在区块链中的去中心化、可信和共享的程序代码。从特征来看,智能合约具有区块链的一般特征,比如分布式记录、同步存储、不可篡改和伪造等。此外,智能合约还具有一些独特的特征。自治性、自足性、可编程性和去中心性,是智能合约的四大显著特征。(1)自治性。一旦智能合约签订生效就会按程序自动运行,不需要合约的签订方采取任何干预手段。(2)自足性。智能合约具有自我获取资金并使用资金的能力,通过自动提供服务或发行资产来获取资金,并能自动决定在需要的时候使用这些资金。(3)可编程性。智能合约的参与方可在合约签订时增加任意复杂的条

---

① 袁勇、王飞跃:《区块链技术发展现状与展望》,《自动化学报》2016 年第 4 期。

款,从而强化对资产等的管理。以比特币为例,在管理一笔比特币资金时,合约的签订方可以设置复杂多样的比特币使用或转移限制条件。例如,需要多人共同签名或需要达到某个限定条件才能被使用或转移。这种可控制、可配置的思想就是可编程性的核心思想。(4)去中心性。智能合约并非由中心化实体来保障运行,而是由去中心化的各类程序代码运行,能够最大限度地保证合约的公平公正。①

(二) 智能合约中存在的安全风险

随着智能合约在区块链中的广泛应用,区块链正式进入 2.0 时代。在智能合约技术的支持下,参与交易的双方或者多方在无须信任基础、无须第三方信任机构的前提下,就可以开展高效、流畅的交易行为。与此同时,由于智能合约承担了固化执行实践中千变万化的复杂商业逻辑的功能,智能合约也极易受到网络攻击或者出现漏洞,因此,在带来红利的同时,也带来新的风险与挑战。智能合约执行中面临的风险非常复杂多样,主要的风险包括:对合约条款理解的风险、合约欺诈风险、合约执行中的技术风险、安全攻击风险等。特别值得关注的是,虽然智能合约方兴未艾,但由于技术不完善,与传统合同相比,具有显著的法律和执行风险,包括强制执行中的法律法规风险,对智能合约的错误、不当甚至恶意执行行为的法律责任等风险因素。技术的不断革新正不断形塑我们在网络空间中的行为,在给生活带来便利的同时也存在风险,极易使网络空间成为犯罪滋生之地,甚至成为一些犯罪行为的庇护所。如果智能合约真的成为犯罪行为的"逍遥处",这种无须信任基础、去中心化的程序代码行为最终将会受到公众的质疑与抵制。

2016 年震惊全球的 The DAO 黑客事件,就是智能合约带来安全风险的一个鲜活例证。我们可以简单回顾一下 The DAO 黑客事件。The DAO 项目是

---

① Swan, Melanie, *Blockchain: Blueprint for a new economy*, O'Reilly Media, Inc., 2015, pp. 16-17.

基于以太坊区块链平台和智能合约成立的众筹项目,建立了一种针对数字货币软件开发的新型虚拟企业。该项目实行去中心化管理,不设立中心化管理机构(董事会或者其他领导层)监管整个项目的运行,所有关于企业项目与运营的决议完全由参与者自主投票决定。随着筹集资金的增加,2016 年 6 月,黑客利用之前已经发布的智能合约漏洞对 The DAO 项目发起攻击,将价值高达 5 亿元人民币的以太币转入同一黑客账户,令 DAO 社区陷入混乱。具体来说,黑客针对区块链软件平台中的分割函数功能进行攻击。该函数负责区块链中资金的移动和原始账户归零。但是,黑客设法在资金移动到新的账户后阻止原始账户归零,从而产生资金漏洞。这一事件发生后,很多人想脱离DAO 社区,以防止自己的以太币被盗,但自主投票机制使他们难以获得所需票数。最终,运营公司采取硬分叉技术强行判定黑客行为无效,才平息事端。黑客的攻击行为虽然带来了非常严重的后果,但事后并未受到任何惩罚。黑客给出了两点理由:一是其行为完全按照 The DAO 项目的代码规则操作,并未违规;二是因为没有适用的法律法规作出界定,所以,其行为并不违法。

另外一个智能合约带来安全风险的例证是 2017 年的 zerocoin 攻击事件。2017 年 2 月,黑客对 zerocoin 数字货币发动了攻击。由于 zerocoin 交易协议编程中逻辑运算符编程出现错误,黑客可以无中生有地创造新的 zerocoin,并将其卖出,兑现现金,获取收益。尽管 zerocoin 平台很快发现了逻辑运算符编程错误导致的漏洞,可是在冻结交易指令传达到各大区块链平台的这段时间内,已造成了巨大损失。

从上述 The DAO 和 zerocoin 黑客案例可以看出,智能合约带来的安全风险主要表现为两个方面。一是法律法规缺失的风险。在现实生活中,法律法规往往滞后于技术的发展。因此,当技术对人类的行为进行了显著变革之后,需要通过更新法律法规来对变革行为进行确认与界定。正如攻击 The DAO项目的黑客所言,凡是符合区块链智能合约运行规则的代码都是合规的。当外界并没有相关法律法规对智能合约作出明确规制和限制时,就会带来巨大的现实风险。例如,依据中国人民银行法第 3 章第 16 条,人民币为我国现行唯一的法定货币。比特币、以太币等数字货币并未获得法律承认,在现实中往往将其作为网络虚拟资产处理。当出现侵占比特币、以太币等数字货币的行为时,由于缺乏相关法律法规的保护,难以对涉及数字货币的犯罪行为进行侦查处理。以 The DAO 黑客事件为例,不管是黑客采取攻击行为"黑取"财产,还是 DAO 社区运营方未经授权和审判就从黑客手中取回"被黑"财产,都因为缺乏相应的法律法规不被视为非法行为。之所以出现这种现象,主要是现实世界的法律法规还未扩展到智能合约的代码世界中,智能合约的许多行为一直处在法律法规的"真空区"。

二是合约内容与行为主体难以认定。签订智能合约是参与各方在已有空白合同中填写合同内容,合同的内容用代码来表达,而代码本质上是一种数字符号,并不像文字那样具有直观、清晰表达的功能。在智能合约中,同样的内容会因编码方式不同、加密算法不同,用不同的代码表达。这就导致合同的真实内容难以被参与方以外的人认定,尤其是在涉及犯罪行为时,难以作为犯罪行为的证据。此外,智能合约奉行"假名主义",既无外在监督机制,也无法律法规监管,交易各方只需通过代码自动运行即可,即使出现违法违规的内容,也难以追踪到当事人的身份和责任。

四、共识机制中的失信风险

去中心化是区块链的核心优势,如何在分布式系统中高效达成共识是制约区块链发展的关键所在。共识机制有利于分布式系统尽快达成共识,提升区块链的运行效率。例如在 P2P 网络结构中,相互之间缺乏信任基础的节点必须依靠事先预设的共识机制,才能实现数据存储的一致性目标。但是,也存在诸多不足之处。例如,共识机制可能会导致区块链中的记账权掌握在少数人手中,掌握在算力较强的人手中。这不仅与去中心化完全背离,也会造成较大的存储风险。

　　共识机制设计的难点,主要是在公平、安全和效率之间取得平衡。总体来看,共识越集中,达到的共识程度就越高的共识机制在带来高效率的同时,也往往会产生参与度较低的现象,容易出现独裁与腐败。具体而言,这类共识机制主要存在以下3个方面的不足,存在显著的存储风险。(1)与去中心化相背离。某些共识机制(如工作量证明共识机制)容易导致区块链中的记账权掌握在少数算力较强的人手中,而某些共识机制(如权益证明共识机制)容易导致区块链中的记账权掌握在少数顶层群体手中。如果信息的记录与存储掌握在少数人手中的话,信息的存储风险较大。(2)能耗高,效率不高。某些共识机制(如工作量证明共识机制)需要大量的算力支撑,极易造成资源浪费,且达成共识的时间周期较长、效率不高。(3)安全性有待提升。就大多数共识机制而言,拥有较强算力的少数人作恶成本非常低。他们即使在区块链中作恶,现实中也缺乏与之对应的法律法规去惩罚他们,这极大降低了在区块链中储存信息的安全性。

　　从以上分析可知,共识机制的类型非常多。目前使用较多的共识机制包括:工作量证明共识机制、权益证明共识机制和授权股份证明共识机制等。本书将通过分析这3种机制的不足以深入剖析共识机制的储存风险。(1)在工作量证明共识机制中,虽然不需要各节点彼此间有信任基础,但其内涵有一种隐性的信任机制,即各节点必须信任算力最高的节点。此外,它还存在较为明显的不足,主要表现在两个方面:一方面是非常浪费资源。算力竞争需要强大的算力支撑,这需要耗费大量的资源(如电力等)。另一方面是效率不高。例如,比特币系统会自动调整难易程度以控制每个区块的生成时间,一般为10分钟。也就是说,如果应用在其他领域,对一笔交易的确认至少需要10分钟,这在众多快速的小额交易领域并不适用。(2)权益证明共识机制同样内含一种隐性信任机制,即每个节点必须信任权益最高的节点。尽管权益证明共识机制在工作量证明共识机制基础上进行了非常大的改进,却依旧存在较大的信任隐患。最大的隐患是容易形成"权力过度集中"现象,与区块链倡导的去中心化背道而驰。权益是工作量证明共识机制的主要依据,而币龄又是权益的主要依据,导致拥有币龄最多的人权利最大,最有可能支配记账权,有可能使基于权益证明共识机制的区块链变成少数"富人"的游戏。(3)在授权股份证明共识机制中,虽然各节点不再必须信任最高算力节点和最高权益节点,但依旧必须投票选出值得信任的节点,让它代替自己行使权力。授权股份证明共识机制大幅度减少了参与记账和验证节点的数量,实现了速度更快的共识验证,却同样存在一些信任隐患,主要表现在两个方面:一方面,区块链节点与人并非一一对应关系。现实中的人可以同时掌握多个节点,可能出现一半甚至大部分节点被某个人或组织控制的情况,这与去中心的初衷相背离;另一方面,与现实中的选举一样,授权股份证明系统中的选举同样存在利益集团。如果区块链中的"超级节点"相互串通,完全可以形成利益垄断,与人人平等参与的初衷相背离。

第三节　区块链应用的失信风险

不管何种技术,在同社会现实深度融合并具体应用于经济社会方方面面的过程中,都无可避免地存在一系列失信风险。同样,区块链技术在与社会系统中人口、资源、财富、文化等诸多组成因子深度融合的过程中,也难免会引发一系列社会问题与矛盾,甚至会引发危害社会正常秩序的冲突。这种非预期后果与开发区块链技术的初衷是完全背离的。推广应用区块链技术的本意是在信任度非常低的环境下,用最小的成本开展各类交易行为。为有效避免区块链应用中的失信风险,我们首先需要重视和分析在应用中可能产生的诸多风险,包括认知、监管和伦理等风险。

一、认知风险:模糊与片面

在认知层面,新技术的发展和应用是在破与立的过程中实现的。区块链技术发展早期,受认知的有限性影响,人们在区块链应用问题上表现出认知模糊与认识片面的特点。首先是认知模糊风险。在绝大部分人的认知中,区块链与比特币难以明确区分,从而导致在应用中达到预期结果(包括交易行为的预期收益与成本)的不确定性。虽然区块链与比特币在应用中通常紧密相连,但两者之间具有显著的区别。从技术层面看,区块链技术是比特币的底层技术基础;从应用层面看,比特币是区块链技术的货币应用。尤其是在区块链技术应用早期,人们对比特币与区块链的认识存在一定模糊性。实际上,二者的相关研究文献也存在高度的相关性与雷同。此外,还有不少人从"对立"的视角看待比特币与区块链之间的关系。例如在比特币出现之初,不少人只关注比特币,完全不知道区块链技术;而在区块链技术快速发展后,又有不少人只关注区块链,对比特币则持完全否定态度。其次是认知片面风险。在国家的大力倡导下,区块链技术正广泛应用在经济社会的方方面面,在金融领域的应用尤其火爆。区块链技术在金融领域火爆的应用固然会促进金融业转型升级,同时也会带来一系列风险,尤其是人们的片面认知导致盲目投资风险。不少人被区块链技术衍生出来的一些炒作概念蒙蔽。而一些网络违法者正是看到了这一问题,利用人们对区块链技术了解不深,制造盲目的技术崇拜,激发广大网民的跟风热潮。这种盲目的跟风潮极易造成投资失败,进而产生更深一步的片面认知。央视等主流媒体对这一现象已有所报道。比如 2019 年,央视网报道,金融领域有约 3 万家主营与区块链技术相关业务的公司,但实际上真正掌握区块链技术的企业不足 10%。也就是说,大部分企业有炒作区块链概念之嫌。①

二、监管风险:空白与冲突

随着区块链技术在越来越多领域内得到广泛应用,在区块链技术的监管

---

① 《警惕以区块链为名的诈骗》,央视网 2019 年 12 月 10 日,见 http://tv.cctv.com/2019/12/10/VIDES3XtfLU8eCinD1xxgsjM191210.shtml。

方面,传统法律表现出一定的监管不力和空白问题。其一是制度空白问题。数据构成了区块链的基本单位。数据与传统物权法中的物存在较大差异。虽然民法典和网络安全法中均提到了数据,但未对数据的归属、使用、责任追究等作出明确规定,导致区块链、数据权利、虚拟资产等领域出现制度空白。其二是法律冲突风险。区块链奉行"代码即法"的准则,整个系统根据一套自动代码运算。这套算法相当于"宪法",每个人都需严格遵循。"代码即法"准则的本意是用最佳的代码去代理具体事务,最大限度地减少交易成本。但是,区块链中的加密算法在精确性与完整性方面仍存在一些不足之处,尤其是在与具体社会生活契合时存在不精准现象,与现有法律存在一定冲突。比如,合同法中一些条文就与当前智能合约的执行效力有一定的内容冲突。除此之外,在区块链的交易过程中,不同的网络参与者实际上被转化为不同的数据节点,而数据节点又不具备独立的人格,因此,与民法典的独立人格性存在一定冲突。此外,参与者以匿名的形式在区块链中开展各类行为,对行为主体是否具有相应民事行为能力很难直观判断。

三、伦理风险:歧视与鸿沟

技术的进步往往伴随一系列伦理风险,区块链技术的快速发展同样难免带来一系列伦理问题。典型的伦理风险包括数据歧视与数字鸿沟。一方面是数据歧视风险。随着越来越多的经济领域采用区块链技术,区块链系统中记录的数据不仅在数据的量上呈几何级数增长,在数据的类型上也变得更加复杂多样。如此海量、多样化的数据会带来显著的数据歧视风险,建立在区块链基础上的数字交易,可能产生基于数据优势的歧视与垄断问题。① 由此可知,区块链并不能依靠自身的匿名性、去中心化等广为人知的特性实现价值中立,基于区块链的应用系统在大数据的存储、记录和运用过程中同样可能存在较

---

① 孙保学:《人工智能算法伦理及其风险》,《哲学动态》2019 年第 10 期。

大的伦理问题。也就是说,一旦现有的伦理约束失效,将会产生非常严重的行为道德风险。例如,一旦不法者利用算力、算法优势实现了数据垄断,并利用垄断的数据侵害其他弱势者的权益,那么,区块链技术的发展与运用即陷入所谓的"数字利维坦"困境,即海量的数据冲击超出人们驾驭能力极限的现象。另一方面是数字鸿沟风险。区块链技术在经济社会运转中各个领域的应用深度与广度存在鸿沟,主要表现在与经济社会各领域融合中存在的着力不均衡、成效不一等问题。具体融合应用中,区块链技术在货币和金融领域的应用较为普遍,而在政治、经济、文化、生态等领域的应用相对较少。据《中国电子报》统计,在 2018 年的全球区块链市场中,金融占比非常大,高达 60.5%,主要集中在国际结算方式和数字货币两个领域。① 此外,区块链核心技术始终掌握在政府部门及少数大型企事业单位手中。对广大中小企业、团体、个人来说,区块链技术无论是核心算法技术还是实际部署平台成本较高、难度较大。特别是由于技术成本高昂、人才缺乏等诸多现实困境,中小企业中的区块链技术难以真正落地,实际操作中的数字鸿沟日益增大。但是,与之同时,基于区块链技术的应用系统不断增多,区块链技术得到政府和业界越来越广泛的认可与应用,日益变成越来越多中小企业的"刚需",数字鸿沟导致的伦理风险日益增大。

第四节　区块链技术下的行为道德建设

与历史上几次重大技术革新类似,区块链技术并非价值中立。区块链技术在改变人们行为的同时,也逐渐影响人们的思想观念。区块链技术固然具有非常美好的发展前景,但其发展过程中面临的各类困境与挑战也应被重视。在许多人眼中,区块链技术与行为道德建设并无交集,然而本文认为,区块链技术与行为道德的联系非常紧密。在区块链技术迎来广泛应用的背景下,我

---

① 骆振心:《区块链已成大国竞争新赛场》,2019 年 11 月 2 日,见 http://www.cb.com. cn/index/show/gs/cv/cv12530110130。

们不仅需要考虑技术能够带来什么,也必须考虑技术可能产生的行为后果,以及随之引发的行为道德问题。在基于区块链的应用系统中,基于分布式去中心化的组织架构并不意味着应用系统出了问题就无人负责,基于数字规则的交易行为也并不意味着只要不违反规则就不会违反行为道德准则,甚至是违法。如果期待区块链技术与以往为社会带来重大革新的技术一样影响深远,就必须重视受其影响的道德行为建设。

一、增强理念认知:消除模糊、片面的认知冲突

区块链技术因其"先天优势"(主要指它先天具有去中心化、难以篡改等特征)与"后天成长性"(主要指它具有非常强大的扩展性)而火遍全球。当前全球主要经济体中,不管是属于哪个区域,抑或是属于哪个行业,都在学习与引进区块链技术。随着区块链3.0时代的到来,区块链技术扩展到经济、社会、文化等各领域已成必然之势。与以往任何技术相比,区块链技术发展之快无可比拟。但作为一种新技术,区块链技术依然要遵循技术发展从出现、发展到成熟的生命周期过程。在此过程中,存在大众对区块链技术和基于区块链技术的应用系统的理念认知发展过程。大众对区块链从认可到熟悉不可能一蹴而就,其中存在认知冲突、错误认知等问题。在区块链技术火遍全球的同时,我们同样应该增强理念认知,消除模糊、片面的认知冲突。目前,部分行业为蹭区块链热点,把区块链作为炒作噱头的行为比比皆是。更有甚者,利用各种"套路",使区块链成为招摇诈骗的"招牌",比如部分不法分子包装出"区块链养猪""区块链鸡肉"等项目进行非法集资。正因为区块链是一个非常重要的新技术,我们更应该增强理念认知,消除各类片面、盲目、消极的错误认知。这方面急需解决的理念认知问题主要包括以下3个方面。

(一)应该对区块链技术有一个全面、深刻的认知

区块链技术虽然是一项技术革新,其影响却远不会囿于技术领域,或者少

数几个领域。在人类社会的组织结构中，为促使分散的组织统一行动，必然会形成相应的组织权力中心；而区块链打破了这一"固有陈法"，证明即使无组织权力中心也能促使分散的组织统一行动。由于区块链不仅是技术上的重大革新，也给各类组织结构带来革新，区块链技术对各行各业都将产生非常深远的影响。设计区块链的一个重要初衷，是为了解决现实世界中商业、金融等领域出现的数据不透明、控制中心化、管理腐败化等问题。因而，区块链系统中去中心化、透明化、不可篡改性、难以腐败等特性值得我们重视与深思。同时，尽管当前以比特币为代表的区块链技术应用系统从技术上部分证明了去中心化组织运转的可能性，但区块链的一些特征与现行政府组织、企业组织等的治理理念完全不同，在更大范围的应用中如何进行借鉴推广都需要我们深入研究与思考。

（二）应该对区块链技术的应用在更长时间段上做更长远的认知

区块链技术目前的应用还比较有限，停留在较浅的初步探索阶段，不少领域甚至还存在错用、滥用的情况。虽然很多组织和企业都热衷于探索区块链技术的应用前景，绝大部分企业却都倾向于把区块链技术引入原有的运营模式，为原有商业运营模式服务。这是一种小范围的"改良"，并未充分发挥区块链技术的优势。例如，据 2019 年达沃斯世界经济论坛一份对区块链企业投资的调研报告显示，75%的企业表示投资区块链的目的主要是为了解决数据的安全与可追溯性，进而增强企业竞争力；而在创造新的生产和服务模式上，97%的企业认为区块链技术非常不重要。在调研中，区块链作为一种有潜力的核心技术，其重要性不是排在倒数第一，就是倒数第二。因此，对于区块链技术的应用，我们应该有更为长远、更有远见的认知。尽管目前区块链主要应用在数字金融、物联网、智能制造等少数领域，而在不久的未来，必然会向经济、社会、文化等各领域扩展。即使在区块链技术应用非常多的数字金融领域，人们对它的认知依旧不够深刻。不少人依旧认为，区块链技术仅是对传统金融技术的补充或部分革新，无法带来颠覆性的改变。正如互联网、移动社交媒体正对传统媒体带来颠覆性改变一样，区块链技术也将对数字金融领域带来颠覆性改变；并且，这种颠覆性改变将会逐渐扩展到其他领域。

（三）应该更全面地看待区块链技术的特征与优势

与其他技术相比，匿名性、去中心化、无法篡改、无须信任基础等是区块链技术的显著特征与优势。虽然区块链的这些优势非常明显，但我们也不能盲从盲为，应该坚持用"两点论"思想看待问题。（1）就匿名性而言，尽管相对于毫无隐私的一般互联网平台或金融体系而言，区块链具有非常明显的匿名性特征，然而，这种匿名性也是相对的，并非绝对的匿名，基于加密算法、地址交易的区块链技术依旧能被追溯。（2）就去中心化而言，虽然区块链系统中的信任机制主要由分布式数字方法而非实体中心机构来构建，而区块链应用系统中的信任体系构建过程却并非绝对的无中心化。例如，公有链是一种完全去中心化的应用场景，而联盟链和私有链则是部分中心化或完全中心化的应用场景，信任在这3种应用场景中的构建方式不尽相同。此外，这种去中心化的组织构架，并不意味着各节点无须为自己的行为负责，"分散式"组织构架也不意味着出了问题就无人负责。（3）就无法篡改性而言，区块中的信息均加盖了时间戳而具有时序性，因而，信息修改的成本较高，难以篡改。但是，基于强大算力或拥有相应权限则可以篡改数据与信息，只是代价非常高昂。另外，一旦发生篡改行为，往往还无法用现实世界中的法律法规去进行相应惩罚。（4）就无须信任基础而言，尽管共识机制能够保障无信任基础的两个节点顺利开展交易行为，交易顺利开展却依旧依靠一定的信任关系。比如，在工作量证明共识机制中，各节点必须信任算力最高的节点；在权益证明共识机制中，各节点必须信任权益最高的节点；在授权股份证明共识机制中，虽然各节点不再必须信任最高算力节点和权益最高节点，但依旧必须投票选出值得信任的节点，让它代替自己行使权力。

二、加大技术研发：消除与现有信任机制的监管冲突

由于区块链技术具有非常明显的匿名性、去中心化、难以篡改等特征,许多人容易产生一个误解,那就是区块链技术与现有信任机制的监管格格不入,两者看似无法共存,但事实则不然。在前文的分析中,笔者已经详细分析了区块链中的去中心化并非无中心化或者完全消灭中心,而是强调区块链中大小不等的多个中心具有平等的参与权与决策权。区块链技术自诞生以来已经走过了生命周期中的第一个 10 年,其间技术创新层出不穷,发展迅速。然而,在经济社会各领域中,基于区块链的大规模应用还只是迈出了第一步,区块链与经济社会各领域深度融合需要的管理创新、经济系统创新、制度创新才刚刚起步。基于此,笔者认为,区块链现有信任机制监管间的冲突源于现有技术,还无法实现两者之间的完美对接与融合。从区块链的发展趋势看,它最终势必演变成一种适合监管融入的技术,共享账本、无法篡改等技术特性也将为全面实时监管提供有力支撑。在区块链系统发展过程中,需要关注以下一些重要问题。

(一)区块链技术还处于发展初级阶段

在深入剖析区块链技术与现有信任机制的监管冲突之前,有必要明确和简单了解区块链技术在相关领域的发展现状。从 2018 年全国两会期间几位互联网大咖的采访发言中,我们可以看到,业界公认区块链还处于发展初期阶段,存在不少突出的短板问题亟待解决。例如,百度公司 CEO 李彦宏认为,区块链技术具有极强的革命性,但目前还处于早期阶段;360 公司董事长周鸿祎认为,区块链依旧存在容易遭受网络攻击的隐患。一个典型例子是著名的"51%攻击"。这是指在流行的比特币系统中,一旦有人掌握了比特币系统超过 51%的算力,或者掌握了能破解"挖矿"哈希算法的超级计算资源,甚至量子计算机等革命性计算技术,就可以拥有整个区块链网络的控制权,可以进行

非法交易,甚至对记账本中的真实记录进行修改、删除等操作。这将对区块链的安全性造成极大挑战,形成区块链应用系统中的致命安全风险。另外,近期得到关注的以比特币和以太币为代表的虚拟资产交易中的资产丢失等安全事件说明,区块链技术还存在诸多安全隐患,亟须相关机构加强监管。同时,虽然当前一些主流的区块链系统还无法支撑大规模的现实商业场景,信息的价值也仅限于在同一个区块链系统内部传递,尚处于行业发展初期的区块链技术及其应用系统在中国广阔且具有活力的经济系统中,却具有很大的发展潜力和机遇。在区块链底层技术方面,中国与一些发达国家相比还存在不小差距,但是,中国具有进行区块链应用的非常丰富的场景,为区块链技术的广泛应用提供了非常好的基础和环境。在充分利用区块链技术方面,目前不少地方政府部门已经率先在构建基于区块链的应用系统方面有所行动。例如,贵州省贵阳市于 2016 年提出建设以"主权区块链"为核心的平台,打造可监管、可干预的区块链系统;湖南省娄底市于 2018 年成立区块链产业园,聚焦基于区块链的政务信息共享、办理平台研发,并已将部分公共服务搬到区块链上。

(二) 区块链技术与信任机制的监管可以共存

在区块链中,去中心化并非完全消灭中心,而是把少数人控制的中心化系统拆分为许多大小不等的多个中心组成的分布式网络系统;而且,这些大小不等的中心具有平等的参与权与决策权。比如,在比特币系统中,大算力的"矿池"本质上就是一个中心。只是通过规则限定,不管是大算力的中心,还是小小的"矿工",都需遵循同样的规则,多劳多得,防止出现大算力中心控制系统,使得小"矿工"权益受损的现象。可是,近期比特币市场大幅震荡,以及将比特币用于非法交易、冲击金融体系稳定的现象表明,去中心化的比特币市场也需要监管,否则,将对金融体系的稳定产生巨大的破坏作用。另外一个重要案例是在互联网发展初期的无序发展阶段,人们曾经认为网络中没人知道自己是谁,无须对网络中的行为负责,人人平等的互联网不需要外部监管。但后来的发展历程证明,互联网从来不是法外之地。对早期互联网发展历史的回顾可以发现,与线下经济活动相比,网络虚拟空间里的经济活动一般受到更多法律法规的约束。人们在互联网中的言论和行为同样需要负责,同样需要受到相关机构监管。与此同时,区块链技术确实对现有的监管机制产生了极大挑战。与日新月异的科技创新技术相比,当前信任机制的监管机制创新显得有些滞后,这是各国都无法否认的事实。因此,信任机制的监管机制创新需要与时俱进,紧跟区块链技术的发展步伐,与日新月异的区块链技术共同进步。具体而言,需要企业和监管机构共同努力。一方面,监管部门需要以更积极的态度学习与引进新的监管技术,制定相关监管标准,用新技术提升监管效能;另一方面,企业在技术方案和模式设计之初就应该主动内嵌监管要求,做到合规运营以降低监管成本。

(三)区块链技术亟须科学、适度的监管

区块链的健康发展,亟须信任机制的科学、适度监管。区块链技术在中国具有非常广泛的应用场景,而科学、适度监管是保障区块链在这些应用场景中健康、长久运行的关键。处于发展初期的新事物,难免都会经历混乱甚至是野蛮的发展阶段,处于发展初期的区块链技术也不能例外。目前,区块链从业人员鱼龙混杂,除了从事区块链研发、应用的专业人员,也存在不少利用区块链技术进行噱头炒作的人员,甚至混入了不少利用区块链技术进行招摇诈骗的人员。这种野蛮、混乱的发展现状不仅极大限制了区块链技术的发展,也给经济社会稳定带来了不小的隐患。例如,消费者和企业在考虑区块链技术时常常面临两难局面:一方面想积极拥抱新技术,充分享受基于区块链技术的应用系统带来的便利,挖掘其中的机遇;另一方面,担心区块链应用系统发展中存在炒作、欺诈,进而持犹豫迟疑态度,甚至在自己的工作生活中唯恐避之而不及。基于此,本书认为为了保障和促进区块链行业健康、快速发展,科学、适度

的监管必不可少。加强区块链行业监管方面,中国已经在部分领域进行了一些有益探索。比如2017年9月,中国人民银行等7部委联合发布了《关于防范代币发行融资风险的公告》,把区块链行业中野蛮生长的代币融资界定为"非法公开融资"行为,这是一次非常及时的监管介入。同时,我们也应该看到,虽然监管必不可少,但"有权不能任性",监管必须与区块链技术深度融合,甚至借助区块链技术本身实现对它的监管。

三、强化法治建设:消除与主流道德相悖的伦理冲突

关于区块链技术,有少部分人认为它是一种中立性技术,无法进行规制,也无须进行规制。其实不然,任何技术的应用都是特定的人基于特定的目的,在特定场所进行的,也就是所谓的应用场景,必须受到法律法规的约束与监管。区块链绝不是也不可能是法外之地。尽管针对"拜占庭将军"等技术问题,以中本聪为代表的技术人员提出了不少有力的解决方案,但技术发展的局限性决定了区块链技术在理论上依旧存在诸多无法解决的难题。比如,无法避免工作量证明共识机制中51%的攻击风险,无法避免权益证明共识机制、授权股份证明共识机制中权益向少数人集中的风险。在现实生活中,即使很少有人或机构能够控制超过一半的算力,可是一旦这种现象发生,将导致严重的安全风险和后果。例如,在比特币系统中,就存在"挖矿霸主"比特大陆公司,完全有能力发动"51%攻击";在其他相对非主流的数字货币系统中,遭受"51%攻击"的风险更大。在基于区块链的应用系统推广发展过程中,由于技术不完善与法律法规发展滞后,会与主流伦理道德发生冲突,产生显著的行为道德风险,甚至阻碍区块链技术的应用、发展。加强区块链系统中的法治建设不仅必要,而且迫在眉睫。完善的法律法规能规范、限制区块链的去中心化等特征对市场规范的干扰,能更好地保护市场上消费者的利益、保护市场的稳定性,能打消投资者对市场无序状态的顾虑,是解决与主流伦理道德冲突的主要途径之一。

（一）区块链存在诸多行为道德风险

区块链技术还处于发展初期，这一点毋庸置疑。处于发展初期的技术难免存在诸多不足与漏洞，亟须强化相关领域的法律法规建设，以消除与主流道德相悖的伦理冲突。就目前来看，区块链技术主要存在以下几方面的风险。

1. 技术引发的行为道德风险

去中心化并不意味着区块链中不存在任何中介行为。例如，技术设计人员（程序员等）与用户之间存在委托代理关系。虽然用户无须信任基础，依托数字规则与程序进行交易即可，但这些数字规则与程序是由专业技术人员设计的。在复杂的区块链技术应用场景中，数字规则与程序代码将变得极为复杂，需要非常强的专业技术基础才能识别数字代码正确与否。在此情况下，区块链平台的安全几乎完全掌握在专业技术人员手中。在专业技术人员与用户之间的委托代理关系中，存在技术人员作为代理人的行为道德风险。在监管与法律法规相对缺乏的前提下，很难避免拥有技术垄断优势的专业技术人员会利用漏洞甚至是"后门"损害用户作为委托人的利益。

2. 共识引发的群体非理性行为风险

在区块链中，节点之间不需要信任基础，依靠共识机制、智能合约等预先设置好的程序代码，就能在较短的时间内达成共识。显然，共识的形成受到共识机制设计选择的制约。决定如何最快形成公平的决策共识的共识机制设计一直是区块链研究中的难点和热点问题，并将在某些特定场景中制约区块链的应用。例如，在 The DAO 黑客事件中，每个节点都基于理性的思考作出决定，但在现行共识机制下投票的结果迟迟无法达成共识，无法及时制止黑客的行为。因此，区块链中个体的理性行为并不能带来群体的理性决策，往往会适得其反，产生群体非理性行为。

3. 多样化复杂的应用场景引发的安全漏洞风险

随着区块链与经济社会各领域的深入结合，其应用场景日渐广泛而复杂，区块链应用中越来越多新的风险大量涌现。例如,在实际应用中,区块链系统中的智能合约、共识机制甚至网络应用软件,在特定场景下都可能存在代码漏洞。这些漏洞一旦被不法分子抓住,就会引发一系列安全风险。例如,2017年7月,黑客对以色列初创公司 coindash 的服务器基础平台发动攻击,修改了 coindash 网站的销售账户,使得 coindash 的销售收入直接转到黑客账户。这次黑客事件通过利用简单的平台漏洞,就成功偷走了 coindash 高达700万美元的销售收入。2015年1月,黑客对总部位于卢森堡和伦敦的 Bitstamp 比特币交易所的热钱包(即与网络相连的在线电子钱包)发动攻击,盗走价值5100万美元的比特币,造成该交易所重大损失,该交易所因此停业一周。2016年,黑客又对总部位于香港的 Bitfinex 比特币交易所的多重签名账户发动攻击,盗走了价值介于6600万至7200万美元的比特币,导致该交易所的客户人均损失36%资产。

同时,区块链特有的去中心化、难以篡改等特点给相关部门带来了较大监管压力,一旦发生攻击行为,相关管理部门难以迅速应对。即使最终作出了应对处理,成本可能也非常大。比如,在 The DAO 黑客事件中最终采用的强行分叉处理措施,代价就非常高昂。因而,在区块链技术广泛应用于金融、政务、教育、医疗、养老等领域的情况下,我们应该同时提前做好风险防范并制定应急处理预案。

值得注意的是,从技术角度看,原始的区块链系统本身的体系架构比较完善,出现漏洞的可能性并不大。但是,区块链在应用过程中需要针对复杂多样的环境进行扩展。在构建应用系统和针对应用问题设计智能合约时,可能出现漏洞。主要的漏洞集中表现为软件设计漏洞、智能合约代码漏洞、平台服务器基础漏洞等,大部分属于在软件开发过程和应用过程中未进行完备检查导致的操作风险。由于区块链的匿名特性,发生安全风险时,通常很难追踪定位到责任人。

（二）区块链中的法治建设

随着区块链和比特币应用的快速发展以及问题的不断涌现,针对区块链和比特币的法律法规制定工作开始受到政府关注。欧盟、德国、法国、韩国政府都开始针对比特币和区块链应用,通过法律法规进行限制。从 2017 年 9 月 4 日起,中国政府禁止包括比特币在内的所有数字加密货币的交易,关闭交易所及其银行账户。政府部门针对区块链和比特币发展中的问题不断出台规章制度与公告,为进一步更全面的法律法规制定打下基础,例如《区块链信息服务管理规定》《关于人民法院在线办理案件若干问题的规定(征求意见稿)》《关于防范比特币风险的通知》《关于防范代币发行融资风险的公告》《关于防范以"虚拟货币""区块链"名义进行非法集资的风险提示》等。显然,针对区块链制定完善的法律法规是区块链进一步发展的前提。同时,当区块链被日益广泛地应用到金融之外的领域,对法律监管的要求变得更高,法律监管的难度也变得更高。以区块链等为代表的新兴技术发展中自身的特点与法律法规制定的相对滞后之间的矛盾,一直是学术界关注的重点问题之一。正如 Lawrence Lessig 指出的那样,法律与技术(硬件和软件)都可以规范人们的行为,在法治建设过程中,需要考虑两者之间的平衡。这导致区块链法治建设过程中,在理论和实践方面有很多值得研究的难点问题。以欧盟的《通用数据保护条例》为例,区块链的技术特点在很多方面与该条例的设计原则有需要调和的矛盾和冲突,主要包括以下几方面:(1)区块链的完整依赖于区块链的不可篡改特性,而对个人隐私的保护则依赖于数据的被遗忘权(也称删除权)。(2)区块链的透明性与数据隐私保护。由于区块链中每个参与者均可以访问区块数据,如果能通过大数据猜测或者估计数据内容,可能导致匿名隐私数据的泄露风险。(3)该条例设计中对个人信息等数据的保护,需要对中心化环境下的数据控制者进行确定,但区块链的去中心化环境难以确定数据控制者。在此情况下,在应用中是否能构建出符合个人数据保护条例规定的区块链系统至关重要。例如,反洗钱法的制定原则可能与比特币的匿名开放性存在根本冲突。在比特币的应用中,已经非常明显地表明国际金融法律需要针对区块链技术带来的创新资金转移方式进行修订,明确跨境交易数据和信息的管辖权。事实上,区块链系统并未规定参与者的责任与区块链运行的法则,而是针对不同的应用进行设计规定,区块链技术的多样性对法律法规的制定提出挑战。

因此,在法治建设中,需要寻找区块链这一类创新技术与法律之间的共通点和共同目标。应当注意到,与比特币实际应用不同,哪怕从最狭义的角度来定义,区块链也包括一整套可根据应用环境改变的可变应用框架。比特币与隐私保护法的矛盾,并不代表着区块链技术与隐私保护法之间一定不可相容。作为一种技术框架,区块链技术在设计中有足够的灵活性以适应环境的要求。区块链和智能合约技术可以不断创新,以满足法律法规监管的要求。法律法规也可以在制定中考虑区块链的特点,两者相互协调。例如,在应用中可以采用基于一定规则的联盟链取代公有链,也可以设计新的共识机制。在区块链中指定具有仲裁权的节点,甚至引入第三方进行仲裁。另外,可以在区块链设计之初就允许作一定程度的数据修改,也可以在区块链应用系统设计之初就考虑满足法律法规的监管要求。具体来说,区块链的法治建设中可以重点考虑以下问题。

首先,在强化区块链中的法治建设时,应该保障用户的安全。不管是2016年德国的The DAO黑客事件,还是2018年日本的"新经币"被窃事件,均表明区块链存在不小的安全隐患。为此,相关部门可制定一定的法律法规和管理办法对其行为进行约束,要求相关技术提供者采取必要的技术风险防范预案。在现实生活中,对金融投资的监管和法律法规相对较多,投资者的权益能够得到法律法规的保障,而区块链系统中非常缺乏相应的监管与法律法规。比如,在The DAO黑客事件中,用户因担心资产受损拟回撤资金,却受无风险控制措施影响无法撤回资金。因而,从法律的角度讲,平台明显缺乏法律责任意识,给广大投资者带来了极大利益损失。

其次,区块链中的法治建设应该注重线上与线下联动。除网络自发生成的数字货币外,区块链上的信息基本与现实中的信息存在对应关系,是现实信息在区块链数字空间的"映射",如电子化股权、证券、票据等。对于这些"映射"信息而言,区块链线上信息的不可篡改性并无法保证其线下信息的真实性,比如前几年风靡网络的"区块链大米""区块链猪肉"等舆情事件。就线上而言,区块链具有非常强的难以篡改、可溯源等特征,但线下产品的特征如何与线上信息保持同步一致,一样具有难以篡改和可溯源等特征,需要相关法律法规的介入。在区块链中强化法治建设,完善区块链中的法律法规约束固然重要,同时也应注重线上与线下的法律法规对接联动,为区块链营造一个相对干净的网络环境,防止区块链中出现"劣币驱逐良币"的非理性行为。

最后,法治建设过程中可将针对智能合约的法律法规制定作为突破口,规范并约束区块链中智能合约的签订,以达到规制区块链的目的。通过本书对智能合约内涵、特征和安全风险的分析可以发现,智能合约虽然具有传统意义上契约的一些特征,但其本质上是应用程序代码,是否完全具备相应的法律效力还未知。有些国家已经着手打造智能合约系统,让它也具备法律效力。例如,澳大利亚的国家区块链于 2018 年宣布研发智能法律合同系统,为本地公司提供具有法律效力的智能合约合同。但是,智能合约的法律效力之路在大多数国家依旧任重而道远,在法律执行和法律责任方面还存在大量空白,亟须法律法规响应。同时,针对智能合约的法律法规制定也是区块链法律法规中最核心的重要问题,能够有效化解区块链中出现的一系列行为道德风险,比如匿名性引发的欺诈合同风险、合同存在漏洞导致的履行风险等的关键问题。在制定针对智能合约的法律法规时,需要综合考虑智能合约技术的特点和法律法规的特点。既需要像传统合同一样保障其具有相应的法律效力,也要结合智能合约不可篡改、不可撤销和自动执行的特点,变通适用现有合同法中的变更与解除等制度,并适应针对区块链的法律法规的要求。

第七章 防范网络时代失信行为与道德建设的路径分析

党的十八大以来,以习近平同志为核心的党中央高度重视社会信用体系建设。政务诚信、商务诚信、社会诚信、司法公信等重要领域逐渐与社会治理体制相融合①,取得了较好的社会治理效果,但在此过程中仍存在着诸多亟待解决的问题。如何系统地进行社会诚信建设,特别是互联网诚信建设,加强互联网内容建设,建立网络综合治理体系,营造清朗的网络空间,成为转型期社会发展面临的重要议题。

第一节 网络时代的失信行为治理

加强网络空间诚信治理,是弘扬诚信文化、推进诚信建设的重要环节。针对现实社会空间中的不诚信行为有多种约束机制,如行政监管、法律监管、声誉约束、网络技术监督等。② 相较而言,网络诚信治理与失信行为矫正则是一项复杂的系统工程,需要不同主体、不同目标之间相互协调统筹,以明确治理

---

① 谭波、刘昭辰:《习近平法治思想对社会信用体系的理论支撑及指引》,《河南财经政法大学学报》2021 年第 3 期。

② 江小涓:《加强网络空间诚信治理》,《中国报业》2021 年第 3 期。

方向、强化治理手段建设①、紧抓治理工作重点。

一、政府部门激励守信行为

党的十八大指出,要深入开展道德领域突出问题的专项教育和治理,加强政务诚信、商务诚信、社会诚信和司法公信建设②;党的十九届四中全会提出,"完善诚信建设长效机制,健全覆盖全社会的征信体系,加强失信惩戒";党的十九届五中全会提出"推进诚信建设";《中华人民共和国国民经济和社会发展第十四个五年规划和2035年远景目标纲要》明确,将社会信用体系建设作为国家重点任务。然而,当前信用体系建设和失信行为治理仍然任重道远,尤其是在互联网时代,网络场域中的失信治理难度更大,需要政府扮演更加重要的角色。

(一)制定信用评价标准,完善信用评价机制

制定信用评价标准、细化信用评价指标,是政府和社会组织激励守信行为的前提。完善信用评价标准,需要政府、市场与社会协同合作。失信现象和守信的重要性普遍表现在政府、市场及社会各个领域,对信用的评价也应该由政府、市场和社会协同进行。由政府主导,市场与社会配合,制定各领域信用评价指标和评价标准,同时建立健全个人信用档案,为有针对性地登记个人信用记录奠定基础。

(二)建立健全激励制度,建立守信行为"红名单"激励机制

信用评价机制建设是激励制度得以实施的前提和参考标准,而激励制度建设则是信用评价机制具体落实和发挥作用的具体体现。要建立健全基于信

---

① 刘权、李立雪:《关于加强网络空间诚信治理的思考》,《旗帜》2021年第4期。
② 廉桂峰:《加快信用体系建设,着力构建诚信社会》,《中国信用》2017年第11期。

用评价标准和评价机制的守信激励制度,建立守信行为奖励"红名单",通过完善政府、市场和社会的协同激励措施,建立守信行为正向引导机制,鼓励企业、社会组织和公众坚决实践守信行为。政府、市场与社会不同领域的激励措施,要实现相互之间的信息共享和奖励互认。市场和社会的守信行为奖励,在政府层面进行人员考核时作为重要参考指标之一;政府的守信行为奖励,作为市场交易主体守信的重要表现和交易参考;政府的激励措施和市场的守信行为奖励,为社会的守信激励提供参考;加强政府机构、行业协会表彰制度建设,规范守信行为激励措施。

(三) 通过树立典型、宣传引导,营造人人守信的社会文化氛围

"诚实守信"是中国本土熟人文化的优秀传统美德。诚信观念自先秦时期以降,源远流长。但在现代社会变迁过程中,受市场化冲击,传统的熟人信任关系受到挑战,人与人之间的信用纽带断裂,面临崩解的困境。而市场经济的发展虽然不完全依赖传统熟人关系,但市场交易需要建立新型市场信任关系。中国正处于深化改革的特殊时期,市场经济的逐步深化发展需要相应的信用文化相匹配。长久以来,文化的变迁滞后于物质条件的发展,在社会学领域被称为"文化堕距"。在信用领域,同样存在"文化堕距"现象。市场经济的变迁冲击了传统熟人信任文化,但市场经济深度发展,并未形成新的信任文化,市场经济背景下相匹配的信任文化的发展也很难在短时间内自发形成,因此,必须重建和大力营造本土守信文化。要树立守信的典型个体,充分运用媒体、媒介,挖掘典型的守信故事和事例,加大守信行为和事迹宣传工作,通过典型事迹的宣传,起到正向导向作用并强化守信的文化氛围。

(四) 跨地区与跨行业协同、联动,强化守信行为激励效果

对守信行为的激励不仅需要政府、市场和社会的协同与联动,同时也需要跨地区、跨行业的协同和联动。对典型案例和守信个人的宣传与表彰,要实现

跨地区、跨行业的互任和支持。对于典型守信企业、组织和个人的奖励,要实现跨地区和跨行业支持。对典型的守信企业和组织要加强政府奖励措施,在企业行政审批中给予便利,并提供便捷的公共服务。同时,对守信个人提供跨地区、跨行业奖励,比如在个人贷款、子女教育、就业、创业、社会保障等方面给予重点支持和优先便利。在守信行为激励中,不同地区和不同行业协同、联动,将形成"一处守信、处处受益;一处失信、处处受限"的社会氛围,从而极大强化对守信行为的激励效果,并形成对失信行为的极大威慑。

(五)建立健全信用主体权益保护机制

对守信行为的激励以及对失信行为的惩罚是激励制度的两个方面。要建立健全对守信个体奖励及其行为的后续监督机制,对于受到奖励的守信个体,要对守信奖励行为进行监督,避免出现"一时守信、处处受奖、时时受奖、永不改变"的情形,对其信任是在制度约束下的"免检"。与此同时,要注意加强对失信个体、社会组织和企业等的失信处罚执行期限制度,对那些以往因失信行为受过惩罚,得到矫正,实现行为扭转,积极履行守信行为,并表现较好的个体、社会组织和企业等,依照程序恢复其声誉,并依据规范恢复其在各领域理应享受到的权利、权益。激励失信个体、社会组织和企业积极转变观念,履行守信行为,做履行守信行为的典范。对于因守信行为受到表彰以及因失信行为受到处罚的个体、社会组织和企业存在异议的,要建立健全投诉、反馈处理机制,保护个体、社会组织和企业等的合法权利、权益不受侵害。

二、社会媒体监督失信行为

从最高人民法院关于失信被执行人名单的规定来看,主要包括以伪造证据、暴力、威胁等方法妨碍、抗拒执行的;通过虚假诉讼、仲裁,或者通过隐藏、转移财产等方式规避失信仲裁执行的;违反相关财务制度的;违反高消费限制令的;无正当理由,被执行人拒绝履行协议的;其他有履行能力而拒不履行生效法律文书确定的义务的等。而从具体的失信行为界定来看,则主要包括编造和故意传播虚假信息、伪造或冒用他人证件信息、伪造票据和相关证明、制造和出售假冒伪劣商品、局部履行约定义务等。从对失信被执行主体和失信行为的界定来看,失信的本质是失信行为人通过他人无法辨别的方式和途径,伪造相关物品,宣传无法识别的信息,售卖假冒伪劣商品等。而失信行为之所以产生,除了与个体道德水平有关之外,还与信息不对称有关,原因在于市场交易和社会实践中不同主体之间的信息不对称。从失信行为主体的角度来说,他们率先掌握相关信息,并垄断相关信息、资料,向他人展示未经证实的产品、消息。而从被欺诈的对象来看,由于缺乏对相关产品、信息和行为真实性的辨别能力或缺乏相关知识、信息,导致被欺诈。因此,对失信行为的治理关键路径之一,即是如何弥补失信行为主体和被欺诈对象之间的信息不对称问题。由于媒体在信息收集、信息辨别、信息宣传和信息披露等方面具有较大优势,应充分发挥媒体在失信行为监督方面的重要作用。

（一）打造融媒体传播矩阵,履行失信行为监督责任

习近平总书记多次指出,网络已经成为人们生产生活的新空间,"网民来自老百姓,老百姓上了网,民意也就上了网"。① 互联网成为传播诚信的主渠道,也应成为凝聚共识的新空间。要坚持移动优先策略,建设好移动传播平台,利用媒体收集信息快、掌握信息全、辨别信息能力强、宣传效果好、信息传播速度快等优点,让主流媒体借助移动传播,牢牢占据舆论引导制高点,及时披露失信行为及失信主体。同时,社会大众对权威媒体更加认可,对权威媒体发布的消息更加信任。因而,必须强化媒体在失信行为监督中的作用,充分利用传统媒体如电视、广播等,以及新媒体,如网站、微信、微博等媒介,及时揭露虚假信息、失信行为和失信主体,使社会大众能够及时了解到相关失信个人、

---

① 《习近平谈治国理政》第二卷,外文出版社 2017 年版,第 336 页。

社会组织和企业失信行为的内容与影响,并帮助社会大众辨别信息真伪,维护公众的知情权,避免公众因信息不对称被失信行为所伤害。政府从公众关注较集中、媒体活跃度较高、具有高度社会责任感的媒体中选定失信行为监督媒体,要在不同行业、不同领域分别甄选履行失信行为监督的使命,使得媒体监督更具时效性和针对性。与此同时,加强不同媒体间的信息交流与共享,做到信息披露更加及时、信息更加齐全,形成全天候、多渠道的失信行为媒体监督机制。央视"3·15"晚会,就是针对失信行为和失信主体进行有效监督的媒介之一,起到了监督失信行为和失信主体、引导社会集体守信的作用。

(二)加强对重点企业、社会组织和个人的持续监督

履行监督责任的媒体要建立"黑名单"制,对重点失信企业、社会组织和个人加强信用持续监督,第一时间披露失信行为和失信内容,增加透明度,减少信息不对称。对重点失信企业和社会组织,可以通过派驻媒体监督专员的方式,及时收集监督对象信息,提醒交易单位、社会组织和个人识别失信主体,对失信主体形成线上与线下双重制约,通过舆论压力,增加对失信主体及失信行为的威慑力度。同时,建立健全动态失信行为监督动态调整机制,对于那些守信行为表现较好、起到带头示范作用的企业、社会组织和个人,加强宣传。对于那些失信主体及时进行改正纠偏,使他们能够重回守信行列,可以从失信"黑名单"中剔除,帮助失信企业、社会组织和个人恢复名誉,鼓励更多的失信主体转移到守信行列中来。

(三)加强对失信行为监督媒体的监督与奖励机制

对失信主体和失信行为的媒体监督,必须建立在严格的监督和规范的奖励基础之上。对媒体进行监督可以避免滋生媒体腐败,使媒体监督真正起到实效。而奖励则可以刺激媒体更好地履行监督职责,为社会大众提供更加及时、准确、全面的监督信息。要建立健全以政府为主导,以行业协会、社会组织

等为主体的对媒体的监督机制。敦促相关媒体更好地履行监督职责,避免媒体腐败,偏袒失信企业、社会组织与个人,造成监督媒体失去公信力。另外,对积极履行监督职责、在守信行为正向引导和失信行为反向惩戒中发挥重要监督作用的媒体,给予适当的物质和精神奖励。建立以政府为主导、以市场和社会组织为评价主体的评价机制,对媒体监督作用进行综合评价。建立健全监督媒体选入与退出的动态调整机制,确保监督媒体发挥监督作用。

三、信用体系矫正失信行为

国务院曾发布《社会信用体系建设规划纲要(2014—2020 年)》,强调"社会信用体系是社会主义市场经济体制和社会治理体制的重要组成部分。它以法律、法规、标准和契约为依据,以健全覆盖社会成员的信用记录和信用基础设施网络为基础,以信用信息合规应用和信用服务体系为支撑,以树立诚信文化理念、弘扬诚信传统美德为内在要求,以守信激励和失信约束为奖惩机制,目的是提高全社会的诚信意识和信用水平",并且提出了社会信用体系建设的指导精神、总体思路、基本原则和推进路径。目标是使政务诚信、商务诚信、社会诚信和司法公信建设取得明显进展,市场和社会满意度大幅提高。社会信用体系建设,对于规范社会大众行为、矫正失信主体和失信行为具有重要意义。利用信用体系矫正失信行为,应在具体细节处下功夫。

通过信用体系矫正失信行为,总体思路是建立国家主导、社会与市场引领的征信体系。通过线上和线下双管齐下,政府与市场、互联网协同,以及信息交换与共享,实现对失信行为的矫正,从自发守信秩序到制度保障守信秩序,再逐步实现向基于个体自我反思和自我规制的自发守信秩序转变。具体从以下几个方面进行矫正。

(一)失信行为登记

失信行为登记,是失信行为惩戒和矫正的基础,目的是收集和登记失信主体及其失信行为,为其他配套惩罚措施提供依据,并对失信主体进行持续监控,观察矫正效果,是失信行为矫正的前提。比如,建立失信行为"黑名单",通过媒体进行宣传,及时提醒失信主体和社会大众,对失信主体起到初步的威慑作用。

(二)失信行为警示

失信行为警示,是通过提醒、劝告、督促、约谈、警告等途径,对失信主体,如个人、社会组织和企业等的失信行为进行警示。告知失信主体失信行为,提醒其知晓失信行为带来的后果,使其及时停止失信行为,避免造成更大的损失与伤害。一般来说,失信行为警示起到对失信主体的提醒作用,约束力不强,可以由专门的信用监督组织、媒体等实施。对失信行为的警示,是及时制止失信主体失信行为,以及采取下一步失信行为矫正措施的重要基础和参考。

(三)有针对性的重点监控

对失信行为警示不起作用,或屡次惩戒不见好转的失信主体,实施有针对性的重点监控。通过区别对待的方式,对多次失信,屡次劝诫和警示不起作用的失信个体、社会组织和企业等,加强动态监控,多渠道监督,全面掌握重点对象的失信和守信行为,对其失信行为的具体内容和造成的社会不良影响进行综合评估,从重处理。由政府部门、信用组织和媒体具体实施,对重点对象进行多渠道、多种方式的重点监控。

(四)信息公开与声誉受损矫正

声誉受损矫正,是指通过信息公开、警告批评、公开谴责、撤销荣誉等方式,使失信主体的声望和信誉受到负面影响的矫正措施。借用新闻媒体和互联网等渠道,使失信行为得到更多人的关注,对失信主体构成不利影响。声誉受损会直接影响失信主体其他方面的利益,如市场交易、资格认定、评先评优等。互联网时代,个体、社会组织和企业等的失信行为更加便利,成本更低,更具匿名性。但同时,正是在互联网时代,对失信行为的监督也更为便利。一旦实行失信记录公开,经由互联网传播造成的声誉受损影响更大,连带其他损失更加严重,也对失信主体构成威慑。

(五)资格或权利剥夺

资格或权利剥夺是失信惩戒与矫正中的一种常见措施,是指剥夺失信人享受相应权利、权益的机会,限制其进入特定场所、获得特定奖励、从事特定职业的资格,是对失信主体切身利益进行直接限制或剥夺的一种矫正方式。相比较信息登记、警示或使声誉受损等矫正措施,资格限制或权利剥夺的威慑性更强,通过人为设置失信主体特定社会参与的权限障碍,对其失信行为进行矫正。比如,对金融失信主体剥夺其银行贷款资格,就是比较常见的一种资格限定与权利剥夺。通常来说,权利剥夺或资格限制由于矫正措施较为严厉,一般针对那些多次失信且拒绝改正,或失信行为造成经济、社会和其他个体重大损失的失信主体。一般要经过严格的审查,以及多部门协调、联动,对失信主体起到联合惩戒和矫正的效果,但要注意建立健全被执行主体执行资格或权利剥夺的期限和恢复资格考核制度。

(六)高消费限制

高消费限制是指对失信主体不需要满足相应规定条件的行动自由加以限制,比如乘坐车船、旅游、消费、住宿宾馆和购买不动产等。对那些有能力履行但拒绝履行相应行为的严重失信主体,限制其相应自由。例如,网络上一度引起较大反响的限制王思聪高消费,民航局公布严重失信主体、限制其乘坐飞机,对在高铁上闹事或藏匿违禁品者,拒绝其乘坐高铁等,都属于限制失信主体高消费的案例。要建立健全失信主体自由限制期制度,并对失信主体执行限制自由期间的表现进行综合考察和评价,完善恢复失信主体相应自由的考察机制。确保失信主体的失信行为受到惩罚和矫正,同时确保被执行主体恢复诚信后的权利、权益。

四、法律规制惩戒失信行为

"失信"与"违法"是两个不同的概念。失信偏重于不诚实、言行不一、违反自己的承诺,而违法则偏重于违反国家制定的规则。当前,对失信行为的治理和对失信主体的处理主要以行政惩戒为主,诸如荣誉受损、资格剥夺和限制自由等惩戒措施,虽然在一定程度上对失信主体的合法权益构成损害,但并非法律惩戒。其一,失信行为惩戒缺乏法律依据,导致失信行为治理职能以行政惩戒为主,缺乏法律的威慑力,惩治力度明显不足;其二,缺乏具体的失信行为治理和失信主体惩处执行主体,执行主体不明确,导致对失信主体的处罚存在难以追究和互相推诿等问题,难以实现有针对性的失信行为治理;其三,失信行为治理的具体评价指标与衡量标准缺失,导致对失信主体失信行为的衡量和认定缺乏详细依据,也不利于对失信主体的责任进行量化认定,给失信行为惩处带来极大困难。因此,对失信行为的法律规制,首先必须建立健全完善的法律制度,明确执行主体,细化评价指标和衡量标准。在这方面,我国已经开展了相关的制度建设工作。《关于社会信用体系建设的若干意见》和《关于建立完善守信联合激励和失信联合惩戒制度加快推进社会诚信建设的指导意见》等,都从制度层面对社会信用体系建设进行了相关规定,为网络失信行为治理奠定了坚实的基础。通过立法,将诚信规范制度化,用法律彰显契约精神,构筑起坚固的社会信用法律大厦。

(一)加强失信行为规制立法工作,做到失信行为惩治有法可依

第一,区分法律规范与道德标准。诚信立法,必须明确道德标准与法律规范的区别和联系。我国是一个受传统文化影响较为深远的国家。受长久以来传统道德文化的影响,人们对于道德标准和法律规范之间的区别与联系认识

不清,从而在法律制定和执行过程中导致道德与法律纠缠不清,加大了立法和执法的困难。当然,长久以来形成的道德标准是社会大众的共识,对于建立法律制度具有指导作用,法律规范的制定不能脱离社会实际。因此,必须妥善处理好道德与法律的关系。"诚信"本身就是一个具有较强道德意涵的概念,诚信立法必然要面对如何处理道德与法律之间的关系问题。由于道德的内涵和标准因社会变迁而不断发展,同时也因地区、行业、文化程度、宗教信仰等差别而表现出多元化特征,具有不确定性。因而,诚信立法一方面要以社会主流道德规范和道德标准为参考,引入共时性道德作为立法内容的依据,并将模糊的道德内涵转化为概念清晰、逻辑明确的法律语言;另一方面,不能简单地将道德标准直接转化为法律规范,法律规范必须科学化、准确化,避免出现类似道德那样的模糊不清和标准混乱问题。

第二,试点先行,总结地方的诚信立法经验,加快制定顶层法律。法律的制定及政策的设计,离不开典型地区试点实践和地方尝试。当前,在不同地区对诚信立法的认识和理解尚未形成有效共识,政府和市场、社会等不同领域,社会不同产业与行业等的看法也存在不一致的地方。因此,必须在总结地方经验的基础上,通过广泛的试点形成共识,进而推动全国范围内的统一共识和立法。目前,在我国河南、湖北、上海等地,已经逐渐开始推动诚信立法工作。在诚信立法的过程中,通过试点,总结经验、教训,不断弥补法律漏洞,为中央顶层立法设计提供了决策参考。除了在地方试点,通过总结经验形成共识外,不同领域的试点和经验总结及其共识形成,对于顶层立法也较为重要。当前,我国不同领域发展程度不一,面临的诚信问题也不同,导致不同领域对诚信的重视程度还存在差异。诚信体系建设主要体现在政府诚信、商务诚信、社会诚信、司法公信 4 个领域。目前,国内诚信最常用的范围仍然主要集中在公众普遍关注的政府诚信,以及与公众利益切实相关的商务诚信方面。对于这些重点领域的诚信立法,应该先行试点,总结经验和教训,发现可能存在的漏洞,形成立法共识,从而为其他社会领域和司法领域的诚信建设提供经验借鉴。总的来说,地方试点、重点领域先行探索,应作为中央诚信立法的重要前提和必要步骤。

第三,信用立法必须妥善保护好个人信息和个人隐私。个人信息收集、档案建立,以及失信行为惩戒中的信息公开、信用记录披露等,是失信行为治理的重要内容。然而,信息收集、信息处理和信息披露,都可能涉及泄露个人信息和侵犯个人隐私。因而,诚信立法建设必须充分考虑个人信息和个人隐私的保护,最大化平衡隐私保护与个人信息共享之间的矛盾和冲突,防止公权力对个人隐私和个人事务过分干预,造成社会活力不足并影响社会和谐稳定。在开展诚信立法时,要对个人、社会组织和企业等主体的信息进行分类,对不同类型信息适用不同的公开、利用和保护规则,设置必要的信息访问资格和安全保密措施,切实维护信息采集、整理、共享、使用的安全,保障信用主体的知情权、异议权。

(二) 明确失信行为惩治执行主体,做到失信行为惩治有法必依

有法可依,还必须做到有法必依。费孝通在《乡土中国》中指出,就社会治理而言,人治、法治、礼治的区别不在于"人""法""礼"这 3 个字上,而在于维持秩序时所用力量及所依据规范的性质。① 礼治得以实现,在于道德规范可以有效地应对社会生活问题。在急速变迁的现代社会,道德规范的效力是无法保证的。传统的诚实信用作为一个道德规范不会自然而然地转换为法律契约,法律也不是仅仅写在纸上就变成一种真正的、有效的法律制度和原则。② 在应用法律于实际情形中时,必须经过执法者对于法律条文的解释这一环节。

所以,有法必依要确定具体的法律执行主体,明确执法部门的责任和义

① 费孝通:《乡土中国》,北京大学出版社 2012 年版,第 143 页。
② 董慧凝、张拓:《从信任到诚实信用原则——法学和社会学角度的分析》,《理论界》2008 年第 3 期。

务。失信行为表现在不同的部门、行业和领域,如果没有明确的执法主体,就会导致失信行为惩治可能出现执法主体混乱、执法标准不一、执法效力较低等问题。因此,必须明确从中央到地方各级政府的诚信法律执法部门和主体,制定和细化执法主体责任,明确执法方式、执法标准、执法程序等。与此同时,应明确设立不同行业、领域的诚信执法主体,细化执法领域和执法责任;在有法必依的同时,做到分类执法、科学执法。

（三）完善失信行为评价指标和执法标准,做到科学执法

失信行为因程度和动机本身包括多种类型,对失信行为的法律规制,必须在严格的程序、标准下分类执行。当前,经济信用风险管理和社会诚信管理体系构成了我国信用体系的两个重要子系统。这两大信用系统涉及商务、司法、政务和社会四大领域。企业、社会、个人和政府等是主要的信用主体。社会诚信体系的核心是发现失信行为和惩戒失信行为。《关于进一步完善失信约束制度,构建诚信建设长效机制的指导意见》规定,失信行为的治理要建立在规范、严格的法律制度基础之上,并要面向全社会公开。在失信行为认定方面,必须严格按照相关规定,将那些严重危害人民群众权益和妨碍社会正常秩序与市场公平竞争的责任主体纳入失信行为人名单。要按照科学、量化的标准进行惩戒,严格界定善意失信、恶意失信的内涵,从失信行为人、失信造成的危害程度、失信造成的社会影响等方面,对失信行为进行分级量化,细化评价标准,为执法处罚和量刑提供具体参考,做到科学执法。

第二节　网络空间的失信行为治理

互联网的兴起,为人们更大范围的社会交往提供了广阔平台。互联网交往的匿名性、非固定性、随机性等特征,给传统熟人交往带来了极大冲击,社会交往逐渐由特殊性交往变为普遍性交往。一直以来,线下熟人交往具有对象

固定性、对象可见性、交往重复性等特征。现实社会的交往对象具有特殊性，社会交往中不同对象之间再次相遇的可能性大，使得交往主体必须谨慎约束自己的交往行为，失信的经济、社会成本也较高。而网络社会交往由于其匿名特征，使得交往主体的道德责任感降低，加之交往对象的普遍性、非固定性和单次随机性，导致网民对交往主体的信任程度极大降低。网络交往中，个体对约束自身行为的自觉性明显下降，网络失信行为普遍发生。这要求我们必须加强对网络失信行为的治理，建立健康、良性的互联网环境。

一、构建网络主体网络契约机制

契约是建立在平等原则基础上，互相约定权利义务关系，并对违反约定行为实施制裁的关系形式。契约建立在主体间相互信任的基础上。一般来说，熟悉是信任的基础和重要来源。基于熟悉、信任建立起的契约关系，具有主体自觉性。但互联网的虚拟性、陌生性和匿名性等特点，使得基于熟悉机制建立起的信任和由此形成的契约关系难以达成。因此，必须从制度上对上网主体进行约束，通过制度规范，培育上网主体新型信任关系和契约精神。

（一）健全互联网实名制，完善网络进入准入制度

网络匿名导向了一个开放式、无中心化的虚拟空间。社会互动从特定的面对面情境中脱离出来，由"在场"走向了缺席。时空分离式的网络交往实现了社会"脱域"，形成了更加广阔的社会交往空间。与社会行动"脱域"相伴而来的，是被重新定义的组织社会关系。[1] 要治理由主体和行动"脱域"造成的交往信用缺失，必须重建个体的互联网嵌入机制。首先，必须从互联网实名制开始。完善的互联网实名制，是建立新型互联网契约关系、构建网络行为契约机制的前提。

---

[1] ［英］安东尼·吉登斯：《现代性的后果》，田禾译，译林出版社 2000 年版，第 14—18 页。

2012年底,全国人大常委会审议通过的《关于加强网络信息保护的决定》,强调了互联网实名制的重要性,并为验证互联网主体真实身份和确保网民身份识别安全提供了法律依据。从互联网准入门槛开始,设置基于网民资源加入的互联网准入实名认证制度,可以从源头上对上网主体的行为进行跟踪观察,并对其网络行为形成无形的威慑和压力,让网络主体的失信行为有根可追、有源可溯。2022年6月27日,国家互联网信息办公室发布《互联网用户账号信息管理规定》,对2015年施行的《互联网用户账号名称管理规定》进行修订,自2022年8月1日起施行。相较于2015年的《互联网用户账号名称管理规定》,2022年的《互联网用户账号信息管理规定》新增有关IP属地的相关规定:"互联网信息服务提供者应当在互联网用户账号信息页面展示合理范围内的互联网用户账号的互联网协议(IP)地址归属地信息,便于公众为公共利益实施监督。""互联网信息服务提供者应当在互联网用户公众账号信息页面,展示公众账号的运营主体、注册运营地址、内容生产类别、统一社会信用代码、有效联系方式、互联网协议(IP)地址归属地等信息。"2022年3月,新浪微博率先启动"展示用户IP属地"功能,虽然是测试版的,并且是局部的,却成为开放"IP属地展示"功能的先声。4月28日,新浪微博社区管理官方微博正式发布IP属地功能升级公告。该公告表示,全量显示评论IP属地,个人主页展示账号IP属地。除微博外,4月29日,微信公众平台、抖音、今日头条、小红书都上线"展示用户IP属地"功能。此外,知乎、百家号、豆瓣和快手等多家平台,也都宣布逐步开放"IP属地展示"功能。尽管逐步开放IP地址在网络空间掀起关于个人信息安全的讨论热潮,但就网络失信行为问题本身而言,实名制、实地制措施无疑是防范失信问题的重要手段。

（二）健全虚拟社区契约,实现虚拟社区上网规范

互联网虚拟社区数量规模庞大,分支系统繁杂,期冀通过统一的契约约束全部网络空间行为主体的行为难度较大。不过,由于虚拟社区基于特定的话

题、文化倾向和兴趣等形成,内部网络主体具有一定的同质性;在长期的虚拟社区互动中,主体间关系也具备一定的同质性,具备在虚拟社区层面构建网络主体契约关系的基础。在互联网准入实名制的基础上,各个虚拟社区可以根据自己特定的社区目标、社区内容、社区活动原则等制定特殊的虚拟社区规范,并明确虚拟社区契约关系的基本形态和社区参与主体的权利义务关系。

虚拟社区契约规范机制,需建立健全虚拟社区注册进入和个人信息登记制度,建立每一个虚拟社区参与主体参与虚拟社区活动的基本规范,并对虚拟社区中的主体契约关系进行跟踪监控,实行严格的网络社会属地化管理措施,加强对履行虚拟社区契约规范的监督,建立对上网主体失信行为的特定虚拟社区追责制度,将网络契约规范的责任分散到各个虚拟社区主体之上,使互联网契约规范的实施更具针对性,从而构建起由一个个虚拟社区组成的网络化契约规范机制。

(三)健全网络组织契约,形成有序的组织行为

网络空间的组织化除了虚拟社区这一基本单元外,还由一个个分散的网络组织构成。这些互联网组织基于特定的文化风格、兴趣网络、资质差异、行业特征等形成。不同网络组织内部的网络成员具有一定的同质性和一定程度的组织化,比如一些公益慈善组织、游戏团体等。网络组织的组织化程度和群体成员基于长期互动形成的"类熟悉关系",为建立互联网契约奠定了基础。

在建立特定互联网组织契约的基础上,也可以经由互联网组织间的共同约定,建立更加广泛的互联网契约,从而对更多的互联网主体进行契约规范。由伯纳斯·李倡导发布的《互联网契约》,是较为典型的建立互联网组织契约关系的案例。由 Web 基金会发布的《互联网契约》,得到了微软、Facebook 和谷歌等科技巨头及互联网权益组织电子阵线基金会等的加入与支持。《互联网契约》旨在保护互联网免受幕后操纵、虚假新闻和其他不良之徒侵害。伯纳斯·李认为,正是由于虚假信息和不良行为充斥互联网,网络成为一个"数

字反乌托邦"。因此,必须对政府、经济组织和个人的网络行为进行约束与规范,并提出了基本的契约原则。比如,针对政府,要求政府尊重网络主体的在线隐私和数据访问与管理权利;针对企业和经济组织,要求自觉规范员工队伍建设,并积极抵制"人性恶"的技术对公民上网行为的侵犯,同时要注意为社会弱势群体提供更加优质的网络服务;针对个人,《互联网契约》要求个人积极参与互联网建设,在争取个人网络空间话语权的同时,尊重网络其他主体的尊严和权利,成为互联网的建设者和维护者。

二、构建网络行为权责监督机制

网络行为监督应明确监督主体,细化监督责任,建立多主体联动机制,织牢多层次、全天候网络行为监督网。

(一)明确网络行为监督责任主体

从互联网主体的类型和从属关系来看,上网主体包括个体网民和虚拟社区或虚拟组织等。对于个体网民而言,其失信行为给他人和社会造成负面影响的,可以直接追究个体网民的责任;对于虚拟社区或虚拟组织的网络行为造成较大范围社会影响的,需要对虚拟社区或虚拟组织进行追责。对个体网络行为的监管,可以通过非正式的监督方式,由广大网民、互联网媒体、虚拟社区或虚拟组织等进行监督。而对虚拟社区或虚拟组织等有组织的网络个体网络行为的监督,则必须通过正式的方式,由政府、权威诚信机构、网络媒体等来承担。因而,根据互联网主体类型、互联网主体隶属关系和失信行为造成的影响等,可以将互联网监督责任主体分为正式的监督主体和非正式监督主体两种,具体包括政府、权威诚信机构、互联网媒体、虚拟社区或虚拟组织、个体网民等。

(二)构建分类进行、主次分明的网络行为监督机制

根据互联网行为监督主体正式与非正式类型划分,政府、权威诚信机构、

互联网媒体、虚拟社区或虚拟组织和网民等多责任主体定位,以及网络主体类型的不同,需要构建分类进行、主次分明的网络行为监督机制。对于个体网民的网络行为而言,由于数量众多、分布广泛,缺乏组织和契约关系等,通过正式的网络监督机制,可能浪费大量的公共资源,且缺乏针对性。而非正式的网络监督主体,如虚拟社区或虚拟组织、广大网民等,则可以在网络行为监督中起到针对性强、监督范围广等作用。因此,可以建立以虚拟社区或虚拟组织为主、以广大网民为辅的网络行为监督机制。比如微信、微博等,基于特定平台,对该平台内网络主体的网络行为进行监督;通过实名认证、发帖审核、大众监督、删帖封号等,实现对平台内网络行为的监督。广大网民也可以通过个体举报的方式,对网络行为进行监督;对特定平台内的网络行为,通过向平台举报、向媒体爆料等途径,实现对个体网络行为的监督。

对于有组织的网络主体,如互联网虚拟社区或虚拟组织等的网络行为,由于具有类型化、有备案、有档案可查等特点,可以建立正式监督为主、非正式监督为辅的网络行为监督机制。通过政府、权威诚信机构、互联网媒体等,对虚拟社区或虚拟组织的网络行为进行正式监督。广大网民则可以通过向政府、权威诚信机构或互联网媒体等举报、爆料等,对虚拟社区或虚拟组织的网络行为进行非正式监督。

三、构建网络违法行为追究机制

网络违法行为是以互联网为平台,以散播谣言、传播虚假信息、诈骗、违约等为特征的新型违法行为。为此,应该建立与互联网时代相匹配的网络违法追究机制。例如,增设互联网法院,通过线上审理的形式,对互联网违法行为进行追究,是适应新时代互联网发展要求的新型网络违法追究机制。2018年7月6日,中央全面深化改革委员会第三次会议审议通过《关于增设北京互联网法院、广州互联网法院的方案》,在北京和广州率先增设互联网法院,全面发挥司法在推动互联网经济创新、保障网络安全和构建互联网治理体系中的积极作用。互联网法院以全程在线审理为原则,实现案件受理、送达、调解、证据交换、庭前准备、庭审和宣判等诉讼环节全程网络化,具有透明度高,以及案件跨地区处理便捷化、标准化、智能化等优势。根据北京互联网法院和广州互联网法院的试点经验,应进一步规范、推广以互联网法院为主导的网络违法行为追究机制。

(一)互联网法院在网络失范行为执法中的作用

一直以来,网络行为失范主要靠道德约束,对个体的规范性力度不足,效果较差。其中既有网络失范行为处罚缺乏明确法律依据的原因,也有网络失范和网络道德缺失行为执法机构缺位的问题。在现实社会中,个体行为失范和违法犯罪主要靠检察机关与法院负责审理并判定罪责,并依法追究个人责任。网络失范和越轨犯罪问题,同样应该有相应的审理机构负责处理相应的失范与越轨行为。

互联网法院的出现,弥补了网络失范与越轨犯罪行为执法主体的不足。所谓互联网法院,与传统法院相对应,指的是个体越轨犯罪行为的受理、送达、调解、证据交换、庭前准备、庭审、宣判等多个环节在网络中进行,以在线处理为基本原则。互联网法院具有现实中一般法院的基本功能和部门设置机制,包括政治处、执行局、研究室、立案庭、综合审判庭、综合办公室等在内的多个部门。互联网法院可以根据当事人在互联网法院诉讼平台提交的材料,发起立案审查,并根据立案审查的结果,对涉及当事人采取诉前调解并进入司法程序。

以互联网法院为惩治网络失信失德行为的主体,具有多重的积极意义。其一,互联网法院通过线上收集信息、线上庭审、线上宣判等方式,能够有效突破法院处理案件的地理限制。电子数据的在线接入,能够更加方便互联网法院收集网络失信失德行为信息。而电子数据的整理、电子签名的使用、网络海量信息的大数据处理和存储,也极大提高了互联网法院收集和处理海量信息的能力。其二,在线审理是互联网法院处理相关案件的重要方式。在线审理案件的方式更加透明和公开,既方便当事人及时了解案件处理进度,以合理安排正常生活并配合案件处理;与此同时,更加方便网络大众了解网络司法程序和网络失信行为的危害及其惩治,在惩治相关失信行为主体的同时,也对网络大众起到一定的威慑与教育作用。其三,互联网法院的出现,使得通过法律处理网络失信行为案件更加具有服务性和便民性。人工智能、区块链、大数据和云计算等现代网络技术的运用,大大减少了网络执法人员收集信息的时间,能够极大帮助互联网法院提高案件审理质量和工作效率。与此同时,互联网法院审理案件也极大节省了当事人线下接受审理的时间与金钱成本。互联网法院 24 小时接受网络失信行为案件诉讼申请。通过视频电话形式,当事人在家即可完成庭审的全部流程。按照广州和北京等地互联网法院的实践情况,互联网法院线上庭审平均用时比传统法院庭审节约五分之三,平均审理期限比传统法院节省接近一半。其四,互联网法院在及时发现网络失信行为信息方面更有效率,更能够及时发现网络诚信治理漏洞,对网络失信行为的及时惩治也能够在一定程度上改变行业规则,威慑、倒逼互联网和各相关产业主体遵守网络诚信原则,守住网络诚信底线,营造更加健康、诚信的互联网环境。

(二) 构建以互联网法院为中心的"1+N"多元共治模式

互联网法院在发现网络失信行为和惩治失信行为主体方面具有高效率、高质量等优势,颠覆了传统线下法院审理案件的单一模式。不过,互联网法院惩治失信行为及其主体仍然具有事后治理的特点,即出现网络失信行为后,针对失信行为具体情况进行调解或司法处理。不仅如此,由于互联网主体数量众多,涉及行业、部门人员冗杂,网络法院模式在收集资料方面也存在一定滞后性和限制性。因此,要摆脱互联网失信行为运动式治理的缺陷和治理滞后性,就有必要针对互联网失信失德行为进行多元治理。

多元共治论是在治理现代化背景下提出的新型社会治理模式,来源于多中心理论。20世纪中期,迈克尔首次提出"多中心"的概念。迈克尔是在市场经济发展的"自发秩序"基础上提出"多中心"概念的。① 他强调,在市场经济的"自发秩序"中,由于个体受经济利益驱使,对市场经济的治理必须采取"多中心"模式。此后,奥斯特罗姆在吸收迈克尔"多中心"概念的基础上,提出了多中心治理理论。奥斯特罗姆的多中心治理理论指出:"政府的治理能力是有限的,单纯依靠政府对公共事务的治理可能存在政府失灵问题,因此,必须引入其他主体参与市场治理。"②

互联网社会是高度匿名性的社会。网络使用的匿名性与网民数量众多,给政府单一主体的互联网失信行为治理带来了极大困难。据统计,截至2020年底,我国互联网使用总人数已经达到9.89亿人。同时,互联网使用主体开始向低龄化和高龄化等主体快速覆盖。另外,互联网主体的使用范围也大大扩展。互联网购物用户规模近8亿人,互联网支付用户规模高达8.6亿人,网络视频用户规模则高达9.2亿人,网络直播和网络音乐用户都超过了6亿人。互联网用户规模数量极大,应用使用极为多样化。单靠政府单一主体监控、收集信息和治理、惩治网络失信行为主体难度较大。需要全社会多行业、多部门共同配合,构建多元共治的互联网诚信治理模式。

互联网失信行为治理需要构建以互联网法院为中心和数据处理终端的多元共治模式,即构建"1+N"共治联盟。这里的"1"即互联网法院,"N"则需要建立包括不同行业和不同部门在内的产业、职业互联网络失信行为监控与信息收集平台。不同行业、产业的互联网平台作为相应产业和部门人员的互联网失信行为信息收集站点,互联网法院作为网络失信行为信息收集、处理、甄选、定性的网络终端。互联网法院这个"1"与各行业、各产业、不同部门的互联网平台站点"N"构建数据信息共享机制,方便互联网失信行为处理终

① [英]迈克尔·博兰尼:《自由的逻辑》,冯银江译,吉林人民出版社2002年版,第149页。

② 陆雄文:《管理学大辞典》,上海辞书出版社2013年版,第132页。

端——互联网法院及时对网络失信行为主体进行惩治。通过构建"1+N"网络失信行为多元共治模式,将互联网失信行为治理的"圆"越画越大,最大限度堵住互联网失信行为治理漏洞,同时加大互联网失信行为治理力度,起到惩防并重、治理有效的作用。

四、构建科学的网络空间治理机制

随着社会信用体系建设进入新阶段,我们应当注重多元主体联合,发动不同行业、不同组织及广大人民群众共同参与社会信用体系建设。2018 年,习近平总书记在全国网络安全和信息化工作会议上的讲话中指出:"国际网络空间治理应该坚持多边参与、多方参与,发挥政府、国际组织、互联网企业、技术社群、民间机构、公民个人等各种主体作用。"①

(一)利益攸关方治理与主体责任厘清

网络空间治理是社会治理的具体内容之一。网络空间治理包括上网行为治理、数据治理和互联网技术治理等多个层面,涉及政府、私营部门、个体行动者、社会组织等诸多主体。不同主体在网络空间治理中的作用领域、作用优势和特点不同。按照美国学者埃里克森的划分,社会治理主体包括 5 种:普通行动者、合约行动者、社会力量、非政府组织和政府。不同主体在社会治理中所起作用不同。其中,普通行动者主要通过自觉和自我制裁参与社会治理;合约行动者根据约定的契约参与社会治理;社会力量、非政府组织和政府部门则在各自领域根据自身需要制定具体的行为规则,从而参与社会治理,并对违反规则者实施制裁。

借鉴埃里克森的社会治理多主体理论,网络空间治理也需要多主体参与,具体包括普通网民、受特定契约约束的网民、社会力量、非政府组织和政府部

---

① 《习近平谈治国理政》第三卷,外文出版社 2020 年版,第 308 页。

门等。其中,普通网民基于个人道德,自觉遵守上网规范和诚信规则,对自己的上网行为进行约束,形成第一层级的自我控制。受特定契约约束的网民遵守特定的网络契约,如特定的虚拟社区规范,通过执行契约和个人自觉,参与网络空间治理,形成执行者契约约束的第二层级控制。社会力量通过社会基本规范和相互监督机制,形成非正式的社会控制。非政府组织通过特定的组织规范,以组织约束和组织制裁为基础,形成组织控制。政府部门则通过立法和部门执法,实现对网络主体的法律规制。社会力量、非政府组织与政府部门共同构成第三层级控制。通过普通网民、契约网民和社会力量、社会组织与政府部门等构成的三级控制治理,形成网络空间利益攸关方多元治理机制。

(二)数据治理与主体责任

互联网数据治理是实现网络空间治理和失信行为惩治的重要基础。数据治理包括元数据管理、可视化运营维护与监控、API 数据接入、实时数据融合及错误数据处理等多个环节。元数据管理需要重点解决数据的采集、录入问题,涉及大数据的挖掘和云计算。可视化运营维护与监控主要解决互联网上下游数据变化和异常问题,比如个人失信行为记录追溯和数据抹除管理等。实时数据融合则主要解决多种异构数据源的接入问题,需要重点解决多种数据源一键接入,从而为不同领域、行业、部门和虚拟社区数据的融合管理提供便利。API 数据接入主要解决外部数据的接入问题,重点要实现外部数据一键接入,从而帮助网络空间治理主体调取和查询,方便制裁网络空间不法行为。错误数据处理需要设置个性化错误列队,实现对错误数据的时时监控和处理,为网络空间治理提供更加准确、科学的数据依据。互联网数据治理需要相应的技术支撑,私营部门和技术社群能够提供足够的支撑,政府则在数据治理中主要发挥监督作用。国家网信办等 4 部门联合发布的《互联网信息服务算法推荐管理规定》要求合理运用算法推荐技术,为用户提供更准确、更规范、更有深度的服务,防范一些不良企业滥用算法,将其用来算计消费者,导致大数据杀熟、诱导沉迷消费等问题出现。

（三）规范治理与主体责任

规范治理主要以规范的制定、传播和执行为主。政府、私营部门、民间团体和技术社群等都是网络空间规范的制定者，同时也是特定具体规范的执行者。不过，不同主体制定的规范内容、性质和适用对象明显不同。国家层面制定的规范，主要包括软规范协议、国际法条约和强制性法律条款。社会组织、私营部门和技术社群等则主要制定软规范协议，即特定虚拟社区和特定网络准入领域的规范，约束力明显比法律规范要低。网络空间规范治理需要政府、社会组织、技术社群协同合作，制定包括软规范协议、强制性法律和国际法条约在内的，具备不同程度约束力的网络行为规范，同时构建虚拟社群、网络组织、政府部门等多层级的网络规范制定和执行机制，对网络空间实施自愿性约束、疏解性仲裁、调节性规制和强制性惩罚等多层级治理，进而做到失信必治。

第三节　社会个体的行为道德养成

党的十八大以来，我国大力推进网络空间法治化建设，有效规范网络行为，维护网络秩序，净化网络环境。在管网、办网、用网方面，我国陆续出台了《网络安全法》《电子商务法》《互联网信息服务管理办法》《互联网用户公众账号信息服务管理规定》等一系列法律法规和司法解释，为网络治理奠定了法律基础。此外，我们仍需注意到，在网络虚拟社区中，由于道德压力的减轻和释放，会形成不确定性较强的无意识行为，这是诱发网络道德危机的原因之一①，网络空间的匿名性、无边界、极端化等特点削弱了个体的责任意识。加强网络道德建设，应在完善法律法规、提升震慑作用、加强道德调控的同时，注

① 蔡曙山：《网络和虚拟条件下的道德行为——基于当代认知科学立场的分析》，《人民论坛·学术前沿》2016 年第 24 期。

重培养网络主体的道德自律意识与精神。

一、注重网络行为规范教育

网络行为规范是规范网民网络行为、维护互联网安全和互联网正常秩序的重要准则。网络失信行为的产生,一方面源于网民个体素质参差不齐,另一方面也与网络行为规范教育不足有关。注重对个体网络行为规范的教育,是维护互联网秩序的重要基础。

(一)网络行为规范教育从中小学抓起

一方面,网络行为规范教育应从小学阶段开始抓起。当前的学生都是网络原住民,我国 18 岁以下年龄段的网民占全部网民总数的 24%,从小就开始接触网络,小学阶段和中学阶段分别是学生接触并深入了解网络世界的重要时间节点,因此,必须在中小学课程教育中主动加入网络行为规范教育的内容。比如,在中小学信息与技术教育课程中加入网络礼仪和网络规范教育的内容,让学生了解网络规范的具体内容、特点和原则,深刻认识网络行为规范是社会行为规范的重要内容,是社会行为规范在网络社会的延伸与拓展。

另一方面,网络行为规范教育中,大学生群体是重点教育对象。在校大学生是互联网参与的重要主体之一,互联网的参与程度频率较高,是网络行为规范教育的重点对象。对高校大学生网络行为规范的教育,必须融入具体的课程中。比如,在高校思想政治理论课程中融入网络规范教育与诚信教育,在具体的网络失信行为案例惩戒讲解和积极诚信案例的呈现中,强化大学生遵守网络行为规范的自觉性和自律性。

(二)坚持道德教育与法治教育相结合

道德教育与法治教育是网络行为规范教育的具体内容,其中,道德教育是辅助,法治教育是根本。我国在 2016 年就已经颁布实施了《中华人民共和国网络安全法》,需要引导广大网民进行网络法律法规教育。而在道德层面,全球性的网络社会道德规范尚未形成,网民的道德水平也参差不齐,因此,必须加强网络道德与法治教育。首先,加强网络社会法律规范教育。在企事业单位岗前培训和大学生课程教育中重视网络法律规范教育,增强广大学生群体和社会人员的网络法律法规意识,深刻了解网络法律法规明确禁止的网络行为,以及违反网络法律法规将会面临的法律后果。其次,强化对网民道德行为的约束。法律规范对个体的约束具有滞后性、被动性和强制性。与法律制度的约束力相比较,道德规范对人的约束力相对较弱,但道德约束主要是个体的主动自我约束,能够起到"事前约束"的作用。最后,在全社会加强互联网道德宣讲和教育。宣传典型案例,通过正向引导和反面警示,引导广大网民树立良好的互联网道德,内化互联网道德规范,提升自我约束网络行为的能力和意识。

(三) 坚持线上教育与线下教育相结合

网络行为规范教育是针对网民互联网行为的教育。要充分利用互联网平台,通过各种形式的入门教育和网络互动,逐步实现法治教育与道德教育的网络化。在布迪厄看来,环境与人的行为有着相互作用,即场域和惯习相互影响。一方面,惯习受场域的形塑;另一方面,正是特定惯习下的实践行为赋予场域以价值。① 在互联网中,通过具体的网络行为引导、正反两方面典型案例的呈现,使网络行为规范教育更具直观性和真实性,让被教育主体在网络社会的具体实践中,接受真正的网络"在场教育"。网络教育并不意味着要抛弃传统教育方式,网络行为规范是社会现实行为规范的拓展和延伸。线下网络行为规范的教育,是网络行为规范教育的重要手段和途径,尤其在高校课程教育中显得尤为重要。线下教育中,让被教育者主动将现实社会行为规范与网络行

---

① 杨善华:《当代西方社会学理论》,北京大学出版社 2006 年版,第 150 页。

为规范进行对比,深刻理解网络行为规范的内涵和重要性;将线下教育与线上教育相结合,构筑虚拟与现实、显性与隐性、无形与有形相互融合、相互交融、相辅相成、立体化的网络行为规范教育体系,以此强化对网络行为的教育作用。

二、推动虚拟社会法治进程

社会控制包括正式与非正式两种控制类型。其中,正式控制指的是建立在制度基础上的控制,具有强制性特点,涉及专门化的机构系统、标准的技术、制裁的可预测性、嵌入社会公共机构、具有显而易见的程序等。① 法律措施是正式社会控制的必要手段,法律通过规划和废止两种方式来引导社会变迁。其中,规划是指有目的构建新的社会秩序和社会互动,而废止则是废除或终止现存的社会形式和社会关系。② 当前,网络虚拟社会逐渐发展成熟,参与度较高,网民参与人数规模较大,但互联网虚拟社会治理水平仍然相对较低,尤其是互联网虚拟社会治理缺乏必要的法律依据,使得正式的互联网虚拟社会治理难以实施,非正式的虚拟社会治理效果不佳,构建完善的互联网虚拟社会法治体系势在必行,而立法更是净化互联网虚拟社会环境的必由之路。③ 法治建设是规范网民行为和维护互联网空间良性秩序的重要保障,因而,必须科学制定网络行为法律规范,并做到有法必依、违法必究,推动互联网虚拟社会法治进程重点从立法、执法、司法和普法等方面同步推进。

(一)建立健全互联网虚拟社会立法

现有互联网虚拟社会立法,主要有分散式立法、修改适用立法和统一立法

---

① 〔美〕史蒂文·瓦戈:《法律与社会》,梁坤等译,中国人民大学出版社2011年版,第153页。
② 〔美〕史蒂文·瓦戈:《法律与社会》,梁坤等译,中国人民大学出版社2011年版,第250页。
③ 王庆环、邓晖:《首都高校师生认为立法是净化网络环境的必由之路》,《光明日报》2012年12月25日。

3 种模式。分散式立法主要针对具体互联网问题进行某一领域的单独立法。比如,美国自 1978 年以来,各部门先后出台了 130 多项针对不同网络问题的网络法案。修改适用立法模式,是以行业自律组织为主体,通过政府、行业、国家安全部门与民众相结合,采取最低限度的网络监督手段为模式的立法。统一立法模式则是在一部法律中,全面讨论互联网问题,通过对互联网虚拟社会全方面问题的规范和解释,制定关于互联网安全和治理的统一法律,并在实践中不断修订、完善的网络立法模式。从当前我国网络社会发展的特征来看,互联网已经渗透到人们生活的各个领域,参与人数多,参与程度深,参与内容广。因此,在制定统一法律规范的同时,需要根据不同行业、部门、领域的特点,制定相应的行业、部门法律,以适用于不同的网络法律问题。所以,必须以政府为主导,以行业、部门为主体,广泛征求民众意见,以统一的法律为原则和指导,以部门、行业法律为主体,建立健全立体化的互联网虚拟社会法律体系,为互联网虚拟社会执法奠定法律基础、提供法律保障。

(二)从严实施互联网虚拟社会执法

互联网虚拟社会立法以政府为主导,以行业、部门为主体,以民众广泛参与为特征。网络虚拟社会执法也应以政府为主导,要在各级政府广泛建立互联网执法部门,依照互联网法律,拥有独立的互联网虚拟社会执法权。同时,要建立各行业和各部门充分协调、广泛联系的部门网络执法机构。在政府网络执法部门领导下,协调执法,建立政府、部门、行业协同合作、信息共享的互联网虚拟社会执法机制。

(三)推动完善互联网虚拟社会司法

互联网虚拟社会司法,是对互联网违法犯罪问题依法进行审判处理的重要手段。有了互联网法律保障和执法机构,必须完善互联网虚拟社会司法体系,建立基于线上和线下双平台,线上、线下相结合的互联网虚拟社会司法模式。在有条件的地区、城市试点推广网络司法平台,快速处理跨地区的互联网法律纠纷和互联网违法犯罪问题,提高跨地区互联网诚信犯罪案件的处理效率。线下互联网司法机构则主要办理本地区的网络犯罪案件,提高本地区互联网犯罪案件的处理效率。

(四) 全面开展互联网虚拟社会普法

对互联网虚拟社会的法律治理,既需要外在的正式社会控制,也需要广大网民的自律。在互联网虚拟社会立法的基础上,要广泛开展互联网立法的宣传工作,让广大网民了解互联网法律的原则、内容,熟悉哪些事情是被严格禁止的。在新时代,互联网虚拟社会普法要注重运用互联网渗透性高、覆盖面广、互动性强、形式多样化等特征,充分运用线下与线上相结合的普法形式,尤其注重运用新媒体进行网络普法宣传和教育工作。其一,通过街道、社区、单位等部门,进行互联网虚拟社会法律宣传,举办互联网法律文化节、文化日等活动,营造互联网普法氛围,让公众充分认识互联网法律的重要性和内容。其二,通过新媒体进行线上普法。所谓新媒体普法,就是将新媒体运用到法律的宣传和教育中去,让法律的普及更加顺应互联网社会的特征。比如,充分运用微博、微信等,通过建立互联网虚拟社会法律宣传公众号,定期发布并解读互联网法律、热点互联网法治案例,以文字、图片、视频等多种形式,进行互联网虚拟社会普法宣传。

网络新媒体普法,具有渗透性高、互动性好、覆盖面广、时效性强、内容丰富、形式多样等特点。其一,互联网信息的传播形式灵活、范围广泛,不受时间、空间限制。其二,可以充分利用网络互动平台,提供多种形式的互动,使互联网普法在宣传者和网民的双向互动中提高普法效果。其三,互联网平台的网民参与数量较多,新媒体普法通过"两微"平台能够最大限度增加普法宣传的覆盖面。其四,新媒体普法可以充分运用文字、图片、微视频、微电影、动画等多种网民喜闻乐见的形式进行法律知识的宣传和讲解,使得普法宣传更容易引起广大网民的注意,形式更加生动活泼,普法内容更易于接受。其五,互联网新媒体普法宣传具有即时、快捷的特点,更加具有时效性,能够对社会热点和网民普遍关注的议题快速聚焦,使得普法宣传更加节省时间。

三、提升网络道德责任意识

网络道德责任意识,是广大网民自觉践行网络道德规范时体验到的与承担责任有关的情绪、情感,是经过丰富的网络社会实践形成的相对稳定的积极心理情感特征,是网民进入网络虚拟社会、参与网络活动过程需要时刻保持的道德责任感。网络道德责任意识,是在他律与自律、客观与主观、外在与内在相互转化和相互制约过程中逐渐养成的。

(一)坚持以社会主义核心价值观为引领

市场经济的不断深入发展和网络虚拟社会的不断演进,导致思想观念和价值取向日趋多元化。因此,迫切需要建构主流价值体系,引导广大网民形成主流文化观念,重塑网络道德意识。以"富强、民主、文明、和谐,自由、平等、公正、法治,爱国、敬业、诚信、友善"为内容的社会主义核心价值观,是培养有担当的时代新人的重要思想指引,是建设社会主义精神文明和精神文化的重要引领,尤其是其中的诚信、文明、法治等内容,是互联网诚信道德建设的具体体现。《新时代公民道德建设实施纲要》指出:"网上行为主体的文明自律是网络空间道德建设的基础。要建立和完善网络行为规范,明确网络是非观念,培育符合互联网发展规律、体现社会主义精神文明建设要求的网络伦理、网络道德。"要以社会主义核心价值观为引领,完善网络道德约束规范和惩罚体系,使行为主体在网络空间中有所畏惧、有所约束。通过外在的规制,促进行为主体网络道德由他律发展到自律,培养网络慎独精神。

(二)重视网络公众人物的道德引领作用

互联网虚拟社会是现实社会的延伸与拓展。发挥公众人物对社会大众的引领作用,是文化建设的重要内容之一。网络虚拟社会中,一些网络大V、明星、意见领袖、著名博主等,深受广大网民追捧,尤其得到年轻网民的追捧。网络公众人物一般有大量的粉丝和关注群体,他们在互联网中的一言一行,对网络参与者的言行具有重要的导向作用。因而,必须加强网络公众人物在网络责任意识培养中的引领作用。网络公众人物应当承担更多的社会责任,在网络中格外注重自己的言论,积极传播网络正能量,引导广大网民培养积极、主动、有担当的网络道德意识,并主动作出表率,对违反网络道德的行为和个体进行批评,构建健康的互联网文化氛围。

(三)加强对网络传播媒介的管理

网络传播媒介是互联网信息汇集、传播的重要节点,是广大网络参与者获得网络信息的重要来源之一。在市场经济背景下,少数网络传播媒介为追逐商业利益,不顾网络道德,传播虚假、低俗信息,给广大网民带来较大的负面影响,也树立了负面的榜样。网络道德责任意识的养成是一个长期过程,是在网民长时间网络实践中潜移默化养成的习惯、品质和价值观念。所以,必须加强对网络传播媒介的管理,坚决杜绝网络传播媒介恶意传播虚假信息的情况,为广大网络参与者营造一个真实、健康的互联网环境,从而为网民树立正确的网络道德、培养网民的道德责任意识奠定基础。

结　论

"人无信不立，业无信不兴，国无信不强。"诚信是互联网数字时代的立命之本。然而，网络时代失信行为的积聚性和扩散性，导致失信问题的波及面更广、影响受众更多、破坏性更强。来自网络游戏、互动社交、生活服务、新闻媒体、移动通信、搜索引擎、电商服务等不同领域及线上与线下的失信行为，给正常的经济生活、社会秩序、文化氛围、心理健康和国家治理等带来了严峻挑战。加强网络时代诚信建设和失信行为惩戒与治理，成为网络时代社会治理的重要内容。党的十九届五中全会通过的《中共中央关于制定国民经济和社会发展第十四个五年规划和 2035 年远景目标的建议》强调，要"加强网络文明建设、发展积极健康的网络文化"。习近平总书记指出，法治意识、契约精神、守约观念是现代经济活动的重要意识规范，也是信用经济、法治经济的重要要求。进入"十四五"时期，站在中国共产党成立 100 周年新的历史起点，构建网络时代诚信建设体系、切实加强网络时代失信行为治理势在必行。

行为道德作为调节人类行为关系的伦理规范和准则，是人类基本价值诉求的体现，也是具体社会对人类行为要求的反映。网络时代失信行为的产生，与道德有着密不可分的关系。在行为道德形成过程中，基于人类社会发展的共同需求、基于社会关系形成的需要，诚信成为共同的普遍价值追求，通过诚信这一道德要求约束着人们的意识与行为。但随着网络时代的发展，行为道德的发展呈现出变异性。不同领域、不同程度道德文化的失衡与道德秩序的错位,导致网络时代失信行为的产生。失信不仅严重扰乱广大民众的道德认知,同时也侵蚀着社会大众的道德情感。

网络时代失信行为的惩戒与治理,要在道德、法治等不同层面,以个人、企业、社会组织和政府公共机构的共同参与为基础,构筑全方位、立体化的失信行为惩戒机制。唯有如此,才能实现净化社会环境、构建诚信体系的目的。具体措施可以从以下几个方面入手。

其一,加强网络时代诚信道德与文化建设,重构诚信道德语境。行动的本质是社会个体内化了某种共享价值规范之后的行动动机的整合。失信行为作为行动的一种,其产生受到社会环境和共享价值规范(即社会文化)的影响与制约。网络时代失信行为的产生,是主流道德文化和价值规范遭到践踏与弱化使然。网络时代是信息大爆炸的时代,充斥着各种各样的群体亚文化和价值规范,从而对主流道德文化和价值规范产生了极大冲击,诚信道德语境遭到一定程度的破坏。因此,网络时代要加强对失信行为的治理,就必须加强道德文化与价值规范建设,重构诚信道德语境,凝聚诚信道德共识。具体而言,一方面,要积极挖掘优秀传统文化中的诚信道德内容,从优秀传统文化中汲取诚信道德养分,加强优秀传统道德文化建设;鼓励与优秀传统诚信道德文化有关的作品创作,比如著作、影视作品等,同时加大相关扶持力度;通过繁荣诚信道德文化作品,建立网络时代诚信道德语境的文化阵地;通过挖掘优秀传统文化中的诚信道德内容,服务于现代网络社会诚信道德语境建设,引领网络树立诚信道德新风尚。另一方面,要以诚信道德语境为基础,加强对网络时代诚信道德舆论的引领。通过讲述诚信故事、宣传诚信人物、奖励诚信主体等,营造人人讲诚信、人人维护诚信的道德舆论,形成诚实守信的强大舆论环境,实现对网络时代失信行为的强大舆论压力和对诚信行为的强大引领。

其二,加强网络时代诚信道德内容建设,发挥新媒体在诚信道德舆论引导中的作用。当前,新媒体是人们了解海量信息的重要媒介,同时也是信息传播、宣传的重要节点。新媒体的上述特点,为加强对网络时代失信道德行为的监督与治理提供了条件。新媒体必须肩负起失信道德行为监督和舆论导向的作用。一方面,新媒体应以事实为依据,遵守诚信道德准则,坚决杜绝为博眼球、蹭流量和追求利益而发布、传播虚假失信信息;另一方面,应发挥新媒体在揭露失信道德行为方面的即时性和广泛传播性,及时报道失信道德事件、揭发失信道德行为主体,让广大群众迅速了解失信道德行为产生的危害,形成对失信道德行为主体的强大舆论压力,通过反面案例引导广大网民树立诚实守信的网络道德价值取向。同时,新媒体作为信息传播的重要节点和媒介,必须重视虚假信息传播可能给广大群众在诚信道德方面带来的消极影响。新媒体要切实肩负起社会责任,及时发现虚假信息,切断谣言与虚假信息的传播;通过删帖、辟谣、拒绝转发、举报等措施,将谣言和虚假信息等失信行为内容扼杀在初始阶段,避免失信行为内容产生大规模的消极影响。

其三,建立健全诚信道德法治体系,完善网络时代失信道德行为惩戒制度。制度与法律是实现社会控制的正式手段,通过规划和废止两种方式引导广大群众知晓什么样的行为能做、什么样的行为不能做。网络时代失信行为的产生,除了与旧的社会诚信道德规范遭到破坏和弱化有关,同时也在一定程度上与新的社会诚信道德规范缺失有关,更与失信行为惩戒制度不健全和执法依据不足有关。因而,必须构筑健全的制度与法律屏障,形成对失信行为的有力打击。截至目前,我国已经出台了与诚信建设相关的一系列法律法规,《社会信用体系建设规划纲要》《新时代公民道德建设实施纲要》以及民法典、电子商务法、网络安全法等法律法规中都有关于诚信道德问题的明确规定。这些法律制度的出台,为惩戒失信道德行为提供了明确的法律依据。有法可依,还要做到执法必严、违法必究。推动诚信道德建设进程重点从立法、执法、司法和普法等方面同步推进,同时,还要进一步完善跨部门、跨区域的联合执法惩戒制度。比如,建立诚信道德行为"黑名单"管理制度。通过"黑名单"管理制度,将失信行为主体纳入网络时代信息服务"黑名单",将失信道德行为主体纳入经济、政治、社会生活各领域的"黑名单"进行综合管理,进行全平台、各领域、跨地区的联合惩戒,进一步提高网络时代失信行为的成本,让失信行为主体在社会生产和生活的各个方面无法遁形,真正实现守信处处得益、失信寸步难行。

其四,积极运用先进互联网技术,为网络时代失信行为的联合惩戒提供技术支持。网络时代失信行为之所以存在,且失信行为主体日益猖獗,与失信行为信息的管理和共享困难有着密切关系。在网络时代,海量信息的产生给失信行为信息追溯、汇总、管理带来了极大困难。这导致对失信行为很难实现跨地区、跨部门的信息共享,因而,也难以对失信行为主体实施有效的惩戒。然而,随着互联网技术的不断发展,以及大数据、区块链、云计算、人工智能等现代网络技术的出现,广大群众在虚拟社会和现实生活中的一切活动都有迹可循。这为开展诚信道德体系建设和强化失信道德行为惩戒提供了技术支持。诚信体系建设涉及各行业、各领域,牵涉的部门、组织较广。如何实现对失信行为信息共享,是开展失信行为联合惩戒的重要基础。区块链技术、大数据处理、云计算等新兴的网络技术,为开展信息存储、失信主体追溯、信息共享等提供了条件。积极运用人工智能、云计算、区块链、大数据等技术,打造诚信信息共享平台,将个人、社会组织和企业的诚信道德信息纳入可动态监控、可追根溯源、可实时更新的数据集,为织牢失信行为监控和治理的防控网络,为跨地区、跨行业、跨部门的失信行为联合整治和失信主体联合惩戒提供信息支持,切实提升诚信道德行为治理的协调性与效率,让失信行为和失信主体在网络时代无所遁形。

概而言之,网络时代失信道德行为的惩戒与治理,需要各部门、各行业、各社会组织和广大网民共同参与。通过国家主导、企业履责、社会监督、个体自律等多个主体参与,经济、法律、技术等多种手段相结合,筑牢失信行为预防和惩戒的屏障,建构起崇信明义、讲信守约、信赏必罚的诚信道德建设新格局,让网络时代的诚信道德内记于心、外化于行,通过广泛凝聚诚信道德合力,为全面建成社会主义现代化强国作出应有贡献。

参 考 文 献

一、中文著作类

《习近平谈治国理政》第一卷,外文出版社 2018 年版。

《习近平谈治国理政》第二卷,外文出版社 2017 年版。

《习近平谈治国理政》第三卷,外文出版社 2020 年版。

《习近平谈治国理政》第四卷,外文出版社 2022 年版。

《习近平总书记系列重要讲话读本》,学习出版社 2016 年版。

曾长秋、薄明华:《网络德育学》,湖南科学技术出版社 2005 年版。

陈根法:《德性论》,上海人民出版社 2004 年版。

陈宏志:《基于信任的战略思维架构研究》,知识产权出版社 2009 年版。

陈力丹:《舆论学——舆论导向研究》,中国广播电视出版社 1999 年版。

翟学伟:《人情、面子与权力的再生产》,北京大学出版社 2005 年版。

段伟文:《网络空间的伦理反思》,江苏人民出版社 2002 年版。

方文:《社会行动者》,中国社会科学出版社 2002 年版。

华为区块链技术开发团队:《区块链技术及应用》,清华大学出版社 2019 年版。

黄步添、蔡亮:《区块链解密:构建基于信用的下一代互联网》,清华大学出版社 2016 年版。

纪良纲:《商业伦理学》,中国人民大学出版社 2011 年版。

井森:《网上购物的感知风险研究》,上海财经大学出版社 2006 年版。

李惠斌、杨雪冬主编:《社会资本与社会发展》,社会科学文献出版社 2000 年版。

李敏、曹玲、魏娟:《电子商务理论与实践》,科学出版社 2012 年版。

李蜀人:《道德王国的重建》,中国社会科学出版社 2005 年版。

李双元:《电子商务法若干问题研究》,北京大学出版社 2008 年版。

李松玉:《制度权威研究:制度规范与社会秩序》,社会科学文献出版社 2005 年版。

李一:《网络行为失范》,社会科学文献出版社 2003 年版。

李熠煜:《关系与信任:中国乡村民间组织实证研究》,中国城市出版社 2003 年版。

刘采:《全球电子商务》,人民邮电出版社 1999 年版。

刘建明:《舆论传播》,清华大学出版社 2001 年版。

刘少杰:《国外社会学理论》,高等教育出版社 2006 年版。

刘祖洞:《分子遗传》,河北大学出版社 1978 年版。

卢现祥:《西方新制度经济学》,中国发展出版社 1996 年版。

鲁兴虎:《网络信任虚拟与现实之间的挑战》,东南大学出版社 2003 年版。

陆雄文:《管理学大辞典》,上海辞书出版社 2013 年版。

陆学艺:《当代中国社会流动》,社会科学文献出版社 2004 年版。

罗国杰:《伦理学》,北京人民出版社 1989 年版。

罗家德、叶勇助:《中国人的信任游戏》,社会科学文献出版社 2007 年版。

马振清:《中国公民政治社会化问题研究》,黑龙江人民出版社 2001 年版。

梅绍祖:《网络与隐私》,清华大学出版社 2003 年版。

闵琦:《中国政治文化——民主政治难产的社会心理因素》,云南人民出版社 1989 年版。

缪家福:《全球化与民族文化多样性》,人民出版社 2005 年版。

潘斌:《社会风险论》,中国社会科学出版社 2011 年版。

启海鹏:《解读大众文化在社会学的视野中》,上海人民出版社 2003 年版。

邱建新:《信任文化的断裂——对崇川镇民间"标会"的研究》,社会科学文献出版社 2005 年版。

任明月、张议云、李想:《区块链+:打造信用与智能社会》,清华大学出版社 2018 年版。

上官酒瑞:《现代社会的政治信任逻辑》,上海人民出版社 2012 年版。

申丹:《区块链+:智能社会进阶与场景应用》,清华大学出版社 2019 年版。

沈原:《市场阶级与社会转型社会学的关键议题》,社会科学文献出版社 2007 年版。

司马云杰:《文化社会学》,中国社会科学出版社 2001 年版。

苏振芳:《网络文化研究——互联网与青年社会化》,社会科学文献出版社 2007

年版。

　　孙立平:《重建社会——转型社会的秩序再造》,社会科学文献出版社 2009 年版。

　　孙隆基:《中国文化的深层结构》,广西师范大学出版社 2004 年版。

　　万光侠:《市场经济与人的存在方式》,中国人民公安大学出版社 2002 年版。

　　汪晖:《文化与公共性》,生活·读书·新知三联书店 1988 年版。

　　王成兵:《当代文化认同的人学解读》,中国社会科学出版社 2004 年版。

　　王海明:《伦理学原理》,北京大学出版社 2001 年版。

　　韦森:《文化与制序》,上海人民出版社 2003 年版。

　　魏昕、博阳:《诚信危机——透视中国一个严重的社会问题》,中国社会科学出版社 2003 年版。

　　文崇一、萧新煌:《中国人:观念与行为》,中国人民大学出版社 2012 年版。

　　吴家庆:《中国共产党公信力建设研究》,人民出版社 2013 年版。

　　席宣、金春明:《"文化大革命"简史》,中共党史出版社 2011 年版。

　　徐明星、刘勇、段新星、郭大治:《区块链:重塑经济与世界》,中信出版社 2016 年版。

　　薛求知等:《行为经济学——理论与应用》,复旦大学出版社 2003 年版。

　　严进:《信任与合作——决策与行动的视角》,航空工业出版社 2007 年版。

　　杨国枢、陆洛:《中国人的自我》,重庆大学出版社 2009 年版。

　　杨中芳:《中国人的人际关系、情感与信任——一个人际交往的观点》,远流出版事业股份有限公司 2001 年版。

　　袁勇、王飞跃:《区块链理论与方法》,清华大学出版社 2019 年版。

　　张岱年、程宜山:《中国文化与文化论争》,中国人民大学出版社 1997 年版。

　　张维迎:《信息、信任与法律》,生活·读书·新知三联书店 2003 年版。

　　张喜征:《虚拟企业信任机制研究——网络环境下信任管理模式创新》,湖南人民出版社 2005 年版。

　　张仙锋:《网络欺诈与信任危机——基于交易链面向网上消费者的信任机制研究》,经济管理出版社 2007 年版。

　　张新宝:《互联网上的侵权问题研究》,中国人民大学出版社 2003 年版。

　　张缨:《信任、契约及其规则》,经济管理出版社 2004 年版。

　　张震:《网络时代伦理》,四川人民出版社 2002 年版。

　　长铗、韩锋等:《区块链:从数字货币到信用社会》,中信出版社 2016 年版。

　　赵有田:《综合国力竞争与文化冲突》,长春出版社 2004 年版。

郑也夫、彭泗清等:《中国社会中的信任》,中国城市出版社2003年版。

郑也夫:《信任:合作关系的建立与破坏》,中国城市出版社2003年版。

郑也夫:《信任论》,中国广播电视出版社2001年版。

钟英:《网络传播伦理》,清华大学出版社2005年版。

周文:《分工、信任与企业成长》,商务印书馆2009年版。

邹建平:《诚信论》,天津人民出版社2005年版。

二、中文报刊类

鲁肖麟、边燕杰:《疫情风险治理的双重动力——政府防控措施与网络公众参与》,《江苏社会科学》2021年第6期。

边燕杰、缪晓雷:《论社会网络虚实转换的双重动力》,《社会》2019年第6期。

陈云松、边燕杰:《饮食社交对政治信任的侵蚀及差异分析:关系资本的"副作用"》,《社会》2015年第1期。

李泽、谢熠、罗教讲:《突发公共卫生事件社会心理影响因素分析》,《学校党建与思想教育》2021年第6期。

谢熠、罗教讲:《大数据时代突发公共卫生事件的技术治理——基于计算社会学视角的分析》,《中国应急管理科学》2020年第12期。

谢熠、罗玮、罗教讲:《大数据时代突发公共卫生事件的技术治理——兼论技术治理的边界与限度》,《四川行政学院学报》2020年第3期。

罗玮、谢熠、罗教讲:《论资本主义发展与危机中的信任与信用——基于马克思经典著作的分析》,《甘肃行政学院学报》2014年第6期。

罗教讲:《试论"元信任"问题》,《武汉科技大学学报(社会科学版)》2011年第2期。

罗教讲:《信息公开、社会基础与社会心理》,《武汉科技大学学报(社会科学版)》2003年第4期。

蔡曙山:《网络和虚拟条件下的道德行为——基于当代认知科学立场的分析》,《人民论坛·学术前沿》2016年第24期。

曹立前、张玉伟:《我国社会转型期信任危机的成因》,《山东师范大学学报》2005年第2期。

曾诗钦、霍如、黄韬、刘江、汪硕、冯伟:《区块链技术研究综述:原理、进展与应用》,《通信学报》2020年第1期

常乐、刘长玉、于涛、孙振凯:《社会共治下的食品企业失信经营问题三方演化博弈

研究》,《中国管理科学》2020 年第 9 期。

陈富永、周兵:《基于区域经济一体化的地区信任、约束机制与避税效应研究》,《中国软科学》2021 年第 9 期。

陈平:《论诚信或失信的生成机制及失信治理的路径选择》,《广州大学学报(社会科学版)》2012 年第 10 期。

陈曙光:《网络乱象的伦理拷问》,《伦理学研究》2014 年第 3 期。

陈小君、肖楚钢:《失信惩戒法律规则的缺失与完善》,《中南民族大学学报(人文社会科学版)》2021 年第 3 期。

党生翠:《慈善组织的声誉受损与重建研究》,《中国行政管理》2019 年第 11 期。

翟学伟:《信任的本质及其文化》,《社会》2014 年第 1 期。

董慧凝、张拓:《从信任到诚实信用原则——法学和社会学角度的分析》,《理论界》2008 年第 3 期。

董昭江:《论企业诚信的经济价值及其建构》,《当代经济研究》2003 年第 7 期。

董志强:《网络文化的信任危机》,《信息产业报》2000 年第 8 期。

杜荣、艾时钟、Cathal M.Brugha:《基于思维法则学的跨文化信任框架——综合中国本土化思想与西方理论的尝试》,《管理学报》2012 年第 3 期。

范柏乃、龙海波:《我国地方政府失信形成机理与惩罚机制研究》,《浙江大学学报(人文社会科学版)》2010 年第 3 期。

冯文宇:《大学科研"学术失信"及其防治策略探析》,《科学与社会》2018 年第 3 期。

高丙中:《主文化、亚文化、反文化与中国文化的变迁》,《社会学研究》1997 年第 1 期。

高海波:《道德实践的动力问题——以东亚的性理学为例》,《道德与文明》2019 年第 5 期。

高山:《失信被执行人名单制度:理论透析、问题维度和改进路径》,《法学论坛》2020 年第 2 期。

葛晨虹:《诚信缺失背后的社会机制缺位》,《人民论坛》2012 年第 5 期。

郭本禹:《柯尔伯格道德发展的心理学思想述评》,《南京师大学报(社会科学版)》1998 年第 3 期。

韩璇、袁勇、王飞跃:《区块链安全问题:研究现状与展望》,《自动化学报》2019 年第 1 期。

何明钦、刘向东:《社会信任心理与消费行为——基于总量和层次的机制研究》,

《消费经济》2020 年第 1 期。

何显明:《转型期地方政府信用资源流失的制度分析》,《学习与探索》2003 年第 2 期。

何中华:《论作为哲学概念的价值》,《哲学研究》1993 年第 9 期。

侯菲菲、郑士鹏:《网络虚拟社会中的道德问题与治理》,《社会科学家》2017 年第 5 期。

胡朝阳:《社会失信行为的法律规制——基于外部性内在化的法经济学分析》,《法商研究》2012 年第 6 期。

胡疆锋:《恶搞与青年亚文化》,《中国青年研究》2008 年第 6 期。

胡倩、孙峰:《道德情感培养:基本特质、生长机理及培育路径》,《中国德育》2021 年第 1 期。

胡荣:《农民上访与政治信任的流失》,《社会学研究》2007 年第 3 期。

胡荣、庄思薇:《媒介使用对中国城乡居民政府信任的影响》,《东南学术》2017 年第 1 期。

黄少华、刘赛、袁梦遥:《国外网络道德行为研究述评》,《兰州大学学报(社会科学版)》2011 年第 4 期。

贾茵:《失信联合惩戒制度的法理分析与合宪性建议》,《行政法学研究》2020 年第 3 期。

江小涓:《加强网络空间诚信治理》,《中国报业》2021 年第 3 期。

金德楠:《以历史唯物论分析和矫正道德情感主义》,《理论探索》2020 年第 2 期。

景秀丽、刘静晗:《平台监管视角下的共享经济信任机制研究——以民宿业为例》,《东北财经大学学报》2020 年第 2 期。

康旺霖、高鹏、王垒:《社会信任与企业代理成本:"紧箍咒"还是"庇护伞"?》,《金融发展研究》2021 年第 12 期。

李声高:《失信治理连带责任的法理质辩与规则适用》,《法学杂志》2019 年第 2 期。

李伟民:《特殊信任与普遍信任:中国人信任的结构与特征》,《社会学研究》2002 年第 3 期。

李伟强:《学校道德氛围知觉对道德发展影响的教育干预实验》,《心理科学》2013 年第 6 期。

廉桂峰:《加快信用体系建设,着力构建诚信社会》,《中国信用》2017 年第 11 期。

刘进、翟学伟:《信任与社会和谐:一个研究理路的展开》,《天津社会科学》2007 年第 5 期。

　　刘先义:《论道德价值观的形成及其演进机制》,《中国青年政治学院学报》2012 年第 3 期。

　　鲁良:《灾区籍学生扶助的伦理规制——一个基于信任关系建构的解释框架》,《伦理学研究》2013 年第 1 期。

　　鲁良、黄清迎:《论网络时代大学生政治信仰生成:现状、维度与路径》,《湖南师范大学教育科学学报》2014 年第 5 期。

　　鲁良:《失信问题的"互联网+"维度——基于网络行动者的分析框架》,《湖南师范大学社会科学学报》2016 年第 4 期。

　　鲁良:《转型期失信行为探源——基于社会关系的分析视角》,《湖南科技大学学报(社会科学版)》2017 年第 1 期。

　　鲁良:《论失信行为影响下公众风险感知的演变》,《湖南师范大学社会科学学报》2021 年第 6 期。

　　鲁兴虎:《论网络社会交往中的个人诚信缺失现象及其治理》,《道德与文明》2006 年第 5 期。

　　陆俊、严耕:《国外网络伦理问题研究综述》,《国外社会科学》1997 年第 2 期。

　　罗家德、帅满、杨鲲昊:《"央强地弱"政府信任格局的社会学分析——基于汶川震后三期追踪数据》,《中国社会科学》2017 年第 2 期。

　　马怀礼:《论社会主义市场经济的诚信体系建设》,《学术月刊》2003 年第 12 期。

　　马晓辉、雷雳:《青少年网络道德与其网络偏差行为的关系》,《心理学报》2010 年第 10 期。

　　门中敬:《失信联合惩戒之污名及其法律控制》,《法学论坛》2019 年第 6 期。

　　门中敬:《信誉及社会责任:社会信用的概念重构》,《东方法学》2021 年第 2 期。

　　门中敬:《失信联合惩戒的正当性拷问与理论解决方案》,《法学杂志》2021 年第 6 期。

　　潘宁、王磊:《网络经济诚信危机与治理》,《学术交流》2020 年第 6 期。

　　彭虹斌:《道德人格形成的实践机制研究》,《教育科学》2013 年第 2 期。

　　彭金富:《多措并举推进网络诚信建设》,《人民论坛》2017 年第 32 期。

　　秦安兰:《社会有机体理论视域中的诚信建设》,《江西社会科学》2016 年第 12 期。

　　任新钢、唐帼丽:《回归传统与儒家道德范畴下的信任文化》,《兰州学刊》2013 年第 2 期。

　　任志安、毕玲:《网络关系与知识共享:社会网络视角分析》,《情报杂志》2007 年第

1 期。

上官酒瑞、程竹汝:《政治信任的结构序列及其现实启示》,《江苏社会科学》2011年第 5 期。

尚林晓、汪先平:《网络诚信缺失的根源、危害及其治理途径》,《长江大学学报(社会科学版)》2014 年第 10 期。

盛智明:《社会流动与政治信任——基于 CGSS2006 数据的实证研究》,《社会》2013 年第 4 期。

苏振华、黄外斌:《互联网使用对政治信任与价值观的影响:基于 CGSS 数据的实证研究》,《经济社会体制比较》2015 年第 5 期。

孙国茂:《区块链技术的本质特征及其金融领域应用研究》,《理论学刊》2017 年第 2 期。

孙昕、徐志刚、陶然、苏福兵:《政治信任、社会资本和村民选举参与——基于全国代表性样本调查的实证分析》,《社会学研究》2007 年第 4 期。

田海军:《虚拟社会信任危机的破解之道》,《人民论坛》2018 年第 15 期。

田林:《行政处罚与失信惩戒的立法方案探讨》,《中国法律评论》2020 年第 5 期。

王珏:《现代社会信任问题的伦理回应》,《中国社会科学》2018 年第 3 期。

王明进:《强化议题设置能力,掌握网络空间舆论主导权》,《人民论坛》2016 年第 16 期。

王瑞雪:《政府规制中的信用工具研究》,《中国法学》2017 年第 4 期。

王绍光、刘欣:《信任的基础:一种理性的解释》,《社会学研究》2002 年第 3 期。

王淑芹:《失信何以可能的条件分析》,《首都师范大学学报(社会科学版)》2005 年第 3 期。

王伟:《失信惩戒的类型化规制研究——兼论社会信用法的规则设计》,《中州学刊》2019 年第 5 期。

王锡锌、黄智杰:《论失信约束制度的法治约束》,《中国法律评论》2021 年第 1 期。

王鑫、李秀芳:《大数据杀熟的生成逻辑与治理路径——兼论"新熟人社会"的人际失信》,《燕山大学学报(哲学社会科学版)》2020 年第 2 期。

王亚茹:《民生保障获得感、社会公平感对政府信任的影响研究》,《湖北社会科学》2020 年第 4 期。

王燕文:《现代文明、中国境遇与当代公民道德发展》,《江海学刊》2013 年第 6 期。

王兆璟、张翠:《论多元文化时代的西方国家德育》,《西北师范大学学报(社会科学版)》2011 年第 6 期。

卫兴华、焦斌龙:《诚信缺失的成因分析及其治理》,《教学与研究》2003 年第 4 期。

魏建国、鲜于丹:《建立失信惩戒机制的博弈分析》,《武汉理工大学学报》2007 年第 3 期。

向玉乔:《人类道德行为的现象性和规律性》,《北京大学学报(哲学社会科学版)》2020 年第 5 期。

辛鸣:《哲学视野中的制度本质》,《中共中央党校学报》2004 年第 3 期。

徐珂、徐桂士:《失信惩戒"动真格",营造诚实守信社会风尚》,《人民论坛》2016 年 34 期。

徐尚昆:《信任结构与信任重构论析》,《中国特色社会主义研究》2021 年第 1 期。

薛深:《网络场域中的群体标签化现象研究》,《中国青年研究》2014 年第 12 期。

薛天山:《中国人的信任逻辑》,《伦理学研究》2008 年第 4 期。

闫健:《当代西方信任研究若干热点问题综述》,《当代世界与社会主义》2006 年第 4 期。

杨成、陈昊:《基于行政处罚的失信惩戒法治化研究》,《昆明理工大学学报(社会科学版)》2020 年第 5 期。

杨丹:《联合惩戒机制下失信行为的认定》,《四川师范大学学报(社会科学版)》2020 年第 3 期。

杨丹:《失信惩戒对象的程序权利研究》,《河南社会科学》2020 年第 3 期。

杨江华、王辰宵:《青年网民的媒体使用偏好与政治信任》,《青年研究》2021 年第 4 期。

杨中芳、彭泗清:《中国人人际信任的概念化:一个人际关系的观点》,《社会学研究》1999 年第 2 期。

张成岗、黄晓伟:《"后信任社会"视域下的风险治理研究嬗变及趋向》,《自然辩证法通讯》2016 年第 6 期。

张建新、Michael H.Bond:《指向具体人物对象的人际信任:跨文化比较及其认知模型》,《心理学报》1993 年第 2 期。

张康之:《在历史的坐标中看信任——论信任的三种历史类型》,《社会科学研究》2005 年第 1 期。

张禹青:《传统、现代和后现代:社会信任的三个维度——关于社会信任的本土化探索》,《云南民族大学学报(哲学社会科学版)》2012 年第 2 期。

郑建君:《政治信任、社会公正与政治参与的关系——一项基于 625 名中国被试的实证分析》,《政治学研究》2013 年第 6 期。

朱虹:《信任:心理、社会与文化的三重视角》,《社会科学》2009 年第 11 期。

朱江丽:《新媒体推动公民参与社会治理:现状、问题与对策》,《中国行政管理》2017 年第 6 期。

邹宇春、赵延东:《社会网络如何影响信任——资源机制与交往机制》,《社会科学战线》2017 年第 5 期。

三、中文译著类

《马克思恩格斯全集》,人民出版社 2004 年版。

《德意志意识形态(节选本)》,人民出版社 2003 年版。

《资本论》第 3 卷,人民出版社 2004 年版。

[法]阿兰·佩雷菲特:《信任社会》,邱海婴译,商务印书馆 2005 年版

[美]埃里克·尤斯拉纳:《信任的道德基础》,张敦敏译,中国社会科学出版社 2006 年版。

[美]奥尔波特:《谣言心理学》,刘水平等译,辽宁出版社 2003 年版。

[英]安东尼·吉登斯:《现代性的后果》,田禾译,译林出版社 2000 年版。

[波兰]彼得·什托姆普卡:《信任:一种社会学理论》,程胜利译,中华书局 2005 年版。

[美]保罗·莱文森:《数字麦克卢汉——信息化新纪元指南》,何道宽译,社会科学文献出版社 2001 年版。

[美]伯纳德·巴伯:《信任:信任的逻辑与局限》,牟斌等译,福建人民出版社 1989 年版。

[瑞典]博·罗斯坦:《政府质量:执政能力与腐败、社会信任和不平等》,蒋小虎译,新华出版社 2012 年版。

[美]塞缪尔·亨廷顿:《文明的冲突与世界秩序和重建》,周琪译,新华出版社 2010 年版。

[美]查尔斯·蒂利:《信任与统治》,胡位钧译,上海人民出版社 2010 年版。

[美]弗朗西斯·福山:《信任:社会美德与创造经济繁荣》,郭华译,广西师范大学出版社 2016 年版。

[美]杰克·D.道格拉斯:《越轨社会学概论》,弗兰西斯·C.瓦克勒斯译,石家河北人民出版社 1987 年版。

[美]金黛如:《信任与生意:障碍与桥梁》,陆晓禾译,上海社会科学院出版社 2003 年版。

〔英〕吉登斯:《现代性与自我认同》,赵旭东译,生活·读书·新知三联书店1998年版。

〔德〕柯武刚、史漫飞:《制度经济学——社会秩序与公共政策》,韩朝华译,商务印书馆2002年版。

〔美〕卡斯特:《网络社会的崛起》,夏铸九等译,社会科学文献出版社2006年版。

〔美〕凯斯·桑斯坦:《极端的人群:群体行为的心理学》,尹宏毅等译,新华出版社2010年版。

〔美〕理查德·斯皮内洛:《世纪道德——信息技术的伦理方面》,刘钢译,中央编译出版社1999年版。

〔美〕理查德·斯皮内洛:《铁笼,还是乌托邦——网络空间的道德与法律》,李伦等译,北京大学出版社2007年版。

〔美〕林南:《社会资本——关于社会结构与行动的理论》,张磊译,上海人民出版社2005年版。

〔美〕罗德里克·克雷默、汤姆·泰勒:《组织中的信任》,管兵等译,中国城市出版社2003年版。

〔英〕理查德·道金斯:《自私的基因》,卢允中译,吉林人民出版社1998年版。

〔德〕马克思·韦伯:《经济与社会》,林荣远译,商务印书馆1998年版。

〔美〕马克·E.沃伦:《民主与信任》,吴辉译,华夏出版社2004年版。

〔英〕梅纳德·斯密斯:《演化与博弈论》,潘香阳译,复旦大学出版社2008年版。

〔英〕迈克尔·博兰尼:《自由的逻辑》,冯银江等译,吉林人民出版社2002年版。

〔德〕尼克拉斯·卢曼:《信任:一个社会复杂性的简化机制》,瞿铁鹏译,华夏出版社2005年版。

〔美〕纳德·巴伯:《信任的逻辑与局限》,牟斌等译,福建人民出版社1989年版。

〔美〕尼尔·波兹曼:《娱乐至死》,章艳译,广西师范大学出版社2011年版。

〔美〕N.尼葛洛庞帝:《数字化生存》,胡泳等译,海南出版社1997年版。

〔法〕让-诺埃尔·卡普费雷:《谣言:世界最古老的传媒》,郑若鳞译,上海人民出版社2008年版。

〔加〕唐塔普斯科特、亚力克斯·塔普斯科特:《区块链革命:比特币底层技术如何改变货币、商业和世界》,凯尔等译,中信出版社2016年版。

〔美〕威廉·穆贾雅:《商业区块链:开启加密经济新时代》,林华译,中信出版社2016年版。

〔英〕亚当·斯密:《道德情操论》,谢宗林译,中央编译出版社2008年版。

[美]詹姆·斯卡伦:《媒体与权力》,史安斌等译,清华大学出版社 2006 年版。

四、英文原著类

Acemoglu, Daron, and Alexander Wolitzky, *Cycles of Distrust: An Economic Model*. No. w18257. National Bureau of Economic Research, 2012.

Aday, Sean. , Marc J. Hetherington, *Why Trust Matters: Declining Political Trust and the Demise of American Liberalism*, Princeton, NJ: Princeton University Press, 2005.

Agger, Robert E. , Marshall N. Goldstein, and Stanley A. Pearl, "Political cynicism: Measurement and meaning", *The Journal of Politics*, 1961.

Arrow, Kenneth J. , *The limits of organization*l, WW Norton & Company, 1974.

Barney, Jay B. , and Mark H. Hansen. , "Trustworthiness as a source of competitive advantage", *Strategic management journal*, 1994.

Barrera, D. , and G. G. Van de Bunt, "Learning to trust: network effects through time". *Trust in embedded settings*. Universal Press, 2005.

Barrera, Davide, "Trust in embedded settings", 2005.

Barrera, Davide, "The social mechanisms of trust", *Sociologica*, 2008.

Berggren, Niclas, and Henrik Jordahl, "Free to trust: Economic freedom and social capital", *Kyklos*, 2006.

Beugelsdijk, Sjoerd, "A note on the theory and measurement of trust in explaining differences in economic growth", *Cambridge Journal of Economics*, 2006.

Bjørnskov, Christian, "Determinants of generalized trust: A cross-country comparison", *Public choice*, 2007.

Bohnet, Iris & Zeckhauser, Richard, "*Trust, and betrayal*", *Journal of Economic Behavior & Organization*, 2004.

Bürer, Mary Jean, et al. , "Use cases for blockchain in the energy industry opportunities of emerging business models and related risks", *Computers & Industrial Engineering*, 2019.

Burt, Ronald S. , *Brokerage and closure: An introduction to social capital*, OUP Oxford, 2007.

Capra, C. Mónica, Kelli Lanier, and Shireen Meer, "Attitudinal and behavioral measures of trust: A new comparison", *Department of Economics, Emory University, Mimeo*, 2008.

Carless, David, "Trust, distrust and their impact on assessment reform", *Assessment & Evaluation in Higher Education*, 2009.

Chawla, Chetan, "Trust in blockchains: Algorithmic and organizational", *Journal of Business Venturing Insights*, 2020.

Cook, Karen S., Margaret Levi, and Russell Hardin, eds., *Whom can we trust?: How groups, networks, and institutions make trust possible*, Russell Sage Foundation, 2009.

Cook, Karen S., Russell Hardin, and Margaret Levi, *Cooperation without trust?*, Russell Sage Foundation, 2005.

Della Giusta, Marina, "Social Capital and Development-Issues of Institutional Design and Trust in Mexican Group-Based Microfinance", *The Institutions of Local Development*. Routledge, 2018.

Deutsch, Morton, "The effect of motivational orientation upon trust and suspicion", *Human relations*, 1960.

Dietz, Graham, Nicole Gillespie, and Georgia T. Chao, "Unravelling the complexities of trust and culture", *Organizational trust: A cultural perspective*, 2010.

Dimoka, Angelika, "What does the brain tell us about trust and distrust? Evidence from a functional neuroimaging study", *Mis Quarterly*, 2010.

Drljevic, Nusi, Daniel Arias Aranda, and Vladimir Stantchev, "Perspectives on risks and standards that affect the requirements engineering of blockchain technology", *Computer Standards & Interfaces*, 2020.

Dufwenberg, Martin, and Uri Gneezy, "Measuring beliefs in an experimental lost wallet game." *Games and economic Behavior*, 2000.

Engle-Warnick, Jim, and Robert L. Slonim, "The evolution of strategies in a repeated trust game", *Journal of Economic Behavior & Organization*, 2004.

Fedorov, Aleksey K., Evgeniy O. Kiktenko, and Alexander I. Lvovsky, "Quantum computers put blockchain security at risk", 2018.

Fiorito, Jack, and Daniel G. Gallagher, "Distrust of employers, collectivism, and union efficacy", *International Journal of E-Politics (IJEP)*, 2013.

Greene, Joshua, and Jonathan Haidt, "How (and where) does moral judgment work?", *Trends in cognitive sciences*, 2002.

Gürkaynak, Gönenç, et al., "Intellectual property law and practice in the blockchain realm", *Computer law & security review*, 2018.

Hollis, Martin, *Trust within reason*, Cambridge University Press, 1998.

Janoff-Bulman, Ronnie, Sana Sheikh, and Sebastian Hepp, "Proscriptive versus prescriptive morality: two faces of moral regulation ", *Journal of personality and social psychology*, 2009.

Jones, Andrew JI. , "On the concept of trust", *Decision Support Systems*, 2002.

Kramer, Roderick M. , and Karen S. Cook, eds. , *Trust and distrust in organizations: Dilemmas and approaches*, Russell Sage Foundation, 2004.

Kshetri, Nir, "Can blockchain strengthen the internet of things?", *IT professional*, 2017.

Ladd, Jonathan McDonald, "The role of media distrust in partisan voting", *Political Behavior*, 2010.

Larimer, Daniel, "Transactions as proof-of-stake", *Nov*-2013.

Lenard, Patti Tamara, *Trust, democracy, and multicultural challenges*, Penn State University Press, 2021.

Lu, Hongfang, et al. , "Blockchain technology in the oil and gas industry: A review of applications, opportunities, challenges, and risks", *Ieee Access*, 2019.

Malhotra, Arvind, Hugh O'Neill, and Porter Stowell, "Thinking strategically about blockchain adoption and risk mitigation", *Business Horizons*, 2022.

Miglani, Arzoo, and Neeraj Kumar, "Blockchain management and machine learning adaptation for IoT environment in 5G and beyond networks: A systematic review", *Computer Communications*, 2021.

Millard, Christopher, "Blockchain and law: Incompatible codes?", *Computer Law & Security Review*, 2018.

Newbold, Ronald, "Mimesis and illusion in Nonnus: deceit, distrust, and the search for meaning", *Helios*, 2010.

Nguyen, Son, Peggy Shu-Ling Chen, and Yuquan Du, "Risk identification and modeling for blockchain-enabled container shipping", *International Journal of Physical Distribution & Logistics Management*, 2020.

Ou, Carol Xiaojuan, and Choon Ling Sia, "Consumer trust and distrust: An issue of website design", *International Journal of Human-Computer Studies*, 2010.

Rios, Kimberly, Oscar Ybarra, and Jeffrey Sanchez-Burks, "Outgroup primes induce unpredictability tendencies under conditions of distrust", *Journal of Experimental Social Psychology*, 2013.

Santhana, Prakash, and Abhishek Biswas, "Blockchain risk management-risk functions need to play an active role in shaping blockchain strategy", *Accessed: Dec* 7, 2017.

Schedler, Andreas, "The Mexican Standoff: The Mobilization of Distrust", *Journal of De-mocracy*, 2007.

Scott, William O., "Risk, Distrust, and Ingratitude in Shakespeare's Troilus and Cressi-da", *Studies in English Literature*, 2012.

Simpson, Brent, and Tucker McGrimmon, "Trust and embedded markets: A multi-method investigation of consumer transactions", *Social Networks*, 2008.

Swan, Melanie, *Blockchain: Blueprint for a new economy*, O'Reilly Media, Inc., 2015.

Tatar, Unal, Yasir Gokce, and Brian Nussbaum, "Law versus technology: Blockchain, GDPR, and tough tradeoffs", *Computer Law & Security Review*, 2020.

Truong, Nguyen, et al., "A blockchain-based trust system for decentralised applications: When trustless needs trust", *Future Generation Computer Systems*, 2021.

Uslaner, Eric M., "The foundations of trust: macro and micro", *Cambridge journal of eco-nomics*, 2007.

Zamani, Efpraxia, Ying He, and Matthew Phillips, "On the security risks of the block-chain", *Journal of Computer Information Systems*, 2020.

Zetzsche, Dirk A., Ross P. Buckley, and Douglas W. Arner, "The distributed liability of distributed ledgers: Legal risks of blockchain", *U. Ill. L. Rev.*, 2018.

Zhang, Xiaochen, et al., "Utilizing blockchain for better enforcement of green finance law and regulations", *Transforming Climate Finance and Green Investment with Blockchains*. Academic Press, 2018.

Janoff-Bulman, Ronnie, Sana Sheikh, and Sebastian Hepp, "Proscriptive versus prescrip-tive morality: two faces of moral regulation", *Journal of personality and social psychology*, 2009.

后　记

　　失信行为在社会关系中,作为信任建构的一个阻抗因素存在。失信行为的发生与传播,会对公众的社会心态乃至良善的社会秩序产生干扰或破坏。失信行为研究是当前学界一个重要且迫切的课题,能够为网络时代的社会矛盾分析和社会治理提供一个新的话语解释框架,从理论与实践双重视角考察失信行为这个议题,对新时代推进国家治理体系和治理能力现代化具有重要参与价值。

　　网络时代,人们的信任关系与失信行为的基本样态已经改变,对失信行为的理论逻辑、社会事实、治理实践应当有新的理论认知。拙作以问题为导向,探究失信的本质和机理,立足破解失信治理难题,探究干预、控制失信行为的对策,主要从 4 个方面开展研究:一是在考察失信行为与行为道德的一般关系和理论脉络的同时,厘清网络时代失信行为的发生语境与负面效应;二是立足行为道德这一核心视角,嵌入失信行为在网络时代的不同生成场景,考察失信行为的生成机理、主要类型、基本特征、影响因素和作用机制;三是借助多样的资料收集与分析方法,对当前不同样态的失信行为与失信道德认知状况深入解析,阐释网络时代失信行为对公众行为道德的冲击;四是分析网络时代失信行为发生的道德困境和控制的道德瓶颈,尝试提出在区块链等新技术条件下防范失信行为的对策建议。

　　我对失信问题的研究,始于 2009 年跟随我的博士导师、武汉大学罗教讲教授。罗老师是国内最早系统研究信任问题的学者之一,我在罗老师指导下选择了失信行为这个鲜有人研究的学术方向。我始终认为,这是一个有必要、有价值、有前景的课题,所以,这么多年来一直坚守着。幸运的是,我主持的国家社科基金项目《失信行为道德的社会学理论与实证研究》获得立项。尤其是立项后不久的 2017 年 7 月 25 日至 28 日,著名社会学家、美国明尼苏达大学终身教授边燕杰老师和师母张庆红老师、罗教讲老师一道莅临长沙讲学。在这段特别珍贵的时间里,我有机会向老师们深入请教学术问题、了解前沿动态、探讨失信行为研究。让我至今每每想起仍非常感动的是,边老师在离开长沙后多次审读我的国家社科基金项目申报书,针对如何开展失信行为研究给我写了一封长信,甚至把自己一篇尚未发表的与政治信任问题相关的论文手稿发给我参考学习。大家之言,字字珠玑,我一直珍藏着这封信,在研究过程中有疑惑、困顿、彷徨的时候,就拿出来拜读,总是启迪着我的思维,坚定着我的学术理想。

　　在《失信行为论》即将付梓的时候,我邀约远在美国的边燕杰老师为我作序,学术事务繁重的边老师欣然同意。边老师花了数天时间认真审阅了我的书稿,在我的书稿上做了很多标记,给了诸多褒奖,也提出了宝贵建议。边老师为我撰写的序言,充满对失信行为研究深刻的学理思索和对学生的拳拳爱心、殷殷期待。于我,这是最大的鼓舞和亘久的鞭策。

　　我能够在学术的漫漫征程上取得些许成果,要感谢我深爱的湖南师范大学。这里深厚的文化底蕴、浓郁的学术氛围、和谐的工作团队,凝聚成一个充满向上向善力量的学术共同体。在这片沃土上,我吮吸着知识的甘霖,拓展着学术的视野,增长着工作的才干,奉献着自己的微薄之力。我要向我的父母、岳父母和爱人胡蓉,以及两个可爱的儿子俊然、俊熠致谢,要向各位领导、同事、学生、亲友致谢,要向研究团队的伙伴们致谢,要向人民出版社为拙作顺利出版付出的大量辛勤细致的工作致谢!

　　我期待拙作可以为失信行为研究提供具有创新意义的启示,为推进国家治理体系和治理能力现代化提供一个新的思考点。我现在有关失信行为的研究成果还微不足道,瑕疵和漏洞不少,但在大家的批评和指导下,我会始终敦品励学、严谨求是、格致天地、臻善至美,努力去求索、去完善、去超越!

　　是为后记。

作　者

于湖南师范大学赫石南村

2022 年 7 月

责任编辑:侯　春

封面设计:石笑梦

图书在版编目(CIP)数据

失信行为论/鲁良 著. —北京:人民出版社,2022.9

ISBN 978 - 7 - 01 - 024938 - 4

Ⅰ.①失…　Ⅱ.①鲁…　Ⅲ.①社会行为学-研究　Ⅳ.①C912.68

中国版本图书馆 CIP 数据核字(2022)第 141650 号

失信行为论

SHIXIN XINGWEI LUN

鲁　良　著

人民出版社 出版发行

(100706　北京市东城区隆福寺街 99 号)

环球东方(北京)印务有限公司印刷　新华书店经销

2022 年 9 月第 1 版　2022 年 9 月北京第 1 次印刷

开本:710 毫米×1000 毫米 1/16　印张:17.75

字数:210 千字

ISBN 978 - 7 - 01 - 024938 - 4　定价:70.00 元

邮购地址　100706　北京市东城区隆福寺街 99 号

人民东方图书销售中心　电话 (010)65250042　65289539